HTML, XHTML & CSS pour les nuls

4e édition

HTML, XHTML & CSS pour les nuls

4e édition

Ed Tittel et Jeff Noble

FIRST Editions

HTML, XHTML & CSS pour les Nuls

Titre de l'édition originale : *HTML XHTML & CSS 7th Edition For Dummies®*

Collection dirigée par Jean-Pierre Cano
Traduction : Patrici Moritz et Jean-Louis Gréco
Mise en page : maged

Edition française publiée en accord avec Wiley Publishing, Inc.
© Éditions First, un département d'Édi8, 2018
Éditions First, un département d'Édi8
12 avenue d'Italie
75013 Paris
Tél. : 01 44 16 09 00
Fax : 01 44 16 09 01
E-mail : firstinfo@efirst.com
Web : www.editionsfirst.fr
ISBN : 978-2-412-03439-2
Dépôt légal : 1er trimestre 2018

Imprimé en France par CPI Bussière.

N° d'impression : 2059462.

Sommaire

Introduction

Bienvenue dans le monde sauvage et merveilleux du World Wide Web, le grand Web mondial ou, plus simplement, le Web. Dans ce livre, nous allons vous révéler les mystères des langages de balisage qui sont au cœur du Web : le langage de balisage hypertexte (HTML) et son successeur, XHTML, ainsi que le langage des feuilles de style en cascade (CSS), utilisé pour contrôler plus finement la présentation des informations. Comme HTML, XHTML (nous utiliserons *(X) HTML* dans ce livre pour nous référer aux deux versions simultanément) et CSS permettent de créer des pages Web. Nous allons vous apprendre à les utiliser et vous mettre sur les rails pour devenir auteur ou développeur de contenu pour le Web.

Si vous avez déjà essayé de créer vos propres pages Web mais que vous avez trouvé cela trop intimidant, n'ayez plus peur. En effet, si vous savez composer un numéro sur un téléphone ou tourner une clé dans une serrure, c'est que vous disposez de tous les atouts pour devenir un auteur (X)HTML. Sans plaisanter !

Le recours au jargon technique est limité au minimum dans ce livre, qui s'en tient essentiellement à du français accessible à tous. Hormis le propos sur l'hypertexte, (X)HTML et le Web, nous avons inclus de nombreux exemples et des instructions, balise par balise, pour vous aider à créer vos propres pages Web le plus facilement possible. Nous présentons aussi des exemples de ce que vous pouvez faire une fois que vous avez créé vos pages pour les partager avec le monde entier. Nous expliquons également les différences entre HTML 4, HTML 5 et XHTML, afin que vous puissiez décider si vous souhaitez vous en tenir au plus connu et plus vieux des langages de balisage du Web (HTML) ou opter pour son excellent successeur (XHTML).

À propos de ce livre

Considérez ce livre comme un guide amical et accessible dont l'objet est de vous faire découvrir les outils de (X)HTML et de CSS pour créer des pages lisibles et attractives sur le Web. Toutes ces choses ne sont pas difficiles à comprendre mais elles fourmillent de détails que vous devez gérer quand vous créez vos propres pages Web. Parmi les thèmes abordés dans ce livre, vous trouverez :

- Concevoir et créer des pages Web.
- Télécharger et publier des pages Web que tout le monde peut consulter.
- Tester et déboguer des pages Web.

Vous pouvez créer des pages Web sans subir des années de formation, sans faire preuve d'un grand talent artistique, ni passer par des rituels d'initiation à base de jets d'eau glacée. Si vous pouvez indiquer à quelqu'un comment traverser la ville pour se rendre chez vous, alors vous pouvez créer un document Web. L'objet de ce livre n'est pas de faire de vous un Prix Nobel mais de vous présenter les éléments dont vous avez besoin pour créer une page Web lisible et présentable et de vous donner assez confiance pour vous y mettre !

Comment utiliser ce livre

Ce livre vous explique comment utiliser (X)HTML et CSS pour publier des pages fonctionnelles sur le Web. Nous vous exposons ce qu'impliquent la conception et la réalisation de documents Web efficaces qui peuvent vous permettre de partager vos idées et vos informations avec le monde entier (si c'est ce que vous souhaitez) et peut-être vous amuser comme un technicien s'amuserait en le faisant.

Pour vous faciliter la lecture de ce livre, nous utilisons certaines conventions. Par exemple, le code (X)HTML et CSS apparaît en police non proportionnelle, comme ceci :

```
<head><title>Ceci est un titre</title></head>
```

Lorsque vous saisissez du code (X)HTML, CSS ou toute autre information, veillez à tout copier exactement à l'identique, y compris les crochets (< et >) ; chaque détail compte pour que la magie (X)HTML et CSS opère. Par ailleurs, nous vous proposons d'améliorer le contenu de vos pages pour les rendre spéciales et vous indiquons exactement la démarche à suivre pour intégrer les éléments de (X)HTML et de CSS dans votre propre travail.

Les marges de ce livre ne nous laissent pas beaucoup d'espace. Pour cette raison, il se peut que certaines lignes de code (X)HTML et CSS très longues ou certaines adresses de sites Web (aussi appelées *URL*, pour localisateur unique de ressource) s'étalent sur plusieurs lignes. Notez que votre ordinateur affiche ces lignes comme une seule ligne de (X)HTML ou de CSS ou une seule adresse URL. Si vous les copiez, faites-le sur une seule ligne et n'insérez pas de retour à la ligne. Pour signifier qu'il s'agit d'une seule ligne de code, nous scindons la ligne au niveau d'un caractère de ponctuation et indentons la suite, comme dans cet exemple :

```
http://www.infocadabra.transylvanie.com/nexus/plexus/lexus/
       praxis/bon/ça/doit/être/une/URL/peu/crédible/mais/
       certaines/sont/VRAIMENT/longues.html
```

HTML 4 se moque que vous écriviez en minuscules ou en majuscules, ou les deux (sauf pour les entités ou codes de caractères). En revanche, HTML 5, XHTML et CSS exigent que vous écriviez uniquement en minuscules pour être conforme aux règles en vigueur. Ainsi, pour que votre propre travail ressemble autant que possible au nôtre, saisissez tout le texte (X)HTML et CSS et tout autre code *en minuscules uniquement*.

Si vous disposez d'une version antérieure de ce livre, vous remarquerez que nous prenons le contre-pied de nos instructions d'alors. Les gardiens de la doctrine transcendantale du standard HTML, le consortium du Web (W3C), ont changé les règles et nous devons nous soumettre à leur volonté. Nous n'avons pas écrit les règles du jeu mais nous savons y jouer !

Trois suppositions présomptueuses

Inutile d'être un expert de la logique ou un maître des arcanes de la programmation, ni d'avoir un doctorat en informatique, ni même de savoir précisément ce qui se passe dans votre ordinateur pour aborder le contenu de ce livre.

Toutefois, nous devons faire quelques suppositions à votre sujet, gentil lecteur : vous savez allumer et éteindre votre ordinateur ; vous savez utiliser une souris et un clavier et vous souhaitez créer vos propres pages Web pour vous amuser, pour en tirer profit ou pour toute autre raison qui vous appartient. Nous supposons aussi que vous disposez d'une connexion à Internet et d'un navigateur Web.

Si vous savez écrire une phrase et faire la différence entre un titre et un paragraphe, vous pouvez créer et publier vos propres documents sur le Web. Le reste n'est que détails !

Comment ce livre est organisé

Ce livre contient six parties principales, rangées comme des poupées russes. Les parties contiennent au moins trois chapitres et chaque chapitre contient plusieurs sections modulaires. De la sorte, vous pouvez utiliser ce livre pour feuilleter quelques pages, trouver les sujets ou les mots-clés dans l'index ou dans la table des matières ou lire le livre du début à la fin.

Partie I : Découvrir (X)HTML et CSS

Cette partie pose le décor. Il s'agit d'un aperçu général et d'une introduction au Web et aux logiciels que les gens utilisent pour en extraire les trésors. Cette partie vous explique aussi comment le Web fonctionne et tout particulièrement (X)HTML et CSS dont il est question dans ce livre, ainsi que les logiciels et les services côté serveur qui fournissent les données aux utilisateurs finaux.

Les documents (X)HTML, aussi appelés *pages Web*, sont les unités fondamentales d'organisation et d'échange de l'information sur le Web. Vous apprendrez en quoi consiste HTML, comment l'hypertexte peut enrichir le texte ordinaire et ce que CSS permet pour modifier et gérer la manière dont le texte est affiché. Ensuite, vous serez invité à vous promener du côté du Web et à créer votre tout premier document (X)HTML.

Partie II : Mettre en forme des pages Web avec (X)HTML

HTML mélange le texte ordinaire avec des chaînes de caractères spéciales nommées *balises*, qui servent à indiquer aux navigateurs comment afficher les documents (X)HTML. Dans cette partie du livre, vous découvrirez le balisage en général et (X)HTML en particulier. Nous commençons par une discussion passionnante sur l'organisation et la structure d'un document (X)HTML (enfin... que nous trouvons fascinante du moins, en espérant que ce soit votre cas). Ensuite, nous expliquons comment le texte peut être organisé en blocs et en listes. Après cela, nous vous montrons comment trouver et utiliser des images dans vos pages Web et vous dévoilons quelques astuces de mise en forme pour les peaufiner.

Tout au long de cette partie, nous discutons des balises (X) HTML et de leur fonctionnement. Lorsque vous aurez terminé de lire la partie II, nous espérons que vous aurez une bonne idée de ce qu'est HTML et de la manière dont vous pouvez l'utiliser.

Partie III : Prendre le contrôle des pages Web et des styles

Le premier chapitre de la partie III traite des balises qui ne sont plus recommandées ou obsolètes afin que vous puissiez les identifier et éviter de les utiliser. S'ensuit une discussion sur les feuilles de styles en cascade (CSS), une autre forme de langage de balisage qui laisse (X)HTML contrôler le contenu tandis que ce langage contrôle l'apparence des pages Web dans le navigateur Web ou sur d'autres dispositifs (PDA, téléphone mobile et tout dispositif permettant aux déficients visuels de lire). Après avoir exploré la syntaxe et les structures de CSS et découvert comment les utiliser, vous apprenez à manipuler la couleur et la police d'un texte, des arrière-plans et autres éléments de vos pages Web. Vous découvrez aussi des collections plus complexes de balises, en particulier les tables, en observant leurs possibilités dans le détail. Nous vous donnons beaucoup d'exemples pour vous aider à concevoir et créer des documents (X)HTML de qualité professionnelle. Vous pouvez commencer à travailler avec la syntaxe et les structures du (X)HTML que vous devez connaître pour créer des pages Web complexes.

Partie IV : Intégrer des scripts avec (X)HTML

(X)HTML ne permet qu'une mise en forme relativement limitée du texte et des graphiques (alors que CSS excelle dans ce domaine). Les concepteurs de sites Web créent souvent des pages Web interactives et dynamiques en utilisant du script qu'ils insèrent dans ces pages.

Dans cette partie, vous découvrez à quoi correspondent les langages de script qui permettent aux pages Web d'interagir avec les utilisateurs en fournissant les moyens de répondre à leurs actions et de traiter leurs données. Nous vous présentons les principaux langages de script, avant de nous focaliser sur le plus populaire d'entre eux : JavaScript. Vous découvrez alors les éléments de base de ce langage de script et comment l'utiliser pour ajouter de l'interactivité dans vos pages Web. Nous vous présentons aussi quelques scripts typiques que vous pouvez reprendre et modifier pour les ajouter à votre propre site Web. Ensuite, nous vous apprenons à insérer du contenu de tiers dans vos pages Web, à utiliser du contenu dynamique d'autres personnes, à affiner votre site sans gros effort et à recevoir des tas de retours intéressants de services tels que Flickr, Twitter, YouTube et Google Maps.

Tout au long de cette partie, nous multiplions les exemples, les conseils et les détails pour vous montrer comment des scripts peuvent améliorer les capacités de vos pages Web et enrichir l'expérience des utilisateurs qui les consultent.

Partie V : Les Dix Commandements

Dans cette partie, nous résumons et distillons l'essence des secrets de (X)HTML.

Icônes utilisées dans ce livre

Cette icône symbolise une indication qui facilite la compréhension d'une balise HTML ou de toute autre information importante.

Cette icône pointe une information à ne pas négliger : ne faites pas l'impasse sur ces petits rappels.

Faites attention lorsque vous rencontrez cette icône. Elle vous signale les choses que vous ne devez pas faire ; les conséquences peuvent être graves si vous n'en tenez pas compte.

L'information mise en valeur à l'aide de cette icône correspond aux meilleures pratiques : des conseils dont nous aurions été heureux de bénéficier avant de commencer ! Ces techniques peuvent vous faire gagner du temps, de l'argent et vous épargner de sévères migraines.

Par où commencer ?

C'est maintenant que vous choisissez votre chemin et que vous vous mettez en route ! Peu importe d'où vous partez. Ne vous inquiétez pas, vous y arriverez. Nous savons que vous êtes prêt à vous instruire et surtout à vous amuser. Profitez-en bien !

Découvrir (X)HTML et CSS

DANS CETTE PARTIE

Dans cette partie, nous explorons et expliquons les structures et les liens dans les documents HTML de base. Nous décrivons aussi le rôle essentiel que les navigateurs Web jouent pour afficher tout cela sur l'ordinateur d'un utilisateur. Nous expliquons même d'où provient le *(X)* (une réécriture de la description des balises HTML qui utilise la syntaxe XML pour créer XHTML) et nous vous aidons à comprendre pourquoi XHTML est différent (et éventuellement meilleur, d'après certains) du bon vieux HTML. Nous jetons aussi un œil à l'anatomie générale d'une page Web, aux différentes parties qui la composent ainsi qu'à la manière dont CSS aide à gérer leur présentation, leur placement et même leurs couleurs.

Ensuite, nous vous présentons un exercice consistant à créer et visualiser une page Web simple pour que vous puissiez comprendre ce que cela implique. Nous vous expliquons comment apporter des modifications à une page Web déjà existante et comment répercuter ces changements en ligne.

Cette partie se termine par une exhortation à comprendre ce que vous faites avant de poser inconsidérément des balises. Tout comme une maison solide commence par des plans et des dessins architecturaux, une page Web devrait commencer par un plan ou une carte recensant quelques idées sur l'endroit où vos pages vont résider dans le cyberespace et comment les hordes d'utilisateurs pourront se frayer un chemin jusqu'à elles.

Chapitre 1

Ce qu'il faut savoir sur HTML, CSS et le Web

DANS CE CHAPITRE :

- **Créer du HTML dans des fichiers texte.**
- **Présenter et naviguer dans des pages Web.**
- **Comprendre les liens et les URL.**
- **Comprendre la syntaxe de base HTML.**
- **Comprendre les bases de CSS.**

Bienvenue dans le monde merveilleux du Web, de (X)HTML et de CSS. Avec un tout petit peu de connaissances, de pratique et un message à transmettre, vous pouvez créer votre petit morceau de cyberespace ou agrandir celui dont vous disposez déjà.

Notez que nous utilisons (X)HTML tout au long de ce livre. Il s'agit d'un acronyme qui désigne simultanément HTML et XHTML, HTML signifiant langage de balisage hypertexte et XHTML langage de balisage hypertexte extensible. Même si HTML et XHTML ne sont pas totalement identiques, ils sont assez ressemblants pour que cette référence ait du sens.

Ce livre est votre guide de survie pour comprendre les documents Web, affiner une page déjà existante ou créer des pages complexes et excitantes qui intègrent design, multimédia et script.

La meilleure méthode pour commencer à travailler avec HTML est de se jeter dans le bain et c'est exactement ce que ce chapitre vous propose : il vous permet de comprendre rapidement comment (X)HTML et CSS fonctionnent dans les coulisses des pages Web en vous présentant leurs blocs de construction sous-jacents. Lorsque vous aurez terminé ce chapitre, vous aurez saisi ce fonctionnement et pourrez immédiatement commencer à créer ou modifier vos propres pages Web.

Les pages Web dans leur habitat naturel

Les pages Web peuvent contenir de nombreux types de contenu, comme *du texte*, *des graphismes*, *des formulaires*, *des fichiers audio et vidéo* et même *des jeux interactifs*.

Il suffit de naviguer sur le Web un court instant pour être confronté à un tas d'informations et de contenus affichés de diverses manières. Tous les sites Web sont différents mais la plupart ont une chose en commun : le langage de balisage hypertexte (HTML). Vous risquez aussi de rencontrer assez souvent du langage de balisage hypertexte extensible (XHTML) et des feuilles de styles en cascade (CSS).

Quelle que soit l'information qu'une page Web contient, elle est créée avec du HTML (ou une pâle copie). HTML est le ciment qui maintient l'ensemble d'une page Web. Les graphismes, le contenu et les autres informations sont les briques tandis que CSS indique à quoi les pages Web doivent ressembler à l'écran.

Toutefois, les pages Web ne sont pas seulement des documents texte. Elles sont composées d'un texte spécial au goût étrange venu d'ailleurs nommé HTML, XHTML ou CSS. Chacun utilise son propre jeu d'instructions que vous pouvez inclure (avec votre contenu) dans le fichier texte pour spécifier comment la page correspondante doit s'afficher et se comporter.

Restez avec nous pour découvrir tous les détails que vous devez connaître sur (X)HTML et CSS !

L'hypertexte

Des instructions spéciales en HTML permettent à des lignes de texte de pointer (autrement dit, de *faire un lien vers*) un autre endroit dans le cyberespace. De tels pointeurs sont nommés *hy-*

perliens. Les hyperliens sont comme la colle qui tient ensemble toutes les pages qui composent le Web. Dans votre navigateur Web, les hyperliens apparaissent généralement en bleu et sont soulignés. Lorsque vous cliquez sur l'un d'entre eux, il vous emmène quelque part.

Hypertexte ou non, une page Web est un fichier texte, ce qui signifie que vous pouvez créer et modifier une page Web dans n'importe quelle application pouvant créer un fichier texte (telle que Bloc-notes ou TextEdit). Quelques outils logiciels proposent des options et des applications pour vous aider à créer des pages Web mais ils génèrent les mêmes fichiers texte que ceux que vous créez à l'aide d'éditeurs de texte de base. Toutefois, nous pensons que les débutants en HTML feraient mieux de se servir d'un éditeur de texte simple. Lancez donc Bloc-notes sur votre PC (ou TextEdit sur Mac) et vous êtes prêt à vous lancer.

N'utilisez pas des traitements de texte comme WordPad ou Word pour créer du HTML car ils introduisent toutes sortes de codes supplémentaires dans les pages Web dont vous n'avez pas envie ni besoin.

Le Web porte bien son nom. C'est littéralement une toile de pages en ligne hébergées sur des serveurs Web dans le monde entier, connectées de milliards de manières par des hyperliens qui relient une page à une autre. Sans ces liens, le Web ne serait qu'un ensemble de pages isolées.

L'atout principal du Web est la possibilité de relier des pages et d'autres ressources (telles que des images, des fichiers à télécharger et des présentations multimédia) se trouvant sur le même site Web ou sur un autre. Par exemple, service-public.fr (`www.service-public.fr`) est un site Web *portail* ; sa seule fonction est de fournir un accès à d'autres sites. Si vous ne savez pas quelles démarches administratives effectuer en cas de déménagement ou si vous allez vous marier, visitez le site représenté dans la Figure 1.1.

Les navigateurs Web ont été créés spécifiquement pour lire les instructions HTML (ou encore *balises*) et afficher la page Web résultante.

FIGURE 1.1 service-public.fr utilise des hyperliens pour aider les visiteurs à trouver des informations sur leurs démarches administratives.

Les balises sont stockées dans un fichier texte (avec votre contenu). Elles donnent des ordres au navigateur. Par exemple, regardez la page représentée dans la Figure 1.2. Vous pouvez comprendre comment la page est constituée et comment elle est mise en forme en observant son HTML sous-jacent.

Cette page contient une image, un titre qui décrit la page, plusieurs paragraphes de texte dont l'un porte sur vos auteurs et un bloc d'adresses comprenant des liens vers un CV et une liste de publications.

Cependant, les diverses parties de la page sont mises en forme différemment :

- Le titre en haut de la page est plus grand que le texte dans les paragraphes.
- Les blocs de texte sont séparés par plus d'espace que les lignes de texte dans les blocs en question.
- Certains textes sont blancs, d'autres orange, d'autres encore bleu clair.

Le navigateur sait comment afficher les différents éléments de la page grâce au *balisage HTML*, représenté dans le Listing 1.1

FIGURE 1.2 Pour avoir cette apparence, cette page Web compte plusieurs parties et de nombreuses balises HTML et CSS.

(vous pourrez consulter le listing dans toute sa splendeur à la fin du chapitre).

Tout texte qui est compris entre les signes inférieur et supérieur (< >) est une *balise* HTML. Par exemple, un `p` entre crochets (`<p>…<p>`) identifie le texte affiché comme un paragraphe. Le texte placé entre les balises `<style>` et `</style>` au début du fichier correspond à des instructions CSS qui déterminent l'apparence de divers éléments HTML présents dans la page. C'est vraiment tout ce qu'il faut savoir. Vous ajoutez les balises dans le fichier texte avec le texte que vous souhaitez présenter aux utilisateurs pour indiquer au navigateur comment il doit afficher votre page Web.

Les balises et le contenu qu'elles délimitent forment ce qui est appelé un *élément*. Les signes < et > délimitent les balises XHTML et HTML, les accolades { et } délimitent les balises CSS.

Les navigateurs

Le morceau que l'utilisateur détient dans le puzzle du Web, c'est le navigateur. Les navigateurs Web peuvent lire les instructions écrites en HTML et les utiliser pour afficher le contenu d'une page Web sur votre écran.

Vous devriez toujours écrire votre HTML en gardant à l'esprit que les gens qui vont regarder le contenu utilisent un navigateur Web. N'oubliez pas qu'il existe plusieurs sortes de navigateurs dans la nature et que chacun existe en plusieurs versions.

Généralement, les navigateurs Web interrogent et affichent les pages Web mises à disposition sur Internet *via* des serveurs Web. Vous pouvez aussi afficher des pages HTML que vous avez sauvegardées sur votre propre ordinateur avant de les rendre disponibles *via* un serveur Web sur Internet. Lorsque vous développez vos propres pages Web, vous visualisez ces dernières (appelées pages *locales*) dans votre navigateur. Vous pouvez utiliser les pages locales pour vous faire une idée de ce que les gens verront lorsque la page sera en ligne sur Internet.

UNE FOULE DE NAVIGATEURS

Le monde du Web est plein de navigateurs de différentes tailles et de formes ou plutôt de différentes versions et jeux de fonctionnalités. Les navigateurs les plus populaires sont Internet Explorer de Microsoft, Firefox de Mozilla, Safari d'Apple et Chrome de Google. D'autres navigateurs sont très utilisés, tels que Opera et Lynx. En tant que développeur HTML, vous devez penser à ceux qui vont consulter vos pages et non seulement à votre propre navigateur et à vos préférences. Chaque utilisateur ajuste ses préférences personnelles dans son navigateur.

Chaque navigateur affiche le HTML un peu différemment des autres. De même, chaque navigateur gère le JavaScript, le multimédia, les feuilles de styles et autres extensions du HTML différemment. Ajoutez à tout cela les différents systèmes d'exploitation pour que cela commence vraiment à devenir amusant.

Généralement, les différences entre navigateurs sont mineures. Parfois, une combinaison de HTML, de texte et de multimédia peut mettre un navigateur à genoux. Lorsque vous travaillez avec HTML, testez vos pages sur autant de navigateurs différents que possible. Installez au moins trois navigateurs différents sur votre propre système d'exploitation pour effectuer les tests. Nous vous recommandons d'utiliser au moins les dernières versions d'Internet Explorer, de Firefox et de Chrome.

Yahoo! dispose d'une liste plutôt complète des navigateurs sur :

```
http://dir.yahoo.com/Computers_and_
Internet/Software/Internet/World_
Wide_Web/Browsers
```

Chaque navigateur interprète le HTML d'une manière qui lui est propre. Le même HTML peut ne pas être représenté à l'identique d'un navigateur à un autre. Lorsque vous travaillez avec du HTML de base, les variations sont mineures mais lorsque vous intégrez d'autres éléments (tels que du script et du multimédia), le résultat à l'écran peut considérablement varier.

Le Chapitre 2 vous montre comment utiliser un navigateur Web pour visualiser une copie locale de votre première page Web.

Certaines personnes utilisent des navigateurs Web qui n'affichent que du texte, tels que Lynx, car :

» Ils sont déficients visuels et ne peuvent pas utiliser un affichage graphique.

» Ils apprécient les navigateurs Web simples et rapides qui n'affichent que du texte.

Les serveurs Web

Vos pages HTML ne valent pas grand-chose si vous ne pouvez pas les partager avec le reste du monde. C'est pourquoi il existe des serveurs Web. Un *serveur Web* est un ordinateur qui :

» Se connecte à Internet.

» Fait tourner un logiciel de serveur Web.

» Répond aux requêtes des pages Web des navigateurs Web.

Presque tout ordinateur peut être un serveur Web, y compris votre ordinateur personnel. Toutefois, les serveurs Web sont généralement des ordinateurs dédiés à cette tâche. Vous n'avez pas besoin d'être un gourou de l'informatique ou d'Internet pour publier vos pages Web mais vous devez trouver un serveur Web pour servir vos pages :

» Si vous créez des pages pour le site Web d'une entreprise, votre département informatique peut disposer d'un serveur Web (renseignez-vous auprès de votre gourou informatique local).

» Si vous commencez un nouveau site, vous aurez besoin d'un hôte pour héberger vos pages.

Il est très facile de trouver un hébergeur bon marché avec une simple recherche Google. GoDaddy (`www.godaddy.com`) est un hôte peu cher qui héberge vos pages pour moins de 2 € par mois. Si vous cherchez bien, vous pouvez même trouver des hébergeurs gratuits. Free Web Hosts dispose d'une liste d'hébergeurs gratuits que vous pouvez consulter sur `www.free-webhosts.com`. Le Chapitre 3 montre comment déterminer vos besoins en hébergement et trouver le prestataire le mieux adapté.

Anatomie d'une URL

Le Web est constitué de milliards de ressources vers lesquelles il est possible de créer des liens. La localisation exacte d'une ressource est la clé pour s'y connecter. Sans une adresse exacte (une URL, ou identifiant unique de localisation), vous ne pouvez pas utiliser la barre d'adresse d'un navigateur Web pour visiter directement la page.

Les URL sont un système d'adressage standardisé des ressources du Web. Chaque ressource (page Web, site, fichier individuel) dispose d'une URL unique. Les URL fonctionnent à peu près comme votre adresse postale. La Figure 1.3 détaille les composants d'une URL.

FIGURE 1.3 Les composants d'une URL permettent de définir exactement la localisation d'un fichier sur le Web.

Chaque composant de l'URL aide à définir l'emplacement d'une page ou d'une ressource Web :

- **Protocole :** Spécifie le protocole que le navigateur doit respecter pour interroger le fichier.

  Le protocole pour interroger des pages Web est `http://` (le préfixe classique de la plupart des URL).

- **Domaine :** Correspond au site Web (tel que `www.sun.com`) où se trouve le fichier. Un domaine peut contenir quelques fichiers (comme un site Web personnel) ou des millions (comme le site d'une entreprise, tel que `www.sun.com`).

- **Chemin d'accès :** Enumère la série de dossiers qu'il faut parcourir pour atteindre un fichier spécifique.

  Par exemple, pour atteindre un fichier dans le répertoire `evangcentral` qui se trouve dans le répertoire `developers`, vous devez utiliser le chemin d'accès `developers/evangcentral/`.

- **Nom de fichier :** Désigne le fichier qui se trouve dans le répertoire auquel le navigateur accède.

LES PROTOCOLES D'INTERNET

Les interactions entre les navigateurs et les serveurs sont rendues possibles par un jeu d'instructions de communication entre ordinateurs : HTTP (protocole de transfert hypertexte). Ce protocole définit la manière dont les navigateurs devraient interroger les pages Web et comment les serveurs Web devraient répondre à ces requêtes.

HTTP n'est pas le seul protocole qui fonctionne sur Internet. Le protocole simple de transfert de courrier (SMTP) et le protocole de boîte postale (POP) permettent l'échange de courrier électronique et le protocole de transfert de fichiers (FTP) vous permet de télécharger, déplacer, copier et supprimer des fichiers et des dossiers sur Internet. La bonne nouvelle, c'est que les navigateurs Web et les serveurs font tout le travail HTTP pour vous, si bien que vous n'avez qu'à stocker vos pages sur un serveur ou saisir une adresse Web dans un navigateur.

Pour comprendre comment HTTP fonctionne, référez-vous au chapitre de David Gourley et Brian Totty sur les messages http, disponible sur Google en recherchant «understanding http transactions». Commencez votre recherche sur `http://books.google.com` puis faites défiler les résultats jusqu'au lien «http: the definitive guide» et reportez-vous à la page 80

Bien que l'URL de la Figure 1.3 ne soit pas accessible au public, elle renvoie au domaine de Sun et contient un chemin d'accès qui permet d'atteindre un fichier spécifique nommé `bios.html` :

```
http://www.sun.com/developers/evangcentral/bios.html
```

Le Chapitre 6 explique comment utiliser HTML et les URL pour ajouter des hyperliens à vos pages Web et le Chapitre 3 montre comment obtenir une URL pour votre site Web une fois que vous êtes prêt à vous installer sur un serveur Web.

Les parties du composant (X)HTML

La section suivante lève le mystère sur le *X*. Cette section explique :

- » Les différences entre HTML et XHTML.
- » Comment le HTML est écrit (sa *syntaxe*).
- » Les règles qui régissent l'utilisation du HTML (et XHTML).
- » Les noms des éléments importants des balises HTML (et XHTML).
- » Comment utiliser au mieux les possibilités de (X)HTML.

HTML et XHMTL : quelle est la différence ?

HTML, c'est le langage de balisage hypertexte, une notation développée vers la fin des années 1980 et au début des années 1990 pour décrire les pages Web. HTML est dorénavant gravé dans le marbre de nombreuses descriptions de standards (*spécifications*) par le World Wide Web Consortium (W3C). La dernière spécification de HTML a été finalisée en 1999.

Lorsque vous ajoutez un *X* devant *HTML* pour *XHTML*, vous obtenez une version améliorée de HTML, fondée sur le langage de balisage extensible (*XML*). XML est conçu pour fonctionner correctement et être compris par les ordinateurs, les logiciels et Internet.

La formulation initiale du HTML présente quelques imperfections qui peuvent tourmenter les logiciels qui lisent les documents HTML. A l'inverse, XHTML utilise une syntaxe extrêmement régulière et prévisible que les logiciels gèrent plus facilement. XHTML remplacera HTML un jour mais HTML reste d'actualité. Ce livre traite des deux versions et vous montre les étapes à suivre pour ajouter le X devant vos documents HTML et les convertir en documents XHTML.

- La plupart des balises HTML et XHTML sont identiques.
- Dans certains cas, les balises HTML et XHTML sont un peu différentes.
- Dans certains cas, les balises HTML et XHTML doivent être utilisées différemment.

Ce livre vous montre comment créer du code qui fonctionne en HTML et en XHTML.

La syntaxe et les règles

Chaque élément de balise HTML et/ou XHTML qui décrit le contenu d'une page Web comprend une combinaison d'éléments, d'attributs et d'entités.

Ce chapitre traite de la forme et de la syntaxe de base des éléments, des attributs et des entités. Les parties II et III du livre exposent comment les éléments et les attributs :

- décrivent des types de texte (comme des paragraphes ou des tableaux) ;
- créent un effet dans la page (comme modifier le style de la police) ;
- ajoutent des images et des liens dans la page.

Les éléments

Les éléments sont les blocs de base de (X)HTML. Vous les utilisez pour décrire chaque morceau de texte dans votre page. Les éléments sont faits de balises et du contenu qu'elles délimitent. Il existe deux grands types d'éléments :

» Les éléments dont le contenu est fait d'une paire de balises et du contenu qui se trouve entre la balise d'ouverture et la balise de clôture.

» Les éléments qui insèrent quelque chose dans la page en utilisant une seule balise.

Les balises appariées

Les éléments qui décrivent le contenu utilisent des paires de balises pour marquer le début et la fin de l'élément. Les paires ressemblent à ceci :

```
<balise>...</balise>
```

Le contenu, comme les *paragraphes*, les *titres*, les *tableaux* et les *listes*, utilisent toujours des balises appariées :

» La balise ouvrante (<balise>) dit au navigateur : « L'élément commence ici. »

» La balise fermante (<balise>) dit au navigateur : « L'élément se termine là. »

Le contenu correspond à ce qui se trouve entre les balises ouvrante et fermante. Par exemple, la page d'Ed Tittel, représentée dans le Listing 1.1, utilise un élément paragraphe (<p>) pour délimiter le texte d'un paragraphe (nous avons éliminé le CSS pour plus de clarté) :

```
<p>Ed a commencé à écrire sur l'informatique en 1986 pour un magazine
traitant de Macintosh. Vers 1989, il a contribué à des publications
telles que LAN Times, Network World, Mac World et LAN Magazine. Il a
travaillé sur notre premier livre en 1991 et en 1994 il avait contri-
bué à une dizaine de titres différents.</p>
```

Les balises isolées

Les éléments qui insèrent quelque chose dans une page sont nommés *éléments vides* (car ils ne délimitent aucun contenu) et utilisent une balise unique, comme ceci :

```
<balise />
```

Les images et les sauts de lignes insèrent quelque chose dans le fichier HTML et c'est pourquoi ils utilisent des balises isolées.

L'une des différences essentielles entre XHTML et HTML, c'est qu'en XHTML tous les éléments vides doivent se terminer par une barre oblique placée avant le signe supérieur. Ceci s'explique par le fait que XHTML est basé sur XML et que XML exige de fermer tous les éléments avec une barre oblique, comme ceci :

```
<balise/>
```

Cependant, pour que ce type de balise soit lisible par les navigateurs plus anciens, il faut insérer un espace avant la barre oblique, comme ceci :

```
<balise />
```

Cet espace permet aux vieux navigateurs d'ignorer la barre oblique finale (puisqu'ils ne connaissent pas XHTML). Les navigateurs plus récents qui comprennent XHTML ignorent l'espace et interprètent la balise comme il se doit, c'est-à-dire `<balise/>` (conformément aux règles de XML).

Le Listing 1.1 utilise l'élément image (`<img />`) pour inclure une image dans la page :

```
<img src=»images/header.gif» alt=»Image» width=»794» height=»160» />
```

L'élément `<img />` fait référence à une image. Lorsque le navigateur affiche la page, il remplace l'élément `<img />` par le fichier vers lequel ce dernier renvoie (pour cela, il utilise un attribut qui est présenté dans la section suivante). D'après les règles XHTML présentées plus tôt, ce qui apparaît en HTML comme `<img>` apparaît en XHTML comme `<img />` (et cela s'applique à tous les éléments à base de balise isolée).

Vous ne pouvez pas fabriquer vos propres éléments HTML ou XHTML. Les éléments de (X)HTML forment un ensemble très spécifique. Si vous utilisez des éléments qui ne font pas partie de cet ensemble, les navigateurs les ignoreront. La liste des éléments que vous pouvez utiliser est définie dans les spécifications HTML 4.01 ou XHTML 1.0 (les spécifications pour HTML

4.01 se trouvent sur `www.w3.org/TR/html4` et celles de XHTML 1.0 sont disponibles sur `www.w3.org/TR/xhtml1/`).

L'imbrication

De nombreuses structures de pages combinent des éléments imbriqués. Vous pouvez vous représenter les éléments imbriqués comme des enveloppes rangées les unes dans les autres.

Par exemple, une liste à puces utilise deux types d'éléments :

- » L'élément `<ul>` spécifie que la liste n'est pas triée (à puces).
- » L'élément `<li>` désigne un élément de la liste.

Lorsque vous combinez les éléments en utilisant cette méthode, n'oubliez pas de fermer complètement l'élément intérieur avant de fermer l'élément extérieur :

```
<ul>
  <li>élément 1</li>
  <li>élément 2</li>
</ul>
```

Les attributs

Les attributs d'un élément permettent de varier la manière dont cet élément décrit son contenu ou fonctionne. Par exemple, l'élément `<img />` utilise l'attribut `src` pour spécifier l'endroit où se trouve l'image que vous souhaitez inclure dans votre page :

```
<img src=»images/header.gif» alt=»Image» width=»794» height=»160» />
```

Dans cette partie de HTML, l'élément `<img />` lui-même signale au navigateur que vous souhaitez inclure une image ; l'attribut `src` fournit des informations spécifiques à l'image, `header.gif` dans cet exemple. D'autres attributs (tels que `width` ou `height`) fournissent des informations sur la manière d'afficher l'image, tandis que l'attribut `alt` fournit un texte à afficher à la place de l'image dans les navigateurs qui n'affichent que du texte (ou qu'un logiciel de conversion de texte en paroles peut prononcer, pour les déficients visuels).

Le Chapitre 7 décrit l'élément `<img />` et ses attributs en détail.

Les attributs doivent figurer dans la balise ouvrante de l'élément souhaité, après le nom de l'élément mais avant le signe supérieur, comme ceci :

```
<balise attribut=»valeur» attribut=»valeur»>
```

Les règles de syntaxe XML imposent que les valeurs des attributs figurent toujours entre guillemets mais vous pouvez faire figurer les attributs et leurs valeurs dans l'ordre que vous souhaitez à l'intérieur de la balise.

Chaque élément de (X)HTML dispose d'une collection d'attributs avec lesquels il peut être utilisé mais vous ne pouvez pas mélanger les attributs des éléments à votre guise. Certains attributs peuvent prendre pour valeur n'importe quel texte car la valeur peut être n'importe quoi, comme l'endroit où se trouve une image ou une page vers laquelle vous souhaitez créer un lien. D'autres ne peuvent prendre qu'une valeur parmi une liste de valeurs spécifiques, telles que les options d'alignement du texte dans la cellule d'un tableau.

Les spécifications HTML 4.01 et XHTML 1.0 définissent exactement quels attributs vous pouvez utiliser pour tel élément et quelles valeurs (si elles sont explicitement définies) tel attribut peut prendre.

Chaque chapitre des parties II et III explique les attributs que vous pouvez utiliser avec chaque élément de (X)HTML.

Les entités

Le texte permet au Web d'exister mais il a ses limites. Les *entités* sont des caractères spéciaux que vous pouvez afficher dans votre page Web.

Les caractères non ASCII

Le code standard américain pour l'échange d'information (ASCII) ne définit qu'un petit nombre de caractères. Il ne comprend pas de caractères spéciaux, tels que le symbole copyright ou les caractères accentués.

Par exemple, si nous traduisons un des paragraphes de texte de la page de la Figure 1.2 en allemand, le résultat comprendra trois caractères *u* avec un tréma (l'umlaut, *ü*), comme le montre la Figure 1.4.

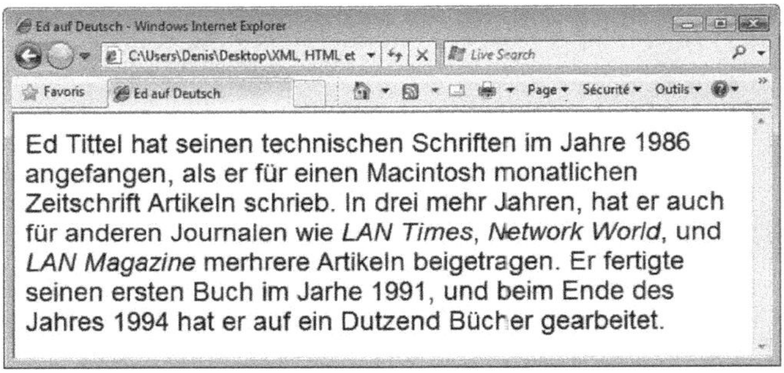

FIGURE 1.4 Le texte ASCII ne peut pas représenter tous les caractères, si bien qu'il faut recourir à des entités de HTML.

Le texte ASCII n'inclut pas le *u* avec tréma, si bien que HTML doit utiliser des *entités* pour représenter ce caractère. Le navigateur remplace

l'entité par le caractère auquel elle fait référence. Chaque entité commence par une esperluette (`&`) et se termine par un point-virgule (`;`). Les entités proviennent de SGML, aussi les codons-nous en violet pour signaler cette origine. Les balises suivantes affichent les caractères correspondants en gras :

```
<html>
<head>
<style type=»text/css»>
  body {
    font-family: sans-serif;
    font-size: large;
    }
  cite {
    font-family: serif;
    font-style: italic;
    }
</style>
<title>Ed auf Deutsch</title>
</head>
<body>
<p>Ed Tittel hat seinen technischen Schriften im Jahre 1986
```

```
angefangen, als er f&uuml;r einen Macintosh monatlichen Zeitschrift
Artikeln schrieb. In drei mehr Jahren, hat er auch f&uuml;r anderen
Journalen wie <cite>LAN Times</cite>, <cite>Network World</cite>,
und <cite>LAN Magazine</cite> merhrere Artikeln beigetragen. Er
fertigte seinen ersten Buch im Jarhe 1991, und beim Ende des
Jahres 1994 hat er auf ein Dutzend B&uuml;cher gearbeitet.</p>
</body>
</html>
```

L'entité qui représente le tréma est `ü`.

Les codes de caractères (X)HTML

Le code de caractères ISO-Latin-1 est fourni par défaut et les entités correspondantes peuvent être interrogées et utilisées sans contorsions particulières. Toutefois, l'utilisation d'autres encodages mentionnés plus haut exige l'insertion d'une balise spéciale pour indiquer au navigateur qu'il doit se préparer à interpréter des codes de caractères Unicode (Unicode est un standard international, le standard ISO 10646 pour être plus précis, qui comprend assez de codes de caractères pour gérer presque tous les alphabets, plus plein d'autres caractères symboliques et non alphabétiques). Cette balise particulière prend la forme `<meta http-equiv=»Content-Type» content=»text/html; charset=UTF 8»>`. Lorsque la valeur de `charset` est passée à `UTF-8`, vous pouvez faire référence aux valeurs Unicode.

Les délimiteurs de balises

Tout logiciel susceptible d'interpréter du HTML estime que certains caractères HTML, tels que les signes inférieur et supérieur, ne doivent pas être affichés dans la page Web restituée à l'écran. Si vous souhaitez afficher un signe inférieur ou supérieur dans votre page, vous allez devoir le préciser explicitement au navigateur. Les entités suivantes vous permettent d'afficher ces caractères qui appartiennent normalement au balisage HTML caché :

- **signe inférieur (<) :** <
- **signe supérieur (>) :** >
- **esperluette (&) :** &

Les signes < et > sont utilisés dans les balises mais ces symboles sont des instructions destinées au navigateur et ne seront pas affichés à l'écran. Si vous avez besoin d'afficher ces symboles dans une page Web, faites figurer les entités correspondantes dans votre texte, comme ceci :

```
<p>Ce qui suit correspond à du texte affiché sous la forme
   d'un paragraphe:</p>
<p>&lt;p&gt;Ceci est un paragraphe.&lt;/p&gt;</p>
```

Dans la balise précédente, la première ligne utilise des *balises* pour décrire un paragraphe, et la seconde affiche les *entités* correspondant aux symboles < et >.

La Figure 1.5 montre ces entités sous la forme de caractères dans la fenêtre du navigateur.

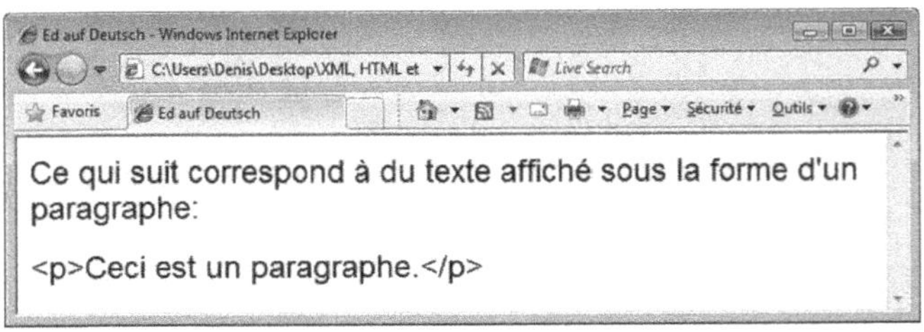

FIGURE 1.5 Les entités permettent aux symboles <, > et & d'apparaître dans la fenêtre du navigateur.

Les parties de la partie I : ce dont les pages Web sont faites

Les *commentaires* correspondent au texte dans les fichiers (X)HTML qui n'est pas affiché dans la page finale. Chaque commentaire est identifié par deux séries spécifiques de caractères de balisage :

- » Chaque commentaire commence par <!--.
- » Chaque commentaire finit par -->.

Dans le code suivant, les commentaires expliquent comment chaque élément fonctionne et où il se place dans la hiérarchie des éléments du HTML.

Les éléments sont organisés selon une structure :

- » Certains éléments peuvent figurer plusieurs fois à l'intérieur d'autres éléments.
- » Certains éléments sont requis pour former un document (X)HTML bien structuré.

```
<html>  <!-- Cette balise doit toujours se trouver au début ou près
du début de tout document HTML bien structuré -->
<head>  <!-- L'élément head fournit des informations pour désigner
l'ensemble du document HTML -->
<title>Welcome to Ed Tittel.com</title> <!-- Le texte qui figure dans
l'élément title apparaît dans la barre de titre de la fenêtre du
navigateur lorsque la page est visualisée -->
</head> <!-- ferme l'élément head -->


<body>  <!-- Le contenu qui apparaît dans n'importe quelle page Web
          ou qui est invoqué depuis l'intérieur de l'élément body -->
        <!-- Nous sautons une partie du code ici . . . -->
<!–Subtitle text -->
  <h1>Contact:</h1>
  <!–List -->
    <ul>
      <li><b>Email:</b> etittel at yahoo dot com</li>
      <li><b>Address:</b> 2443 Arbor Drive, Round Rock,
                                        TX 78681-2160</li>
      <li><b>Phone:</b> 512-252-7497 (No solicitors, please)</li>
      <li>List of publications available in: <a href=»docs/v_et.doc»
          target=»_blank»>MS Word</a></li>
      <li>Resume available in: <a href=»docs/Resu-et13.doc» target=»_
           blank»>
          MS Word</a></li>
    </ul></body>  <!-- Fin de la section body -->
</html>  <!-- Fin du document HTML -->
```

Le précédent document est composé des sections `head` et `body`. Dans chaque section, certains types d'éléments apparaissent. De nombreuses combinaisons sont possibles, comme vous pourrez le constater tout au long de ce livre !

Organiser le texte HTML

Au-delà de la division en sections `head` et `body`, le texte peut être organisé de nombreuses manières dans les documents HTML.

L'en-tête du document

Dans la section `head`, vous pouvez définir toutes sortes de libellés et d'informations au-delà du titre destiné à identifier le document qui suit, comme le jeu de caractères utilisé, des métadonnées sur le document, des scripts à interroger et des informations sur le style. Le vrai contenu et la plupart des éléments (X)HTML n'apparaissent que dans la section `body`.

Le titre du document

Les titres (désignés par les éléments `h1` à `h6`) sont à distinguer de l'en-tête du document. Les titres structurent le texte qui les suit, alors que `head` identifie ou décrit le document tout entier.

Les paragraphes et plus encore

Lorsque vous souhaitez écrire du texte dans une page Web, l'élément paragraphe `p` (qui comprend les balises `<p>` et `</p>`) vous permet de découper ce texte en paragraphes. Vous pouvez aussi créer une ligne de séparation horizontale en utilisant l'élément `<hr />`.

HTML offre également diverses possibilités pour mettre en valeur ou repérer du texte dans les paragraphes. Les parties II et III de ce livre en présentent quelques-unes.

Les listes

HTML permet de définir facilement des listes triées ou non. Divers mécanismes pour créer d'autres types de listes, dont des listes numérotées, sont aussi disponibles. Une liste peut être imbriquée dans une autre liste pour créer autant de niveaux de hiérarchie que nécessaire (par exemple, lorsque vous souhaitez dérouler un sujet complexe ou présenter une table des matières contenant plusieurs niveaux de titre). Le Chapitre 5 explique comment créer des listes dans le détail.

Les tableaux

En plus de fournir un mécanisme pour créer des listes, HTML propose aussi des balises pour créer des tableaux. Fut un temps, les tableaux étaient très prisés en HTML pour réaliser tous types de mises en page. Aujourd'hui, ils sont utilisés, comme ils auraient toujours dû l'être, pour représenter des tableaux. Dans la définition d'un tableau, vous pouvez :

- » distinguer les titres des colonnes et les données du tableau ;
- » gérer la présentation des lignes et des colonnes.

Les balises de feuilles de styles en cascade

Les balises CSS peuvent se trouver dans des documents séparés (feuilles de style), dans un bloc de texte situé dans l'en-tête d'un document HTML ou dans l'attribut style d'éléments, voire aux trois endroits simultanément ! CSS permet de contrôler plus précisément la sélection de la police, l'utilisation des couleurs du texte et d'arrière-plan, le positionnement du texte et d'autres éléments dans la page et bien plus encore.

Vous explorerez CSS dans le détail dans la partie III de ce livre mais nous en présenterons des morceaux tout au long de ce livre lorsque le sujet s'y prêtera. Vous pouvez créer un site Web sans utiliser CSS. CSS génère du travail supplémentaire mais c'est le bon outil pour contrôler précisément la disposition et l'apparence de vos pages.

Les images dans les documents HTML

Il est facile d'ajouter une image à un document HTML. L'utilisation réfléchie d'images permet de donner beaucoup d'effet aux pages Web. Le Chapitre 7 montre comment extraire des images de leurs fichiers. Le Chapitre 9 est consacré à l'utilisation de balises complexes pour positionner du texte autour d'images. Vous découvrirez aussi comment sélectionner et utiliser des images intéressantes et attirantes pour ajouter des informations et améliorer l'allure de vos pages Web.

Les liens et les outils de navigation

La structure d'une page Web devrait aider les visiteurs à trouver leur chemin dans les collections de pages Web, à rechercher (et on l'espère, trouver) les éléments intéressants et à aller où ils veulent se rendre aussi rapidement et facilement que possible. Les liens fournissent une solution pour conduire les utilisateurs vers des pages Web. Aussi le Chapitre 6 explique-t-il comment :

- faire référence à des éléments ou des ressources externes ;
- basculer d'une page à la suivante ;
- passer d'un endroit d'une page à un autre ;
- structurer et organiser vos pages.

  Plus vous ajouterez d'informations à présenter à vos visiteurs, plus l'importance de la structure et de l'organisation se fera sentir.

Les *outils de navigation* (des outils standardisés pour permettre de se déplacer sur un site Web) offrent la possibilité de créer et de présenter la structure de votre page Web (et de votre site) aux visiteurs et permettent aux utilisateurs d'extraire et d'utiliser des menus de sélection.

Lorsque vous additionnez tout cela, le résultat doit être un ensemble bien organisé d'informations et d'images dont il est facile de saisir la cohérence et au sein duquel il est aisé de naviguer.

Listing 1.1 : rencontre avec l'auteur

Le Listing 1.1 est entièrement reproduit ici. Si vous pensez qu'Ed fait preuve de vanité, laissez-nous vous préciser qu'il s'agit de la trame utilisée pour réaliser la page «A propos de moi-même» décrite dans le Chapitre 16 de ce livre, ce qui devrait la rendre plus intéressante que repoussante !

LISTING 1.1 **La page Web «About Me» d'Ed Tittel**

```
<!DOCTYPE html PUBLIC «-//W3C//DTD XHTML 1.0 Transitional//EN»
        «http://www.w3.org/TR/xhtml/DTD/xhtml1-transitional.dtd»>
<html xmlns=»http://www.w3.org/1999/xhtml»>
<head>
```

```
<meta http-equiv=»Content-Type» content=»text/html;
          charset=iso-8859-1» />
<title>Ed Tittel - Edtittel.com</title>
<style type=»text/css»>

body {
  background-image: url(images/background_page.gif);
  }
  font-family: Verdana, Arial, Helvetica, sans-serif;
  font-size: .9em;
  line-height: 1.3;
  color: #FFF;
  margin: 0px;
  padding: 0px;}
#container{
  width: 794px;
  margin: 0px auto; }
#headerGraphic{
  background-image: url(images/header.gif);
;
  width: 794px;
  height: 160px; }
b {
  font-weight: bold;
  }
h2 {
  font-weight: bold;
  font-size: 1.5em;
  color:#96CDFF;
  border-bottom: 1px solid white; }

h1 {

  font-weight : bold;
  font-size: 1.2em;
  color: #96CDFF; }
ul {
  list-style-type: none;
  margin: 0px;
  padding: 0px; }
a:link {
  font-weight : bold;
  text-decoration : none;
  color: #FF7A00;
  background: transparent; }
a:visited {
  font-weight : bold;
  text-decoration : none;
```

```
    color: #91a3b4;
    background: transparent; }
  a:hover {
    color: #FA0000;
    background: transparent;
    text-decoration : underline; }
  a:active {
    color: #494949;
    background: transparent;
    font-weight : bold;
    text-decoration : underline; }
  </style>
  </head>

  <body>
  <div id=»container»>
  <!-- Top graphic of Ed and title -->
  <div id=»headerGraphic»></div>
  <!—Header text -->
    <h2>About me</h2>
    <!—Paragraphs -->
      <p>Ed Tittel a travaillé dans l'industrie informatique depuis le
         début des années 80, période à laquelle il a quitté le monde
         académique pour devenir programmeur. Après avoir écrit du
         code et géré des projets informatiques durant sept ans, il
         est passé de l'autre côté de l'industrie en travaillant à
         l'avant-vente technique et au marketing. De 1981 à 1994, il a
         travaillé pour 6 entreprises, dont Information Research Asso-
         ciates, Burroughs, Schlumberger et Novell.</p>
      <p>Ed a commencé à écrire sur des sujets liés à l'informatique
         en 1986 pour un magazine mensuel consacré au Macintosh. Vers
         1989, il a contribué à des publications telles que LAN Times,

         Network World, Mac World, et LAN Magazine. Il a travaillé sur
         son premier livre vers 1991 et vers 1994, il avait  contribué
         à une dizaine de titres différents.</p>
     <p>Ed travaille à son compte depuis 1994, à deux brèves
        périodes de salariat près (1987-8 pour Tivoli, 2006 pour
        NetQoS, Inc.). Il a contribué à plus de 140 livres informa-
        tiques dont de nombreux titres... Pour les nuls, manuels d'en-
        seignement, matériau pour la préparation à la certification et
        autres. Actuellement, Ed révise un livre de temps en temps,
        écrit pour Tom's Hardware, TechTarget et ITExpertVoice et
        donne des cours en ligne pour de grandes entreprises comme
        HP.</p>
      <p>Pour en savoir plus sur l'histoire professionnelle d'Ed,
      lisez sa <a href=»bio.htm»>biographie personnelle</a>.</p>
    <!—Subtitle text -->
```

```
<h1>Contact :</h1>
<!–List -->
<ul>
  <li><b>Email :</b> etittel at yahoo point com</li>
  <li><b>Adresse :</b> 2443 Arbor Drive, Round Rock, TX 78681-
         2160</li>
  <li><b>Téléphone :</b> 512-252-7497</li>
  <li>Liste des publications disponibles sur :<a href=»docs/v_
         et.doc»
      target=»_blank»>MS Word</a></li>
  <li>CV disponible sur :<a href=»docs/Resu-et13.doc» target=»_
         blank»>
      MS Word</a></li>
</ul>

</div>
</body>
</html>
```

C'est une énorme quantité de HTML à ingérer au début de ce livre. Mais croyez-nous sur parole : si vous lisez suffisamment de contenu de ce livre, tout cela prendra sens !

Chapitre 2

Créer et visualiser une page Web

DANS CE CHAPITRE :

- » **Planifier une page Web.**
- » **Ecrire un peu de HTML.**
- » **Sauvegarder une page.**
- » **Visualiser une page hors ligne et en ligne.**

Créer sa propre page Web peut paraître une entreprise redoutable mais c'est en fait très amusant et nous pouvons dire d'expérience que le meilleur moyen pour commencer consiste à se jeter dans le bain. Vous risquez de patauger un peu au début mais vous pourrez garder la tête hors de l'eau sans trop de peine.

Ce chapitre vous guide dans les quatre étapes élémentaires de la création d'une page Web. Nous ne nous arrêtons pas en cours de route pour expliquer toutes les variantes des balises que vous utilisez mais réservons ces détails pour les autres chapitres. Ce que nous cherchons, c'est que vous vous sentiez assez à l'aise pour travailler avec les balises et le contenu afin de créer une page Web simple et fonctionnelle.

Avant de commencer

La création de documents HTML diffère de celle de documents de traitement de texte qui mobilise une seule application telle que Microsoft Word. En effet, pour la création de documents HTML, vous utilisez deux applications :

» Vous créez les pages Web dans votre éditeur de texte ou HTML.

» Vous visualisez les résultats dans votre navigateur Web.

Même si de nombreux éditeurs HTML tels que Dreamweaver et HTML-Kit peuvent afficher un aperçu du résultat obtenu dans le navigateur, il est extrêmement important de prévisualiser vos pages Web dans de vrais navigateurs Web (tels qu'Internet Explorer, Firefox ou Safari) pour les voir telles que vos utilisateurs les verront. Cela peut sembler assez peu naturel d'éditer dans une application et de basculer sur une autre pour jeter un œil à votre travail mais vous constaterez rapidement que vous pouvez basculer de l'éditeur de texte au navigateur comme un pro en un rien de temps (ou presque).

Comme tous les navigateurs Web ne sont pas identiques, vos pages Web s'afficheront de différentes manières en fonction du navigateur utilisé. Prenez l'habitude de prévisualiser vos pages Web dans plusieurs navigateurs pour vous faire une idée de ce que les utilisateurs verront quand ils les ouvriront.

Pour commencer votre première page Web, vous avez besoin de deux types de logiciels :

» **Un éditeur de texte.**

Bloc-notes est l'éditeur de texte par défaut dans Windows. TextPad est un éditeur shareware disponible sur `www.textpad.com`. SimpleText est l'éditeur de texte livré avec le système d'exploitation de Macintosh.

» **Un navigateur Web.**

Nous vous recommandons d'utiliser un éditeur de texte pour réaliser votre première page Web. Voici pourquoi :

» Un éditeur HTML élaboré, comme Expression Web ou Dreamweaver, vous *cache* souvent le HTML. Or, pour votre première page, vous voudrez sans doute visualiser le HTML dans toute sa (petite) splendeur.

Vous pouvez facilement visualiser votre HTML si vous utilisez Dreamweaver CS5 ou plus récent. Cliquez simplement sur l'onglet Code et votre HTML caché apparaît. Il est aussi possible de configurer Dreamweaver de sorte à afficher le HTML en permanence. Il suffit d'activer l'affichage du code par défaut dans le fichier des préférences.

Vous pourrez basculer en douceur sur un éditeur plus sophistiqué une fois que vous serez familiarisé avec les balises, la syntaxe et la structure de (X)HTML et CSS.

» Les traitements de texte équipés de tous les gadgets imaginables (comme Microsoft Word par exemple) ajoutent généralement beaucoup d'informations supplémentaires dans les coulisses (par exemple, des instructions de mise en page pour imprimer ou afficher le fichier). Vous ne pouvez ni visualiser ni modifier ces informations supplémentaires lorsque vous éditez et, pire encore, elles interfèrent avec votre (X)HTML.

Créer une page à partir de rien

Ecrire du HTML à partir de rien passe par quatre étapes plutôt intuitives :

1. Planifier la conception de la page.
2. Combiner le HTML et le texte dans l'éditeur de texte pour donner corps à cette conception.
3. Sauvegarder la page.
4. Visualiser la page dans un navigateur Web.

Lancez donc votre éditeur de texte et votre navigateur Web et retroussez vos manches.

Etape 1 : planifier une conception élémentaire

Consacrer quelques minutes à la planification de l'approche générale d'une page permet d'accélérer et de faciliter le travail de création.

Il n'est pas utile de créer un diagramme compliqué ou une représentation graphique sophistiquée à ce stade. Lancez simplement quelques idées sur *ce que vous voulez que la page contienne* et *comment vous souhaitez que ce contenu se présente.*

Vous n'avez pas besoin de vous trouver devant votre écran pour planifier. Attrapez un bloc-notes et un stylo et planifiez au soleil ou griffonnez sur un morceau de nappe lors du déjeuner. Rappelez-vous que tout ceci est censé être amusant.

L'exemple donné dans ce chapitre est notre version du traditionnel exercice «Bonjour tout le monde» appliqué à presque tous les langages de programmation : la première chose que vous apprenez lorsque vous vous confrontez à un nouveau langage de programmation, c'est comment afficher la phrase `Bonjour tout le monde` à l'écran. Dans notre exemple, nous écrivons une courte lettre au monde entier, si bien que la page est un peu plus substantielle ; cela vous permet de disposer de plus de texte sur lequel travailler. La Figure 2.1 représente notre projet pour cette page.

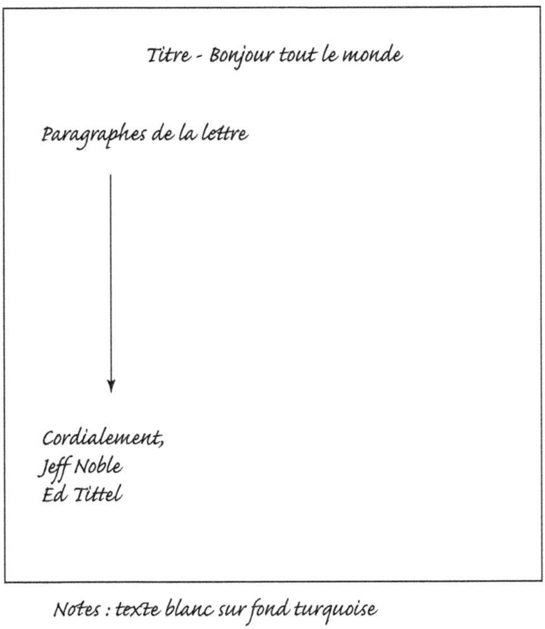

FIGURE 2.1 Prendre quelques minutes pour dessiner la conception de votre page Web facilite l'écriture du HTML.

La page se compose de quatre parties :

- Un titre accrocheur : «Bonjour tout le monde».
- Quelques paragraphes expliquant comment le HTML peut vous aider à communiquer avec le monde entier.
- Un «Cordialement» pour terminer.
- Une signature.

Jetez sur le papier quelques notes sur la gamme de couleurs que vous souhaitez utiliser dans la page. Dans notre exemple, nous utilisons un fond turquoise et du texte blanc. Le titre de la page devrait être «HTML permet au Web de fonctionner».

Lorsque vous savez quel type d'informations vous souhaitez faire figurer dans la page, vous pouvez passer à l'étape 2, l'écriture du code.

Etape 2 : écrire un peu de HTML

Vous disposez de plusieurs options lorsque vous êtes prêt à écrire votre HTML. Au final, vous mettrez sans doute en œuvre une combinaison de ces dernières :

- Si vous avez déjà du texte que vous souhaitez juste mettre en forme à l'aide de HTML, sauvegardez-le dans un fichier texte et ajoutez le balisage HTML.
- Commencez par créer le balisage et ajoutez le texte au fur et à mesure.

Notre exemple dans ce chapitre commence avec du texte provenant d'un document au format Word. Nous avons sauvegardé le contenu dans un fichier texte, avons ouvert ce fichier dans notre éditeur et avons ajouté des balises dans le texte.

Pour enregistrer un fichier Word 2007 sous la forme d'un fichier texte, sélectionnez Fichier>Enregistrer sous. Dans la boîte de dialogue qui apparaît, sélectionnez Texte seulement (*.txt) dans la liste déroulante Type de fichier. Dans les versions antérieures de Word, le nom du type de fichier peut sensiblement varier. Par exemple, dans Word 2003, vous devez sélectionner Texte brut (*.txt) dans la liste déroulante Type de fichier. Assurez-vous simplement de sélectionner l'option texte ou *.txt dans les versions plus anciennes de Word.

La Figure 2.2 vous montre comment le brouillon de notre lettre apparaît dans Word avant que nous ne le convertissions en texte pour notre page.

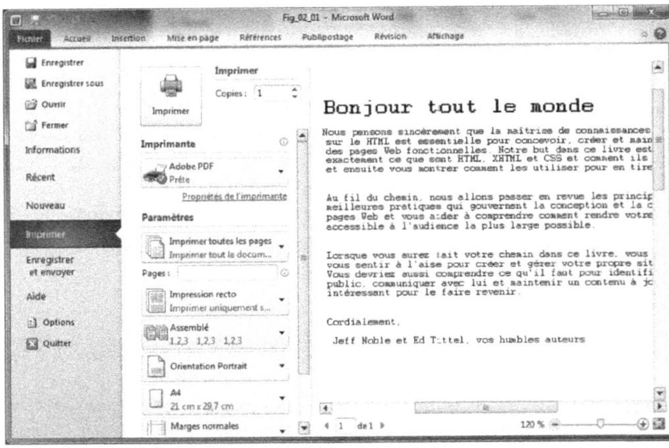

FIGURE 2.2 La lettre qui contient le texte pour notre page, dans un traitement de texte.

Le Listing 2.1 vous montre ce que vous devez ajouter à la prose de Word pour en faire un fichier HTML totalement exploitable.

LISTING 2.1 **Page HTML complète pour la lettre «Bonjour tout le monde»**

```
<!DOCTYPE html PUBLIC «-//W3C//DTD XHTML 1.0 Transitional//EN»
        «http://www.w3.org/TR/xhtml1/DTD/xhtml1-transitional.dtd»>
<html xmlns=»http://www.w3.org/1999/xhtml»>

  <head>
    <title>HTML fait tourner le Web</title>
    <meta http-equiv=»Content-Type» content=»text/
               html;charset=iso-8859-1» />
  </head>

  <body style=»color: white;
               background-color: teal;
               font-size: 12pt;
               font-family: sans-serif;»>

  <h1>Bonjour tout le monde</h1>
```

```
<p>Nous pensons sincèrement que la maîtrise de connaissances de
   base sur le HTML est essentielle pour concevoir, créer et
   maintenir des pages Web fonctionnelles. Notre but dans ce livre
   est d'expliquer exactement ce que sont HTML, XHTML et CSS et
   comment ils fonctionnent et ensuite vous montrer comment les
   utiliser pour en tirer le meilleur.
</p>

<p>Au fil du chemin, nous allons passer en revue les principes et
   les meilleures pratiques qui gouvernent la conception et la
   création de pages Web et vous aider à comprendre comment rendre
   votre contenu accessible à l'audience la plus large possible.
</p>

<p>Lorsque vous aurez fait votre chemin dans ce livre, vous devriez
   vous sentir à l'aise pour créer et gérer votre propre site Web.
   Vous devriez aussi comprendre ce qu'il faut pour identifier votre
   public, communiquer avec lui et maintenir un contenu à jour et
   intéressant pour le faire revenir.
</p>

<p>Cordialement,</p>
  <p>Jeff Noble et Ed Tittel, vos humbles auteurs</p>

</body>
</html>
```

Le balisage HTML comprend toute une série d'éléments et d'attributs qui décrivent le contenu de la lettre :

- L'élément `<html>` définit le document comme un document HTML.
- L'élément `<head>` crée une section d'en-tête dans le document.
- L'élément `<title>` définit un titre de document qui apparaît dans la barre de titre du navigateur.
- L'élément `<body>` contient tout le texte qui apparaît dans la fenêtre du navigateur.

  La balise qui suit l'attribut `style=»` « dans l'élément `<body>` est un élément CSS, le langage de balisage des feuilles de styles en cascade. Elle précise que nous voulons du texte blanc sur un fond turquoise, où le texte est plus grand que d'habitude et dans une police sans empattements (vous en saurez plus sur les styles et les attributs dans les Chapitres 9 et 10).

- L'élément `<h1>` définit le texte `Bonjour tout le monde` comme un premier niveau de titre.
- Les éléments `<p>` identifient les paragraphes du document.

Ne vous souciez pas de la manière dont les éléments du HTML fonctionnent. Ils sont traités en détail dans les Chapitres 4 et 5. Par ailleurs, notez que la page Web peut comprendre des images, des scripts et d'autres éléments que nous évitons délibérément de mentionner dans cet exemple pour qu'il reste simple. Nous aborderons ces détails ultérieurement.

Une fois que vous avez créé une page HTML complète (ou la première partie de cette dernière que vous souhaitez visualiser), vous devez l'enregistrer avant de contempler votre travail dans le navigateur.

Etape 3 : enregistrer la page

Vous utilisez un éditeur pour créer des documents HTML et un navigateur Web pour les visualiser mais avant de laisser votre navigateur se débrouiller avec votre page Web, vous devez l'enregistrer. Si vous ne créez qu'une seule page, enregistrez-en une copie sur votre disque dur local et visualisez-la avec votre navigateur.

Sélectionner un répertoire et un nom pour le fichier

Gardez les points suivants à l'esprit lorsque vous sauvegardez votre fichier sur votre disque dur :

- Vous devez pouvoir retrouver le fichier facilement.
- Le nom doit être suffisamment explicite pour que vous vous rappeliez du contenu du fichier sans avoir à l'ouvrir.
- Le nom doit fonctionner correctement avec un navigateur Web.

  Créez un dossier spécifiquement pour vos pages Web sur votre disque dur. Nommez-le `Pages Web` ou `HTML` (ou tout autre nom qui fait sens pour vous) et n'oubliez pas de le ranger à un endroit où vous pourrez facilement le retrouver.

N'utilisez pas d'espaces dans le nom. Quelques systèmes d'exploitation, notamment Unix et Linux (les systèmes d'exploitation les plus utilisés pour héberger des serveurs Web), ne tolèrent pas la présence d'espaces dans les noms de fichiers. Utilisez un tiret bas (_) ou un tiret (-) à la place. Aussi, mieux vaut ne pas utiliser de caractères de ponctuation dans les noms de fichiers et choisir principalement des noms courts.

Dans notre exemple, nous avons enregistré notre fichier dans un dossier nommé `Pages Web` et nous l'avons baptisé (roulements de tambour) `lettre_html.html`, comme le montre la Figure 2.3.

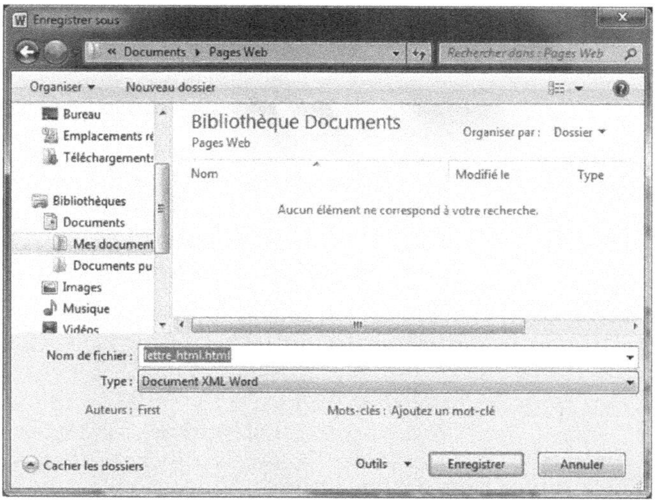

FIGURE 2.3 Utilisez un emplacement pratique et un nom de fichier logique pour les pages HTML.

.htm ou .html

Vous avez le choix entre deux extensions pour vos pages : `.html` ou `.htm` (notre fichier exemple, `lettre_html.html`, utilise l'extension `.html`).

Les serveurs et les navigateurs Web gèrent aussi bien `.htm` que `.html`.

Faites votre choix est restez-y fidèle. Les fichiers `.html` et `.htm` sont traités de la même manière par les navigateurs et les serveurs mais ce sont des extensions différentes qui créent des noms de fichiers différents (le nom `lettre_html.html` est différent de `lettre_html.htm`). La différence est notable quand vous créez des *hyperliens* (dont il est question au Chapitre 6).

Etape 4 : visualiser la page

Une fois que vous avez enregistré votre page, vous êtes prêt à la visualiser dans un navigateur Web. Suivez ces étapes pour contempler votre page Web dans Internet Explorer (ces étapes peuvent légèrement varier si vous utilisez un autre navigateur).

1. **Si vous n'avez pas ouvert votre navigateur, faites-le maintenant.**
2. **Sélectionnez Fichier>Ouvrir.**
3. **Dans la boîte de dialogue qui apparaît, cliquez sur le bouton Parcourir.**
4. **Dans la nouvelle boîte de dialogue qui s'ouvre, naviguez dans votre système de fichiers jusqu'à trouver le fichier HTML et sélectionnez-le pour qu'il apparaisse dans la zone Nom du fichier.**

   La Figure 2.4 montre un fichier HTML sélectionné, prêt à être ouvert.

5. **Cliquez sur le bouton Ouvrir.**

   Vous basculez dans la boîte de dialogue Ouvrir. Note : si vous êtes connecté à Internet, certaines versions d'IE vous avertissent qu'elles vont ouvrir une nouvelle fenêtre de navigation pour afficher le fichier local, pour des raisons de sécurité. Cela ne pose pas de problème.

6. **Cliquez sur OK.**

   La page apparaît dans votre navigateur Web dans toute sa splendeur, comme dans la Figure 2.5.

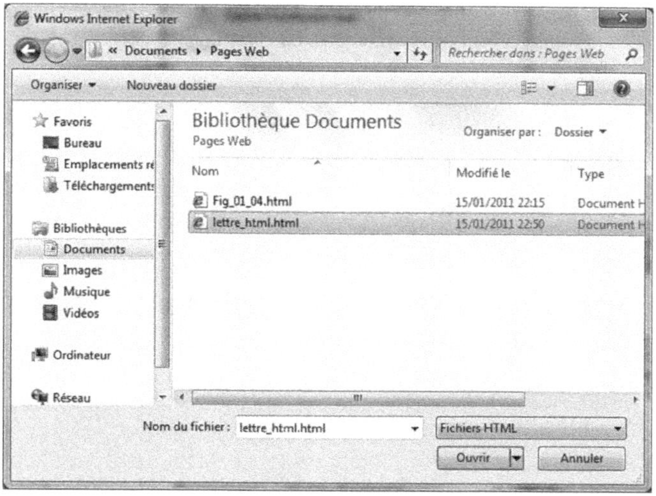

FIGURE 2.4 Utilisez Internet Explorer pour naviguer jusqu'à vos pages Web.

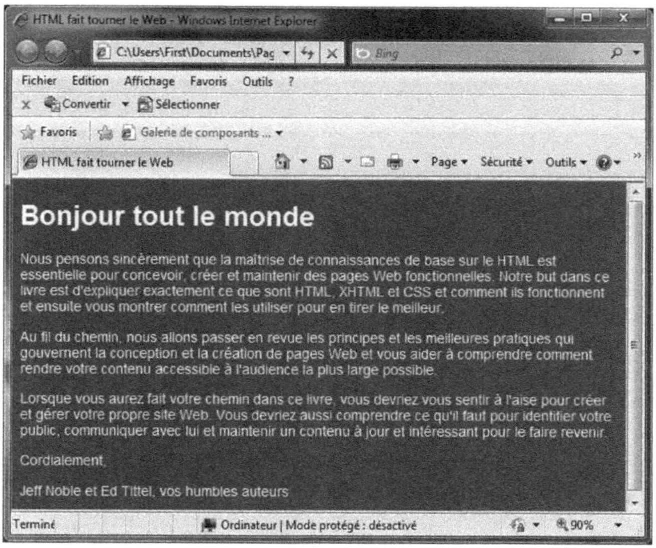

FIGURE 2.5 Visualiser un fichier local dans son navigateur Web.

Vous n'êtes pas encore en train de visualiser ce fichier sur le Web ; vous ne faites que visualiser une *copie* enregistrée sur votre disque dur. Ne communiquez pas encore l'URL du fichier mais n'hésitez pas à modifier le fichier HTML source et à observer les effets de vos modifications.

Un moyen encore plus rapide pour visualiser une page Web localement dans un navigateur consiste à glisser-déposer le fichier HTML dans une fenêtre ouverte du navigateur. Vous pouvez le faire depuis l'explorateur de Windows ou tout autre programme qui vous donne accès aux fichiers.

Modifier une page Web existante

Vous souhaiterez certainement modifier une chose (au moins) dans votre page une fois que vous l'aurez visualisée dans un navigateur Web pour la première fois. Après tout, vous ne pouvez pas vraiment visualiser la manière dont la page se présente lorsque vous ajoutez les balises. Finalement, il se peut que le premier titre vous semble trop gros ou que le texte soit violet sur un fond vert (idée horrible, s'il en est).

Pour modifier la page Web que vous venez de créer dans l'éditeur de texte et la visualiser dans le navigateur Web, répétez ces étapes jusqu'à ce que l'apparence finale de votre page vous convienne :

1. **Laissez la fenêtre du navigateur où la page HTML s'affiche ouverte et retournez dans l'éditeur de texte.**
2. **Si la page HTML n'est pas ouverte dans l'éditeur, ouvrez-la.**

   Le même fichier devrait apparaître dans le navigateur et dans l'éditeur de texte, comme dans la Figure 2.6.
3. **Apportez vos modifications au HTML et au contenu dans l'éditeur de texte.**
4. **Enregistrez les modifications.**

   C'est l'étape la plus importante. Si vous n'enregistrez pas vos modifications, vous n'en visualiserez pas les effets dans le navigateur.
5. **Retournez dans le navigateur Web et cliquez sur le bouton Actualiser.**

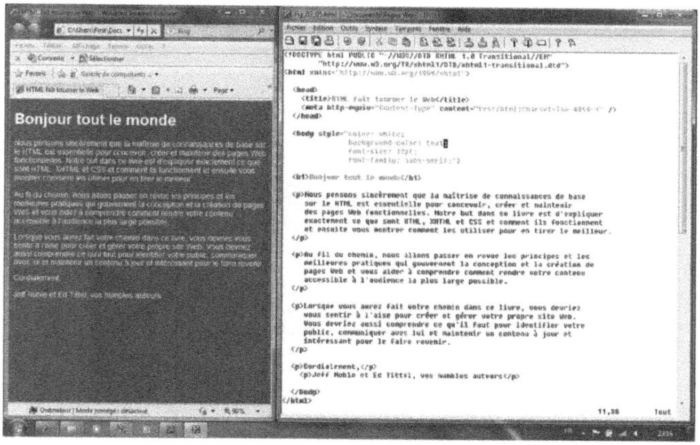

FIGURE 2.6 Visualiser un fichier HTML simultanément dans l'éditeur de texte et dans le navigateur Web.

Si vous gardez le fichier HTML ouvert dans le navigateur et l'éditeur de texte tandis que vous travaillez, vous pouvez observer les résultats de vos modifications en un clin d'œil. Vous pouvez rapidement sauvegarder ces modifications dans l'éditeur de texte, basculer vers le navigateur et recharger la page, rebasculer dans l'éditeur de texte et apporter plus de modifications et ainsi de suite.

Dans notre exemple de lettre, nous avons décidé, après avoir converti notre brouillon en page HTML, d'ajouter la date. La Figure 2.7 montre la modification apportée au HTML pour insérer la date ainsi que le résultat produit dans le navigateur Web.

Cette solution pour modifier une page HTML ne s'applique qu'aux pages enregistrées sur votre disque dur local. Si vous souhaitez modifier une page que vous avez déjà stockée sur un serveur Web, vous devez en enregistrer une copie sur votre disque dur, la modifier, vérifier vos modifications puis la télécharger une nouvelle fois sur le serveur, comme cela est expliqué dans la section suivante.

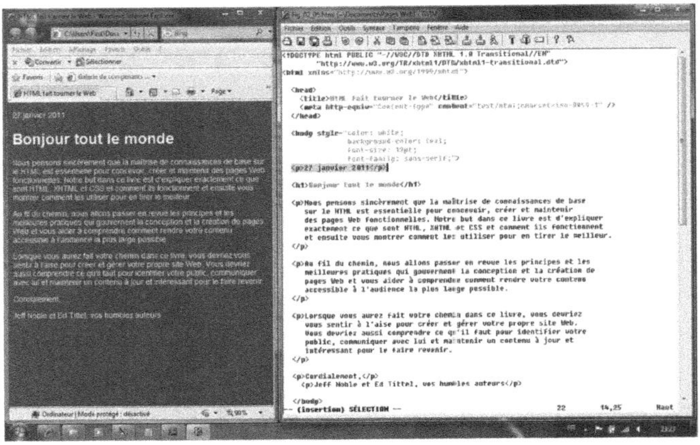

FIGURE 2.7 Les modifications apportées au HTML s'affichent dans le navigateur une fois la page sauvegardée et rechargée.

Mettre une page en ligne

Une fois que vous êtes satisfait de votre page Web, il est temps de la mettre en ligne. Le Chapitre 3 explique précisément comment vous devez procéder, mais voici un résumé en quelques étapes :

1. **Trouvez un hébergeur pour mettre en ligne vos pages Web.**

   Votre hébergeur Web peut être un serveur Web ou l'espace d'une entreprise pour la location duquel vous payez un fournisseur d'accès Internet (FAI). Si vous ne disposez pas encore d'un hébergeur, contactez le FAI que vous utilisez pour accéder à Internet. Il se peut qu'il vous donne un peu d'espace sur un serveur Web, parallèlement à votre accès à Internet. Quelle que soit la solution, demandez à l'hébergeur de vous communiquer votre URL et de vous expliquer comment procéder pour déplacer les fichiers sur votre site.

2. **Utilisez un client FTP ou un navigateur Web pour établir une connexion à votre serveur Web.**

Utilisez le nom d'utilisateur et le mot de passe que vous a fournis votre hébergeur pour ouvrir une session FTP sur le serveur Web.

3. **Copiez le fichier HTML de votre disque dur sur votre serveur Web.**

4. **Utilisez votre navigateur Web pour visualiser le fichier sur Internet.**

Par exemple, pour héberger notre lettre en ligne sur `http://www.edtittel.com/examples/ch02`, nous avons utilisé Internet Explorer pour accéder au site et avons renseigné l'identifiant et le mot de passe fournis par notre FAI. Nous avons copié le fichier sur le serveur *via* une simple opération de glisser-déposer depuis l'explorateur Windows jusqu'à Internet Explorer.

L'URL de la page est `http://www.edtittel.com/examples/ch02/html_letter.html` et la page est dorénavant accessible sur le serveur Web plutôt que sur le système de fichier local, comme le montre la Figure 2.8.

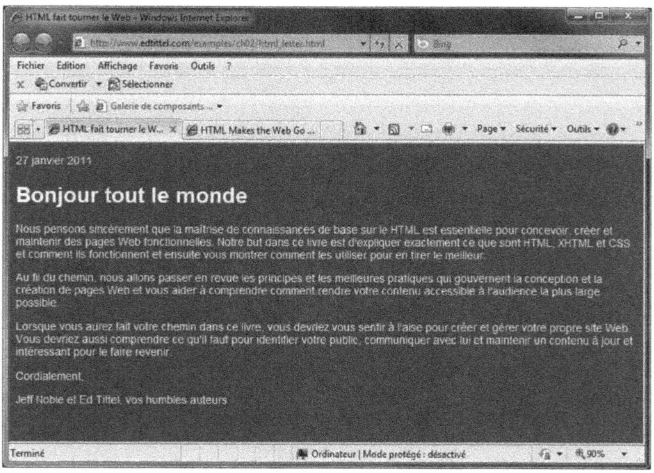

FIGURE 2.8 Un fichier sur un serveur Web est accessible à toute personne disposant d'une connexion Internet.

Le Chapitre 3 explique comment rendre votre page Web accessible au monde entier.

Chapitre 3

Planifier correctement pour créer des pages performantes

DANS CE CHAPITRE :

- » **Planifier une page Web.**
- » **Définir la hiérarchie du site Web.**
- » **Créer une navigation ergonomique.**
- » **Héberger un site.**
- » **Télécharger et éditer un site Web.**

La conception générale de votre site comprend celle de son interface utilisateur (IU). Lorsque vous concevez une bonne IU, vous donnez aux utilisateurs les moyens de naviguer sur votre site Web avec un minimum de gêne. Ce chapitre présente les principes de base de la conception de sites Web en (X)HTML et CSS. Les respecter, c'est s'assurer que vous créerez une IU ergonomique.

L'IU est le mécanisme qui donne à un utilisateur accès à l'information que contient votre site Web. Chaque IU est unique mais elles sont toutes faites des mêmes composants (*texte*, *images* et *fichier médias*), tous assemblés à l'aide de (X)HTML.

Les visiteurs ne retourneront probablement pas sur votre site si :

- » Il est difficile d'y naviguer.

- Il est encombré de texte scintillant et de mille couleurs criardes.
- Il n'aide pas les utilisateurs à trouver ce qu'ils recherchent.

Vous avez créé une IU performante si :

- La navigation sur votre site est intuitive.
- Les images et les médias soulignent votre conception plutôt qu'ils ne l'écrasent.
- Vous faites tout ce que vous pouvez pour aider les utilisateurs à trouver l'information qu'ils recherchent.

Ce chapitre vous propose de suivre des étapes simples pour concevoir un site et votre page Web de base (les autres chapitres expliquent toutes les subtilités du balisage mis en œuvre).

Planifier le site

La première étape importante avant de créer l'IU de votre site n'a rien à voir avec le balisage mais concerne la planification. Avant que votre site ne devienne trop vaste (ou avant sa création si vous n'avez pas encore commencé), déterminez l'objectif exact et la portée de votre site. Lancez-vous ensuite dans la conception ; vous créerez une meilleure interface.

Avant de concevoir votre site, posez-vous ces questions :

- Pourquoi créez-vous ce site ?
- Quel message souhaitez-vous transmettre aux utilisateurs ?
- Qui est votre public cible ? Par exemple :
  - Quel est l'âge moyen de vos utilisateurs ?
  - Vos utilisateurs sont-ils familiers d'Internet ?
- Combien de pages sont nécessaires pour votre site ?
- Quel type de hiérarchie allez-vous utiliser pour organiser vos pages ? Par exemple :

- Les utilisateurs le visiteront-ils de manière linéaire ?
- Les utilisateurs pourront-ils naviguer de thème en thème ?

Si vous pouvez répondre à ces questions, vous cernez mieux les objectifs et les besoins de votre site. Par exemple, une boutique en ligne peut poursuivre les objectifs suivants :

- Permettre aux visiteurs de consulter un catalogue en ligne et ajouter des articles dans un panier d'achat.
- Fournir aux visiteurs un moyen d'acheter les articles de leur panier d'achat.
- Aider les utilisateurs à prendre des décisions d'achat avisées.
- Faciliter les retours et les échanges de marchandises.
- Demander aux utilisateurs de vous signaler les produits qu'ils veulent voir figurer dans le catalogue et les améliorations à apporter au site.
- Permettre aux utilisateurs de commenter et de noter les produits.

Enoncer des objectifs clairs vous aidera à mieux comprendre ce que votre site Web doit faire pour les atteindre. Par exemple, pour réaliser la boutique en ligne, votre site doit disposer des éléments suivants :

- Un catalogue en ligne avec un panier d'achat.
- Des guides ou d'autres informations qui peuvent aider les utilisateurs à prendre leurs décisions d'achat.
- Une section d'aide et de retour, comprenant éventuellement des forums pour permettre aux utilisateurs et aux experts d'interagir.
- Un jeu d'outils pour retourner et échanger les produits.

Lorsque vous fixez les objectifs de votre site, vous pouvez identifier des éléments tels que :

» Un système de navigation qui permet d'identifier les principales parties de votre site, pour aider les utilisateurs dans ces tâches :

  - Identifier rapidement la partie dans laquelle ils se trouvent.
  - Se déplacer d'une partie à une autre sans se perdre.

» Un jeu d'éléments de conception, tels que les boutons, les styles de titres de pages, la gamme de couleurs, afin que les utilisateurs aient toujours l'impression de se trouver sur le même site, quelle que soit la page qu'ils consultent.

» Un affichage standard des articles du catalogue, comprenant des informations sur les produits comme des images et des descriptions, des prix, la disponibilité.

» Des formulaires bien conçus pour aider les utilisateurs à trouver les produits dans le catalogue, acheter les articles qu'ils ont mis dans leur panier d'achat, demander un remboursement ou retourner un article et soumettre leurs commentaires sur le site.

» Des pages de texte qui fournissent des informations sur les options d'achat, le retour des produits et d'autres informations utiles qui doivent rester faciles à trouver et à lire.

Les objectifs de votre site doivent déterminer les aspects suivants :

» **Les éléments de l'IU.**

  Lorsque vous ajoutez une section à un site existant, identifiez les éléments d'IU qui :

  - répondent aux besoins de la nouvelle section ;
  - complètent l'IU générale du site.

» Le design.

» L'organisation.

Le design est important

Ce chapitre recommande de bons principes de conception mais c'est à vous de choisir les gammes de couleurs et l'apparence générale. Ce qui plaît à une personne peut parfaitement déplaire à une autre.

Si vous créez un site pour votre entreprise, n'oubliez pas que ce site offre une première image de l'entreprise à vos clients. Pour cette raison, un tel site doit refléter votre style de business. Par exemple, si vous avez une entreprise d'architecture, des lignes fortes et une apparence léchée peuvent être le meilleur moyen de porter l'image de votre entreprise. Si vous tenez une boutique de fleurs, votre site pourra prendre une apparence plus organique et décorée pour suggérer aux visiteurs à quoi ils doivent s'attendre lorsqu'ils entrent dans votre boutique.

Si vous êtes nouveau dans la conception et les graphismes sur le Web et que vous avez besoin d'un site qui signale la présence de votre entreprise sur le Web, songez à recourir aux services d'un professionnel de la conception Web. Utilisez les images, l'agencement et les aides à la navigation qu'il élaborera pour bâtir et gérer le site vous-même. Une fois qu'elle est fixée, une présentation distinctive et cohérente est facile à maintenir.

Quelle que soit la personne qui conçoit votre site, prenez le temps de soumettre votre site à la critique de pairs, d'amis, de membres de votre famille et de quiconque est prêt à se montrer assez honnête pour dire ce qui est beau (et ce qui laid). Une critique négative mais constructive de quelqu'un qui vous connaît et vous respecte présente bien plus d'intérêt qu'un simple «Beurk ! c'est laid !» lancé par quelqu'un que vous cherchez à séduire dans votre entreprise.

Cartographier le site

Il est plus facile d'atteindre votre objectif si vous savez comment y arriver. Cartographier le site peut se révéler une étape vitale pour planifier (et plus tard, gérer) ce site. Ce processus comprend deux phases créatives :

» Créer un guide visuel sur le papier ou sur informatique que vous pouvez utiliser pour vous guider dans le développement de votre site.

» Créer un guide visuel sur votre site Web pour aider les visiteurs à trouver leur chemin.

Ces deux phases jouent un rôle primordial dans la conception d'une bonne IU. C'est pourquoi nous dédions une section à chacune de ces phases.

Utiliser une carte pour le développement du site

Une *carte de site* est un outil de navigation supplémentaire qui offre aux utilisateurs toutes les possibilités pour trouver ce qu'ils recherchent. Une carte de site regroupe tout le contenu de votre site de sorte que les visiteurs puissent visualiser simultanément toutes leurs options.

Lorsque vous utilisez une carte de site durant le développement d'un site Web (même un site qui ne compte que quelques pages), vous pouvez identifier :

» les pages que vous devez créer ;

» les relations entre les pages ;

» les éléments de navigation dont vous avez besoin.

En bonus, une carte de site vous permet de disposer d'une *liste de vérification* des pages.

Par exemple, la Figure 3.1 représente la carte du site Web de l'Internal Revenue Service (IRS), l'administration américaine chargée des impôts (`www.irs.gov/sitemap`).

Cette carte montre que le site contient plusieurs sections principales. Chaque section principale affiche de 2 à 26 sous-sections. Chaque sous-section propose un lien vers une page ou un document relatif au thème de la sous-section.

Ne créez pas de sections *en construction* qui ne contiennent pas grand-chose si ce n'est un message signalant que quelque chose figurera dans la page un jour. Les utilisateurs seront déçus si votre site leur promet une information sans la leur don-

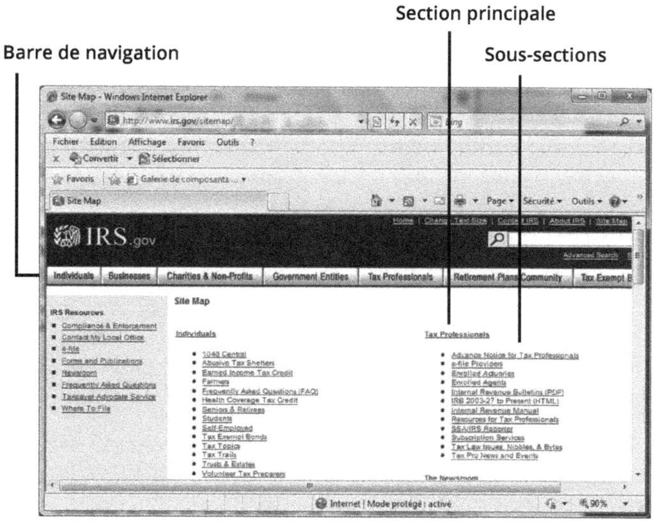

FIGURE 3.1 La carte du site Web Internal Revenue Service.

SI VOUS CRÉEZ UN SITE PARTIE PAR PARTIE...

Si vous pensez concevoir un site Web en procédant section après section ou page après page, vous pouvez créer une carte du site final puis décider des pages par lesquelles il vous semble le plus intéressant de commencer. Lorsque vous avez une idée de la manière dont votre site va se développer, vous pouvez planifier des réalisations futures à chaque étape. Par exemple, supposons que vous créiez une carte de site pour le site Web de votre entreprise et que ce site ait besoin de FAQ (questions les plus fréquemment posées). Ce n'est pas un drame si cette section n'est pas totalement terminée lorsque le site est lancé. Ne faites simplement pas figurer de liens vers les FAQ (ni de mention aux FAQ) lorsque vous lancez le site.

Lorsque la section FAQ est prête :

- » Ajoutez la section à votre site.
- » Ajoutez un lien renvoyant à cette section aux éléments de navigation principaux.

Si vous connaissez les pages à venir, vous pouvez créer un schéma de navigation qui peut facilement intégrer les FAQ lorsqu'elles sont enfin prêtes à être publiées. Sans une carte de site et un plan complet pour le site, intégrer de nouvelles sections peut vous prendre beaucoup de temps et d'énergie.

ner. A la place, utilisez une petite section de votre page d'accueil pour mettre en valeur des éléments «Bientôt sur ce site» pour que les visiteurs sachent que de nouvelles informations seront disponibles bientôt, sans proposer d'accès à quoi que ce soit qui n'est pas encore accessible dans votre barre ou vos boutons de navigation.

Utiliser une carte pour guider les utilisateurs visuellement

Les utilisateurs ont différentes méthodes pour trouver de l'information. Donnez aux visiteurs autant de choix que vous le pouvez (tout en restant réaliste) pour les aider à naviguer sur votre site :

- » Certaines personnes aiment être guidées.
- » Certaines personnes aiment se balader partout.
- » Certaines personnes aiment visualiser tous les choix possibles avant d'agir.

Les cartes de site se développent avec votre site. Si votre site est grand et complexe, votre carte peut occuper plusieurs écrans. Les sites massifs tels que `www.microsoft.com`, `www.hp.com` et `www.amazon.com` ne proposent pas de cartes de site car elles seraient gigantesques. Mais des sites Web plus petits (tels que `www.symantec.com`) peuvent le faire efficacement.

Vous devez décider si une carte de site constitue un bon moyen de navigation pour votre site. Voici quelques points à peser pour prendre votre décision :

- » Une carte de site peut être *superflue* si votre site ne comprend que quelques pages.
- » Une carte de site peut être le *meilleur choix* si :
  - Votre site contient plusieurs sections.
  - Vous ne pouvez pas imaginer d'autre moyen pour donner accès à votre contenu.

De nombreux experts pensent qu'une page contenant une carte de site est toujours une bonne solution. C'est particulièrement utile pour les visiteurs qui naviguent sur le Web en utilisant des dispositifs d'assistance (des lecteurs d'écran, des imprimantes en braille et ainsi de suite). Elle peut aussi se révéler pratique pour naviguer sur un site qui manque de liens en pied de page ou qui utilise des images plutôt que des liens HTML comme système primaire de navigation. Elle aide aussi les utilisateurs qui ont désactivé la fonction JavaScript de leur navigateur à trouver leur chemin (les sites qui utilisent des images survolées pour la navigation sont inutilisables dans ce cas). En bonus, une carte de site peut aider les moteurs de recherche à trouver toutes les pages de votre site.

Elaborer une navigation qui tient la route

La navigation que vous utilisez sur votre site peut garantir ou ruiner son succès. Si les visiteurs ne peuvent pas trouver ce qu'ils recherchent sur votre site, ils vont probablement le quitter et ne jamais revenir. Le type de navigation que vous utilisez dépend des facteurs suivants :

» **Le nombre de pages de votre site :** Si votre site ne compte que quelques pages, votre navigation peut se résumer à une simple liste de liens sur la page d'accueil pour aider les utilisateurs à passer d'une page à une autre.

» **L'organisation de vos pages :** Si votre site comprend de nombreuses pages organisées en différentes sections, votre page d'accueil peut se contenter de renvoyer à ces sections plutôt qu'à chaque page.

Par exemple, le site `www.pourlesnuls.fr` contient une collection de pages organisées en sections diverses ; il serait impossible de renvoyer à chaque page *via* un schéma de navigation unique. Par ailleurs, le site comprend des articles sur une variété de thèmes ainsi que des informations sur les livres. Le site pourrait être organisé en livres et en articles mais les visiteurs recherchent probablement de l'information sur un thème en particulier. Aussi le site est-il finalement organisé par thèmes. La page d'accueil représentée dans la Figure 3.2 met bien en évidence les différentes zones thématiques proposées en haut de page.

Les thèmes vous lient aux informations (livres, vidéos et articles)

FIGURE 3.2 Le site `pourlesnuls.fr` est organisé par thèmes.

Lorsque vous cliquez sur l'une de ces zones thématiques, vous pouvez toujours accéder aux autres thèmes grâce à la barre de navigation située en haut (voir la Figure 3.3). Vous n'avez pas à revenir à la page d'accueil pour choisir un autre thème.

La Figure 3.4 montre la zone de navigation du thème Loisirs et ses sous-thèmes. Les liens sont différents mais le schéma de navigation général est cohérent sur tout le site. Cela permet aux visiteurs de savoir à quoi s'attendre lorsqu'ils passent d'une page à une autre.

La zone de navigation tout en haut de la page comprend une collection de liens qui apparaissent sur chaque page du site pour aider les visiteurs à accéder rapidement aux zones importantes depuis n'importe quel endroit : un champ de recherche, des informations sur le compte, un panier d'achat, de l'aide. En bas, chaque page reprend le même jeu de liens renvoyant à des informations sur le site Web *Pour les Nuls*, à un moyen de s'abonner à des flux RSS, à une inscription pour des livres, à des contacts, aux mentions légales du site, etc. (voir la Figure 3.5). Comme les liens renvoyant au panier d'achat et à l'aide, ces liens doivent figurer sur chaque page mais ils n'ont pas besoin d'être particulièrement mis en avant. Les intégrer dans un pied de page permet aux visiteurs d'y accéder sans qu'ils empiètent sur le contenu de la page.

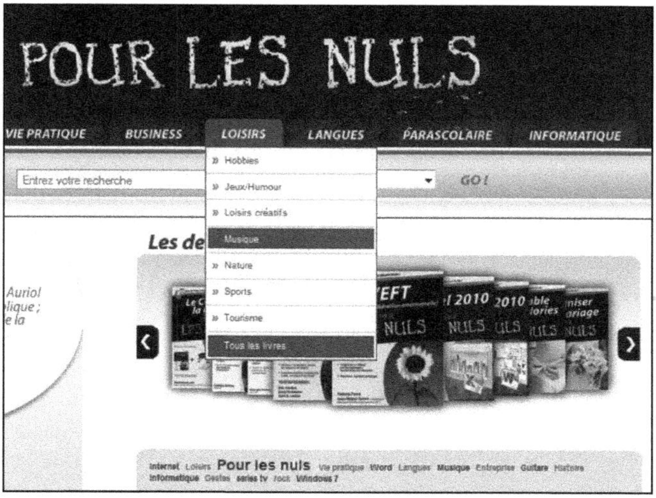

FIGURE 3.3 Les zones des thèmes principaux sur le site sont accessibles depuis la barre de navigation supérieure.

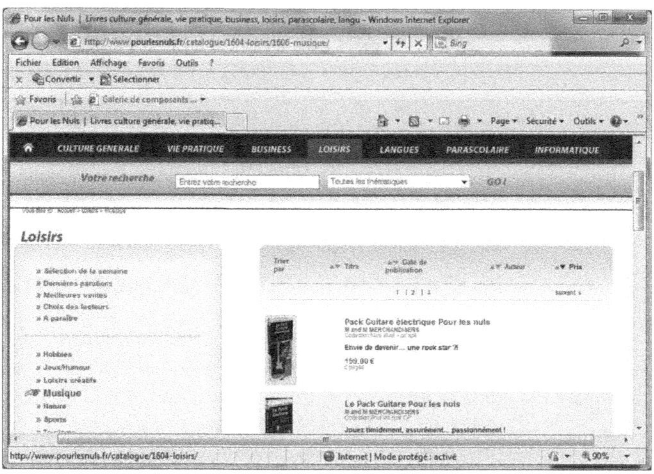

FIGURE 3.4 La zone Loisirs contient des sous-thèmes et affiche les derniers livres.

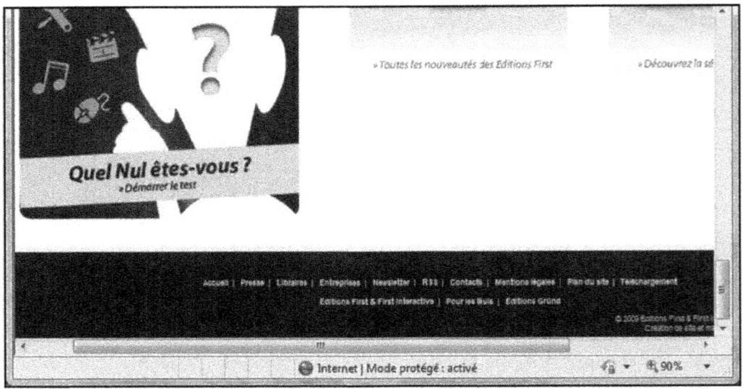

FIGURE 3.5 Le pied de page propose une aide de navigation supplémentaire aux visiteurs.

Si vous créez une carte pour assister le développement du site, elle peut aussi vous aider à sélectionner les outils de navigation dont vous avez besoin. Passez en revue chaque page mentionnée dans la carte et listez les liens qui doivent figurer sur chaque page. Normalement, un modèle doit émerger et vous permettre d'identifier les éléments de navigation principaux que votre site doit contenir (tels que des liens vers toutes les zones thématiques principales et l'information relative au copyright) ainsi que tous les outils de sous-navigation (comme les liens vers les sous-thèmes dans les pages des thèmes).

Une fois que vous savez quels outils sont nécessaires, vous pouvez commencer à concevoir le schéma visuel de votre IU. Voulez-vous utiliser des boutons en haut de la page, en bas, voire les deux à la fois ? Avez-vous besoin d'un pied de page contenant des liens vers des informations relatives au copyright et à la protection des données personnelles ? C'est en répondant à de telles questions que vous élaborerez un système de navigation robuste qui aidera les utilisateurs à trouver leur chemin sur votre site, en leur permettant de se focaliser sur ce qu'ils sont venus chercher et non sur la manière d'y accéder.

Quel que soit le schéma de navigation que vous élaborez, offrez toujours à vos visiteurs un moyen de revenir à la page d'accueil depuis n'importe quel endroit sur le site. La page d'accueil de votre site est la porte d'entrée sur le reste du site. Si les visiteurs se perdent ou s'ils veulent tout reprendre à zéro, il faut qu'ils puissent retourner à la case Départ sans problème.

Une fois que vous avez conçu le schéma de navigation et que vous avez assemblé quelques pages, demandez à quelqu'un qui ne connaît pas votre site de l'utiliser. Pour que le test fonctionne, donnez-lui trois ou quatre tâches à accomplir, par exemple, accéder à une certaine page ou remplir un certain formulaire. Si votre cobaye se perd ou se pose de nombreuses questions sur la navigation, vous devrez repenser votre schéma. Votre testeur peut aussi vous faire des suggestions pour clarifier les fonctionnalités de navigation et en faciliter l'usage. Vous connaissez trop bien votre site et son contenu pour rencontrer les mêmes difficultés qu'un visiteur qui le découvre pour la première fois.

Planifier les liens sortants

Le Web ne serait pas le Web sans les hyperliens. Après tout, les hyperliens connectent votre site au reste du Web, transformant une série de pages en un site. Toutefois, trop ou mal utiliser des liens peut fragiliser votre site et même vous coûter cher.

Sélectionner soigneusement les liens hors site

La création de liens internes est une balade de santé comparée à la création de liens sortants. En effet, lorsque vous reliez des pages de votre site entre elles, elles sont sous *votre contrôle.* Vous savez ce qu'elles contiennent aujourd'hui et ce qu'elles contiendront demain et même si elles existeront encore dans quelque temps. Lorsque vous reliez vos pages à des pages du site d'un tiers, tout peut arriver :

- Vous ne gérez pas la maintenance de ces pages.
- Vous ne pouvez pas en modifier le contenu.
- Vous ne savez certainement pas si elles vont disparaître.

  Vos visiteurs ne le savent pas non plus, jusqu'à ce qu'ils se retrouvent face à un message `404 Fichier ou répertoire non trouvé` (le message classique pour vous prévenir que vous venez de cliquer sur un lien cassé, qui pointe donc dans le vide). Le texte du message 404 peut varier selon le serveur qui héberge le site Web où devait se trouver la ressource pointée.

Les liens vers les autres sites sont utiles lorsqu'ils sont stables et qu'ils ont donc peu de chances d'être brisés. Nous vous recommandons de respecter ces règles :

» **Reliez vos pages à une *section* d'un site et non à une page spécifique.** Les pages vont et viennent mais l'organisation d'un site reste généralement la même.

» **Reliez vos pages à des sites d'entreprises.** Les sites d'entreprises sont beaucoup plus stables que ceux des particuliers.

» **Ne reliez pas vos pages directement à des fichiers tels que des PDF ou des images.** Si vous souhaitez créer un lien vers des ressources qui se trouvent sur un autre site Web, créez un lien vers la page qui permet d'accéder à ces ressources plutôt qu'aux fichiers de ces ressources. La page qui donne accès aux ressources a, en effet, toutes les chances d'évoluer pour tenir compte de l'éventuel changement de nom d'une ressource.

Se lier à d'autres sites signifie que *vous approuvez le contenu de ces derniers*. Lorsque les visiteurs suivent les liens que vous leur proposez pour aller sur ces sites, ils supposent que vous approuvez ce qu'ils y trouveront. Cela implique quelques règles :

» **Si vous ne souhaitez pas être associé au contenu d'un autre site, ne vous reliez pas à ce site.** La seule manière de savoir si vous approuvez le contenu d'un site consiste à le visiter *avant* de créer un lien qui y renvoie.

» **Consultez régulièrement les sites auxquels vous vous reliez.** Vérifiez que :

- les propriétaires du site sont toujours les mêmes ;
- le contenu est approprié.

Lorsque les noms de domaines expirent, de nouveaux propriétaires peuvent s'en emparer et publier un nouveau contenu qui peut être :

- totalement sans rapport ;
- nuisible pour votre image, comme de la pornographie, par exemple.

Du texte utile pour les liens

Le texte que vous associez aux liens est aussi important que les liens que vous utilisez sur votre site. Ce texte donne aux utilisateurs une information sur l'endroit auquel le lien renvoie, ce qui leur permet de décider s'ils doivent faire le voyage. Par exemple, `Visitez pourlesnuls.com pour en savoir plus sur ce livre` est plus utile que `En savoir plus sur ce livre`.

Le premier exemple indique aux visiteurs qu'ils vont quitter le site pour visiter `pourlesnuls.com` et en savoir plus sur un livre là-bas. Le second leur indique seulement qu'ils vont en savoir plus sur ce livre et ils pourraient être surpris de se retrouver transportés du site vers un autre.

Lorsque vous créez le texte d'un lien, rédigez-le dans l'idée de communiquer les informations suivantes aux utilisateurs :

- » S'ils vont quitter votre site ou non.
- » Le type d'informations que contient la page à laquelle le lien renvoie.
- » Comment le site relié se rapporte au contenu de la page actuelle.

L'objectif du texte d'un lien doit être d'informer les utilisateurs et de gagner leur confiance. Si ce texte ne leur donne pas de solides indices sur ce qu'ils peuvent attendre du lien, ils ne vont tout simplement pas vous faire confiance et ne pas l'utiliser.

Evitez d'utiliser *Cliquez ici* dans vos liens. Si le texte du lien est adapté, vous n'avez pas besoin d'utiliser une telle injonction pour inciter l'utilisateur à cliquer. Le texte du lien devrait parler de lui-même : ce doit être une *invitation* à cliquer plutôt qu'une *demande.*

Héberger le site Web

La première (et plus importante) étape pour mettre vos pages en ligne, c'est de trouver un endroit sur le Web où les héberger : un hôte. En général, vous disposez de deux solutions :

- Les héberger vous-même.
- Payer quelqu'un pour les héberger.

Le terme *hôte* est utilisé dans l'industrie du Web pour désigner un serveur Web configuré pour détenir des pages Web (et les fichiers reliés) de sorte qu'elles soient accessibles par le reste du monde. Un *hôte héberge* des pages.

- **Hôte :** L'hôte est typiquement une machine physique sur laquelle les pages Web sont stockées.
- **Héberger :** Héberger est l'acte consistant à permettre l'accès à des pages Web.

Vous devez choisir entre héberger vos propres pages ou payer quelqu'un qui les hébergera pour vous. Ce chapitre expose les deux solutions dans ce qu'elles ont d'essentiel. A vous de voir celle qui vous convient le mieux.

Votre choix initial n'a rien de définitif. Si vous trouvez qu'héberger vos pages est une corvée, vous pouvez déplacer vos fichiers chez un fournisseur d'accès Internet (ou inversement, si le service offert par le fournisseur ne vous satisfait pas). Pour retenir la solution qui vous conviendra le mieux, évaluez vos besoins pour l'année prochaine mais envisagez de les réviser dans moins de six mois.

Héberger son propre site Web

Cette solution convient à un site de taille moyenne (approximativement 100 pages) qui n'utilise que quelques fichiers multimédia et qui ne dispose d'aucune application spécifique liée à la sécurité ou au commerce électronique (e-commerce).

Si vous avez besoin de faire tourner un site complexe, comme le site d'une grande entreprise ou d'un magasin en ligne, vous aurez besoin de plus d'expertise et de logiciels que cette section n'en mobilise. Voici quelques tuyaux :

- Lisez `e-commerce pour les Nuls` et `Créer un site Web pour les Nuls` pour vous initier à la création de sites d'e-commerce et d'autres sites complexes.

» Consultez un professionnel du Web qui dispose de l'expérience requise pour créer et effectuer la maintenance des sites Web complexes.

Vous pouvez configurer votre propre serveur Web et héberger vos pages Web vous-même. Pour ce faire, vous aurez besoin de :

» **Un ordinateur conçu pour être votre serveur Web :** Les serveurs Web sont souvent *dédiés* à cette tâche, une autre machine étant utilisée pour le traitement de texte et toutes les autres tâches.

» **Un logiciel de serveur Web :** Les logiciels de serveur Web les plus connus sont Apache et Microsoft Internet Information Server (IIS), appelé Internet Information Services dans les versions modernes de Windows.

Dans le monde du Web, le terme de *serveur Web* désigne à la fois :

- Un ordinateur dédié (le matériel actuel).
- Le logiciel de serveur Web.

Vous ne pouvez pas utiliser l'un sans l'autre.

» **Une connexion Internet dédiée :** Votre serveur Web n'est pas utile ni fiable s'il se connecte à Internet uniquement lorsque vous établissez une liaison commutée. Il peut aussi être pénible à utiliser si la connexion Internet est lente (de nos jours, les liaisons T1 avec un débit de 1,544 Mbps ou moins sont considérées comme lentes).

Si héberger un site Web vous-même vous semble compliqué et coûteux, vous avez raison. Non seulement vous devez payer pour l'équipement et pour la connexion Internet mais vous devez aussi savoir comment configurer et administrer un serveur Web et le maintenir en état de marche 24 heures sur 24, 7 jours sur 7. Défendre et protéger ses données ou ses informations clients (numéro de carte de crédit, noms, adresses, etc.) contre les hackers peut aussi poser problème à un hébergeur novice. De plus, le principal problème auquel l'hébergeur doit faire face est d'assurer le fonctionnement du système d'hébergement Web pendant les coupures d'électricité ou les pannes du service Internet. A tous ces problèmes s'ajoutent des frustrations et des maux de tête que tout le monde préfère fuir. Lorsque c'est possible, envisagez d'abord de recourir aux services d'un hébergeur.

Utiliser un hébergeur

Un *hébergeur* gère tous les aspects techniques de l'hébergement Web, du matériel au logiciel en passant par les connexions Internet. Vous n'avez plus qu'à gérer les pages Web. Lorsque le Web en était à ses balbutiements, les solutions d'hébergement étaient rares et toujours onéreuses. Les temps ont changé et les besoins se sont développés. Il est dorénavant possible de trouver des hébergeurs proposant leurs services à des tarifs raisonnables.

Si vous payez un tiers pour héberger vos pages, vous aurez deux possibilités pour couvrir vos frais :

- » **Rien :** Quelques hébergeurs proposent d'héberger vos pages gratuitement. C'est bien cela : vous n'avez rien, nada, zéro euro à débourser pour mettre vos pages Web en ligne. Où est l'arnaque ? Vous devez «payer» d'une autre manière ; généralement, en laissant l'hébergeur afficher des publicités sur votre site.
- » **Quelque chose :** Toutefois, la plupart des hébergeurs font payer leurs services pour un montant allant de quelques euros à des milliers. Toute l'astuce pour tirer le meilleur parti de votre budget consacré à l'hébergement est de trouver le service qui répond à vos besoins.

Pour en savoir plus sur les solutions d'hébergement bon marché, consultez `www-thehostingchart.com`.

Obtenir son propre domaine

Un *nom de domaine* est une adresse de haut niveau pour un site Web, par exemple : `microsoft.com`, `apple.com`, `w3c.org`, et `pourles-nuls.com`.

Vous souhaitez éventuellement disposer de votre propre nom de domaine (donc de votre propre domaine) correspondant à votre image ou à votre business. Si vous ne disposez pas de votre propre domaine, vos pages feront partie du domaine d'un tiers, généralement votre hébergeur. Par exemple, un hypothétique site Web personnel hébergé sans nom de domaine sur `io.com` utiliserait cette URL :

```
http://www.io.com/~edtittel
```

Alors qu'avec le nom de domaine `edtittel.com`, le même site Web serait hébergé sur :

```
http://www.edtittel.com
```

Une des adresses est clairement plus facile à retenir que l'autre. Est-ce une raison valable pour disposer de votre propre domaine ? Peut-être… ou peut-être pas. Les entreprises ou les particuliers qui souhaitent entretenir une présence permanente sur le Web devraient investir dans un nom de domaine. Ceux qui ne sont sur le Web que par passion ou plaisir n'en ont pas besoin.

Un bon hébergeur peut vous fournir des instructions détaillées pour enregistrer un nom de domaine sur son système ou pour raccorder votre nom de domaine à votre site Web sur ses ordinateurs. Si vous passez d'un hébergeur à un autre, votre nouvel hébergeur devrait vous aider à transférer votre domaine. La plupart des hébergeurs vous donnent l'information nécessaire ou proposent une aide en ligne pour vous guider dans le processus. Si vous ne comprenez pas très bien comment configurer un domaine, demandez de l'aide. Si vous n'en obtenez pas, changez d'hébergeur.

Déplacer des fichiers sur le serveur Web

Une fois que vous avez choisi un hébergeur ou décidé d'utiliser votre propre serveur Web, vous avez besoin d'une solution pour déplacer les pages Web que vous avez créées sur votre ordinateur local sur le serveur Web. L'opération n'est pas définitive. Tandis que vous effectuerez la maintenance de votre site Web, vous devrez déplacer des fichiers que vous avez produits sur votre ordinateur local sur le serveur Web pour mettre à jour le contenu de votre site.

La solution pour déplacer vos fichiers sur votre serveur Web dépend totalement de la manière dont votre serveur Web est configuré. Normalement, vous disposez de deux options :

- » Le protocole de transfert de fichiers (FTP).
- » Une interface Web, fournie par l'hébergeur, pour déplacer et gérer les fichiers.

Utiliser FTP pour transférer les fichiers

Des deux options, FTP est la plus probable. FTP est une manière standard pour déplacer des fichiers sur Internet et tout hébergeur devrait offrir un accès FTP à votre serveur Web. Lorsque vous configurez votre site avec votre hébergeur, il vous fournit généralement une documentation écrite (soit sur papier, soit sur le Web) pour vous indiquer exactement comment procéder afin de transférer des fichiers sur votre serveur Web. Ces informations comprennent notamment une URL FTP qui prend généralement la forme `ftp://ftp.domaine.com`.

Vous pouvez utiliser un client FTP tel que SmartFTP (`www.smartftp.com`), WS_FTP (`www.ipswitch.com/Products/WS_FTP/`) ou le logiciel gratuit FileZilla (`http://filezilla-project.org`) pour ouvrir une connexion à l'URL FTP (les utilisateurs de Macintosh préféreront probablement Fetch sur `www.fetchsoftworks.com` ou Cyberduck sur `cyberduck.ch`). Votre hébergeur vous donnera un nom d'utilisateur et un mot de passe pour accéder au répertoire de votre serveur Web sur le site FTP. Vous pourrez alors déplacer les fichiers de votre site Web en utilisant l'interface du logiciel. C'est vraiment très simple. Si vous souhaitez récupérer une copie d'un fichier sur votre site Web pour le modifier, vous pouvez le faire en trois étapes :

1. **Utilisez l'interface du client FTP pour télécharger une copie sur votre ordinateur local.**
2. **Effectuez vos modifications.**
3. **Utilisez l'interface du client FTP pour charger le fichier modifié sur le site Web.**

Chaque client FTP dispose d'une interface différente mais ces interfaces sont toujours faciles à utiliser.

RESSOURCES SUR LA CONCEPTION D'IU

Nous vous recommandons ces sites Web et ces livres sur la conception de sites et de leur interface si vous souhaitez créer de bonnes IU :

» Pour un cours sur la base du Web, lisez les articles «Basics» et «Design Process» dans «Your Complete Guide to Web Design» sur `www.webdesignfromscratch.com`.

» Jacob Nielsen crée des sites accessibles, ce qui signifie que leur contenu est accessible à tous les visiteurs, y compris ceux qui souffrent de différents handicaps susceptibles de leur interdire de suivre des indices visuels ou sonores pour naviguer. Son site Web, `http://useit.com`, regorge de ressources et d'articles expliquant comment créer ce genre de sites.

» L'un des auteurs de ce livre, Jeff Noble, est éditeur associé du site UI Trends Web (`http://uitrends.com`) qui traite des tendances en matière de conception d'interface utilisateur, de site et d'application Web.

» Les contre-exemples sont aussi très utiles. Web Pages That Suck vous montre comment bien concevoir un site en vous apprenant à juger des sites mal conçus. Veillez à ce que votre site ne ressemble pas à l'un de ceux présentés sur `www.webpagesthatsuck.com`.

» *Design Web pour les Nuls*, signé Lisa Lopuck, constitue l'étape suivante pour élaborer des sites Web complexes au look percutant.

» *Web Usability For Dummies*, par Richard Mander et Bud Smith, peut vous aider à affiner votre site Web pour le rendre étonnament simple à utiliser, ce qui vous servira beaucoup pour faire revenir vos visiteurs.

» *Web Designer Depot* (`www.webdesignerdepot.com`) est un site communautaire dédié à tout ce qui se rapporte à la conception de sites Web, comme la typographie, les techniques de conception, le code, etc. Consultez ce site pour trouver les réponses à toutes vos questions sur la conception.

» *Smashing Magazine* (`www.smashingmagazine.com`) est une source d'inspiration (photos, exemples, présentations) intéressante pour la conception (documents photoshop appelés PSD, polices), le codage (CSS, JavaScript, WordPress), le graphisme (fonds d'écran, arrière-plans, icônes), etc.

Vous n'aurez pas besoin d'un client FTP pour déplacer vos fichiers sur le serveur Web dans certains cas :

- » De nombreux navigateurs, tels que les versions actuelles d'Internet Explorer et de Firefox, disposent d'une gestion FTP de base. Vous pouvez télécharger des fichiers mais vous ne pouvez pas créer ou supprimer de répertoires.
- » De nombreux utilitaires Web, tels que Dreamweaver, possèdent des fonctionnalités de gestion de fichiers.

Utiliser le site Web de l'hébergeur pour transférer les fichiers

Pour faciliter la vie des utilisateurs et pour réduire les appels à leur hotline, de nombreux hébergeurs proposent des pages Web pour vous aider à télécharger et gérer les fichiers de votre site Web sans avoir à utiliser un client FTP séparé, ni même celui intégré dans les éditeurs de (X)HTML. La plupart de ces pages vous permettent d'effectuer diverses tâches :

- » Télécharger des fichiers.
- » Créer et supprimer des répertoires.
- » Déplacer des fichiers.
- » Supprimer des fichiers.

Si vous utilisez les services d'un hébergeur, vérifiez s'il propose des outils Web pour gérer votre site.

Gardez ces idées à l'esprit lorsque vous décidez de sélectionner un hébergeur :

- » Lisez la documentation de l'hébergeur avant de commencer à transférer vos fichiers. Chaque hébergeur propose une interface qui lui est propre.
- » La plupart des hébergeurs qui proposent des interfaces Web ne vous empêcheront pas de gérer votre site *via* FTP.

Utilisez FTP si l'interface de l'hébergeur est compliquée ou si vous avez simplement une préférence pour FTP.

II

Mettre en forme des pages Web avec (X)HTML

DANS CETTE PARTIE

Dans cette partie, nous décrivons les structures du balisage et du document qui permettent de réaliser des pages Web attrayantes. Pour commencer, nous examinons la structure générale d'un document HTML, dont les en-têtes et les corps et voyons comment assembler les bons morceaux ensemble. Après cela, nous abordons l'organisation du texte en blocs et en listes.

Ensuite, nous expliquons comment fonctionnent les liens en (X)HTML et comment, ensemble, ils permettent de faire tenir le Web. Nous vous indiquons aussi comment ajouter des images à vos pages. Ainsi, nous passons en revue tous les blocs élémentaires pour créer des pages Web bien construites et correctement proportionnées.

Le premier chapitre de la partie III traite des balises *dépréciées*, c'est-à-dire des éléments et attributs HTML qui ne sont plus sûrs ou qu'il ne convient plus d'utiliser. Même si ces éléments et attributs dépréciés fonctionnent en HTML 4, seuls certains d'entre eux fonctionnent en XHTML et aucun en HTML 5. C'est pourquoi nous voulons que vous les connaissiez et nous vous conseillons d'éviter de les utiliser quand vous créez vos pages Web.

Chapitre 4

Créer la structure d'un document (X)HTML

DANS CE CHAPITRE :

- **Créer la structure de base d'un document (X)HTML.**
- **Définir l'en-tête d'un document (X)HTML.**
- **Créer un document (X)HTML complet.**

La structure d'un document (X)HTML simple comprend un en-tête et un corps. L'*en-tête* fournit des informations sur le document au navigateur, tandis que le *corps* contient l'information qui apparaît dans la fenêtre du navigateur. La première étape pour créer un document (X)HTML consiste à définir sa structure.

Ce chapitre aborde les éléments essentiels requis pour créer la structure de base d'un document (X)HTML, y compris son en-tête et son corps. Nous vous montrons aussi comment indiquer au navigateur la version de HTML ou de XHTML que vous utilisez. Bien que cette information ne soit pas nécessaire pour les utilisateurs, les navigateurs l'utilisent pour s'assurer qu'ils affichent correctement le contenu du document.

Etablir la structure du document

Même s'il n'existe pas deux pages (X)HTML identiques (chacun utilise une combinaison unique d'éléments et de contenus pour réaliser sa page), toute page (X)HTML proprement construite adopte cette même structure de base :

- » Une instruction qui identifie le document comme un document (X)HTML.
- » Un en-tête de document.
- » Un corps de document.

Dès que vous créez un document (X)HTML, vous devez démarrer avec ces trois éléments et y ajouter du contenu et du balisage pour créer la page.

Même si la structure de base d'un document est indispensable pour tout document (X)HTML, la créer encore et encore peut s'avérer quelque peu monotone. La plupart des outils d'édition de (X)HTML génèrent cette structure de base automatiquement lorsque vous ouvrez un nouveau document.

Déclarer le document (X)HTML

Tout en haut de votre document (X)HTML, vous trouvez la *déclaration du type de document* ou déclaration DOCTYPE. Cette ligne de code spécifie la version de HTML ou de XHTML que vous utilisez, ce qui permet aux navigateurs de savoir comment interpréter le document. Nous utilisons la spécification XHTML 1.0 dans ce chapitre car elle est largement répandue et correspond à ce que la plupart des navigateurs et des outils d'édition s'attendent à trouver.

Ajouter une déclaration DOCTYPE HTML

Si vous choisissez de créer un document HTML 4.01 au lieu d'un document XHTML, vous pouvez choisir entre trois déclarations DOCTYPE possibles :

- » **HTML 4.01 Transitional :** C'est la version la plus complète de HTML 4.01, qui inclut tous les éléments structurels de HTML ainsi que tous les éléments de présentation :

```
<!DOCTYPE HTML PUBLIC «-//W3C//DTD HTML 4.01 Transitional//EN»
        «http://www.w3.org/TR/html4/loose.dtd»>
```

- **HTML 4.01 Strict :** Cette version de HTML exclut tous les éléments relatifs à la présentation, le mécanisme des feuilles de styles étant utilisé pour gérer l'affichage :

```
<!DOCTYPE HTML PUBLIC «-//W3C//DTD HTML 4.01//EN»
        «http://www.w3.org/TR/html4/strict.dtd»>
```

- **HTML 4.01 Frameset :** Cette version part de la version HTML 4.01 Transitional et y ajoute tous les éléments qui permettent de réaliser des cadres :

```
<!DOCTYPE HTML PUBLIC «-//W3C//DTD HTML 4.01 Frameset//EN»
        «http://www.w3.org/TR/html4/frameset.dtd»>
```

Même si l'utilisation de HTML 4.01 Frameset est parfaitement possible pour créer votre déclaration DOCTYPE, les cadres ne sont plus considérés comme pertinents. Alors prudence avant de vous décider à utiliser des cadres.

Ajouter une déclaration DOCTYPE XHTML

Pour créer un document XHTML, utilisez l'une des déclarations `DOCTYPE` suivantes :

- X**HTML 1.0 Transitional :**

```
<!DOCTYPE html PUBLIC «-//W3C//DTD XHTML 1.0 Transitional//EN»
    «http://www.w3.org/TR/xhtml1/DTD/xhtml1-transitional.dtd»>
```

- X**HTML 1.0 Strict :**

```
<!DOCTYPE html PUBLIC «-//W3C//DTD XHTML 1.0 Strict//EN»
        «http://www.w3.org/TR/xhtml1/DTD/xhtml1-strict.dtd»>
```

- X**HTML 1.0 Frameset :**

```
<!DOCTYPE html PUBLIC «-//W3C//DTD XHTML 1.0 Frameset//EN»
        «http://www.w3.org/TR/xhtml1/DTD/xhtml1-frameset.dtd»>
```

Même remarque que pour les cadres HTML : l'utilisation de cadres XHTML n'est plus considérée comme pertinente.

Les descriptions DTD XHTML sont analogues aux descriptions DTD HTML définies dans le Chapitre 1. Les DTD HTML sont documentées sur www.w3.org/TR/html401/sgml/dtd.html et les DTD XHTML sur www.w3.org/TR/xhtml1/dtds.html.

L'élément <html>

Une fois que vous avez spécifié la version du document (X) HTML, ajoutez un <html> qui contiendra tous les éléments (X) HTML de votre page :

```
<!DOCTYPE html PUBLIC «-//W3C//DTD XHTML 1.0 Transitional//EN»
        «http://www.w3.org/TR/xhtml1/DTD/xhtml1-transitional.dtd»>

<html>




</html>
```

Ajouter l'espace de noms XHTML

Un *espace de noms* est une liste de noms utilisés par les éléments et les attributs dans un document XHTML. XHTML utilise une liste spéciale de noms. C'est pourquoi il a besoin d'une définition d'espace de noms qui ressemble à ceci :

```
<!DOCTYPE html PUBLIC «-//W3C//DTD XHTML 1.0 Transitional//EN»
        «http://www.w3.org/TR/xhtml1/DTD/xhtml1-transitional.dtd»>

<html xmlns=»http://www.w3.org/1999/xhtml»>




</html>
```

Si vous travaillez avec d'autres langages XML, vous devez savoir ce qu'est un espace de noms. Pour créer des documents XHTML, vous devez simplement ne pas oublier de faire figurer l'espace de noms du XHTML. La partie de code présentée précédemment vous montre comment procéder. Si vous omettez cette étape, vos fichiers XHTML ne seront pas validés par validator.w3.org.

Ajouter un en-tête de document

L'*en-tête* d'un document (X)HTML est l'un des deux composants d'un document (le *corps* du document étant l'autre). L'en-tête fournit des informations élémentaires sur le document, dont son titre et ses métadonnées (c'est-à-dire des informations sur l'information), telles que les mots-clés, l'information sur l'auteur, une description. Si vous souhaitez utiliser une feuille de styles dans votre page, vous devrez aussi faire figurer dans l'en-tête une information à son sujet.

Le Chapitre 9 contient une présentation complète du processus de création de feuilles de styles en cascade (CSS) et vous montre comment les inclure dans vos documents (X)HTML.

L'élément `<head>`, qui définit l'en-tête de la page, suit immédiatement la balise ouvrante `<html>` :

```
<!DOCTYPE html PUBLIC «-//W3C//DTD XHTML 1.0 Transitional//EN»
        «http://www.w3.org/TR/xhtml1/DTD/xhtml1-transitional.dtd»>

<html xmlns=»http://www.w3.org/1999/xhtml»>
    <head>
      <meta http-equiv=»Content-Type» content=»text/html;
            charset=iso-8859-1» />
    </head>
</html>
```

L'élément de métadonnée pour le codage de caractères

```
<meta http-equiv=»Content-Type» content=»text/html;
      charset=iso-8859-1»>
```

est également nécessaire pour que la page Web soit validée par `validator.w3.org`. Ne l'oubliez pas !

Donner un titre à la page

Toute page (X)HTML a besoin d'un titre descriptif pour indiquer aux visiteurs ce dont elle traite. Ce texte apparaît dans la barre de titre, tout en haut de la fenêtre du navigateur, comme dans la Figure 4.1. Un titre de page doit être concis tout en res-

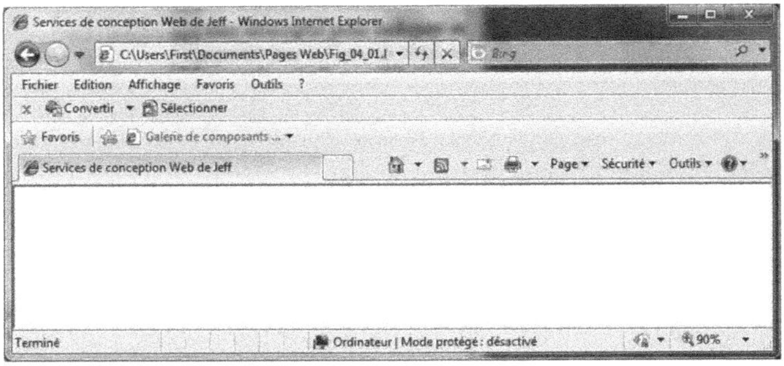

FIGURE 4.1 Le titre d'une page (X)HTML apparaît dans la barre de titre de la fenêtre du navigateur.

tant informatif (par exemple, *Ma page d'accueil* n'est pas aussi informatif que *Services de conception Web de Jeff*).

Pour définir le titre d'une page, utilisez l'élément `<title>` dans l'élément `<head>` :

```
<!DOCTYPE html PUBLIC «-//W3C//DTD XHTML 1.0 Transitional//EN»
        «http://www.w3.org/TR/xhtml1/DTD/xhtml1-transitional.dtd»>

<html xmlns=»http://www.w3.org/1999/xhtml»>
    <head>
       <meta http-equiv=»Content-Type» content=»text/html;
              charset=iso-8859-1» />
<title>Services de conception Web de Jeff</title>
    </head>

</html>
```

Les moteurs de recherche utilisent le contenu de `<title>` lorsqu'ils lisent les pages Web en réponse à une requête. Le titre de la page est la première chose qu'un internaute lit au sujet de votre page, surtout s'il la trouve en utilisant un moteur de recherche. En fait, un moteur de recherche va probablement lister le titre de votre page parmi d'autres dans une page de résultats de recherche, si bien que ce dernier constitue votre seule chance d'attirer l'attention de l'internaute et de le convaincre de consulter votre page. Un titre bien conçu permet d'attirer les visiteurs.

Le titre est aussi utilisé dans les Favoris et dans l'Historique d'un navigateur. Pour ces raisons, privilégiez des titres brefs et compréhensibles.

Définir les métadonnées

Le terme de *métadonnées* fait référence aux données sur les données. Dans le contexte du Web, ce sont les données qui décrivent votre page Web. Les métadonnées d'une page peuvent inclure :

- » Des mots-clés.
- » Une description de votre page.
- » Des informations sur l'auteur de la page.
- » L'application logicielle que vous utilisez pour créer la page.

Eléments et attributs

Vous définissez les métadonnées de votre page (X)HTML à l'aide de :

- » L'élément `<meta />`.
- » Les attributs `name` et `content`.

Par exemple, les éléments suivants créent une liste de mots-clés et une description pour une page présentant les services d'un consultant :

```
<!DOCTYPE html PUBLIC «-//W3C//DTD XHTML 1.0 Transitional//EN»
         «http://www.w3.org/TR/xhtml1/DTD/xhtml1-transitional.dtd»>

<html xmlns=»http://www.w3.org/1999/xhtml»>
    <head>
    <title>Services de conception Web de Jeff</title>
      <meta http-equiv=»Content-Type» content=»text/html;
             charset=iso-8859-1» />
      <meta name=»keywords»
        content=»Consulting Web, conception de pages, construction de
             sites» />
      <meta name=»description»
        content=»Description des compétences et des services de
                 Jeff» />
    </head>
</html>
```

Les noms personnalisés

La spécification (X)HTML ne précise pas :

- » Les types de métadonnées que vous intégrez dans votre page.
- » Comment nommer les différents composants des métadonnées, tels que les mots-clés et les descriptions.

Par exemple, au lieu d'utiliser `keywords` et `description` pour nommer des métadonnées correspondant à des mots-clés et à une description, vous pouvez simplement utiliser `kwrd` et `desc`, comme dans le code suivant :

```
<!DOCTYPE html PUBLIC «-//W3C//DTD XHTML 1.0 Transitional//EN»
        «http://www.w3.org/TR/xhtml1/DTD/xhtml1-transitional.dtd»>

<html xmlns=»http://www.w3.org/1999/xhtml»>
  <head>
    <title>Services de conception Web de Jeff</title>
    <meta http-equiv=»Content-Type» content=»text/html;
          charset=iso-8859-1» />
    <meta name=»kwrd»
        content=»Consulting Web, conception de pages, construction de
              sites» />
    <meta name=»desc»
        content=»Description des compétences et des services de
                 Jeff» />
    </head>
</html>
```

De nombreux développeurs utilisent les métadonnées pour :

- » Laisser des messages à l'attention de ceux qui examinent le code source de la page.
- » Anticiper les futurs navigateurs et moteurs de recherche qui pourraient utiliser les métadonnées.

Bien que les mots-clés et la description d'une page soient optionnels, les moteurs de recherche les utilisent pour collecter des informations sur votre site Web. Il y a quelques années, certains surchargeaient leur site Web de balises `<meta />` dans l'espoir que leur site Web Figure aussi souvent que possible dans les résultats des moteurs de recherche. Les moteurs de recherche modernes sont assez «intelligents» pour déjouer de telles pratiques et n'attachent plus d'importance ou ignorent carrément les balises `<meta />`. N'oubliez pas d'inclure des informations détaillées et concises dans votre balise `<meta />` si vous souhaitez que votre site Web soit découvert par les moteurs de recherche.

Rediriger automatiquement les utilisateurs sur une autre page

Vous pouvez utiliser les métadonnées dans votre en-tête pour envoyer des messages aux navigateurs leur indiquant comment afficher (ou gérer) votre page Web. Les créateurs de sites Web utilisent généralement l'élément `<meta />` pour rediriger automatiquement les visiteurs d'une page à une autre. Par exemple, si vous êtes déjà tombé sur une page qui affiche `Cette page a été déplacée. Attendez 10 secondes pour être redirigé automatiquement vers son nouvel emplacement` (ou quelque chose dans le genre), vous avez vu cette astuce à l'œuvre.

Voici les étapes qu'il faut suivre pour utiliser l'élément `<meta />` afin d'envoyer des messages au navigateur :

1. **Utilisez l'attribut `http-equiv` au lieu de l'attribut `name`.**
2. **Dans une liste prédéfinie de valeurs, choisissez celles qui correspondent aux instructions destinées au navigateur.**

   Ces valeurs utilisent des instructions que vous pouvez envoyer au navigateur dans l'en-tête HTTP mais modifier un en-tête HTTP pour un document est plus complexe que d'inclure ces instructions directement dans la page Web.

Pour indiquer au navigateur qu'il doit rediriger les utilisateurs d'une page à une autre, voici ce que vous devez faire :

1. **Utilisez l'élément `<meta />` avec `http-equiv=»refresh»`.**
2. **Définissez la valeur de `content` pour spécifier combien de secondes vont s'écouler avant de basculer sur l'URL que vous indiquez.**

Dans l'exemple ci-dessous, l'élément `<meta />` renvoie vers l'URL `www.w3.org` après 15 secondes d'attente :

```
<!DOCTYPE html PUBLIC «-//W3C//DTD XHTML 1.0 Transitional//EN»
        «http://www.w3.org/TR/xhtml1/DTD/xhtml1-transitional.dtd»>

<html xmlns=»http://www.w3.org/1999/xhtml»>
  <head>
    <title>Tout sur les balises</title>
    <meta http-equiv=»Content-Type» content=»text/html;
            charset=iso-8859-1» />
    <meta http-equiv=»refresh» content=»15; url= http://www.w3
            .org/» />

  </head>

  <body>
    <p>Cette page est en cours de développement. Dans l'attente,
      visitez <a href=»http://www.w3.org»>le site Web du W3C</a>
      pour consulter la liste exhaustive des balises.
    </p>

    <p>Patientez 15 secondes avant d'être redirigé sur le site du
      W3C.</p>
  </body>
</html>
```

Les navigateurs les plus anciens risquent de ne pas savoir quoi faire des éléments `<meta />` qui utilisent l'élément `http-equiv` pour créer une redirection. N'oubliez pas d'insérer du texte et un lien dans votre page pour permettre au visiteur de se rendre manuellement vers la page si votre élément `<meta />` ne fonctionne pas. Le Chapitre 3 traite de la création de liens à l'aide d'éléments `<a>`.

Si le navigateur d'un utilisateur ne sait pas quoi faire de votre redirection, l'utilisateur peut simplement cliquer sur le lien que vous avez inséré dans la page pour se rendre sur la nouvelle page, comme dans la Figure 4.2.

Vous pouvez utiliser l'attribut `http-equiv` avec l'élément `<meta />` pour divers objectifs, comme définir la date d'expiration d'une page ou spécifier le code de caractères (le langage) de cette dernière. Pour obtenir la liste des options `http-equiv` (et comprendre comment les utiliser), consultez le dictionnaire des balises HTML META à l'URL suivante :

```
http://vancouver-webpages.com/META/metatags.detail.html
```

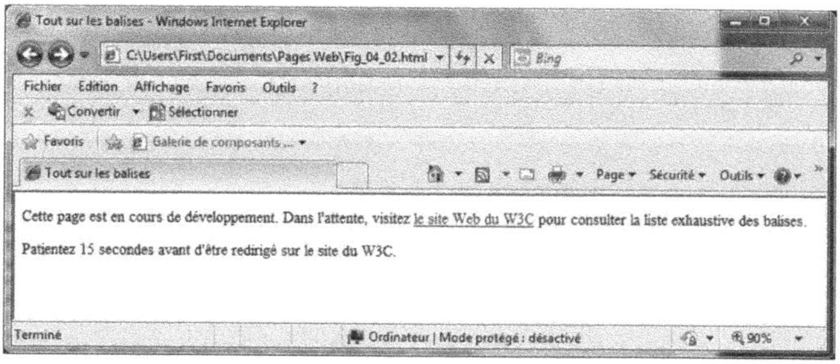

FIGURE 4.2 Lorsque vous utilisez un élément `<meta />` pour créer une redirection de page, insérez un lien pour le cas où la redirection échoue.

Créer le corps du document (X)HTML

Après avoir créé l'en-tête de votre page, créé un titre, défini quelques métadonnées, vous êtes prêt à ajouter des balises (X) HTML et du contenu qui apparaîtra dans la fenêtre du navigateur. L'élément `<body>` englobe le contenu de votre document.

Si vous souhaitez visualiser quelque chose dans la fenêtre de votre navigateur, insérez-le dans l'élément `<body>`, comme ceci :

```
<!DOCTYPE html PUBLIC «-//W3C//DTD XHTML 1.0 Transitional//EN»
        «http://www.w3.org/TR/xhtml1/DTD/xhtml1-transitional.dtd»>

<html xmlns=»http://www.w3.org/1999/xhtml»>
    <head>
    <meta http-equiv=»Content-Type» content=»text/html;
         charset=iso-8859-1» />
    <title>Services de conception Web de Jeff</title>
    <meta name=»kwrd»
        content=»Consulting Web, conception de pages, construction de
                 sites» />
    <meta name=»desc»
        content=»Description des compétences et des services de
                 Jeff» />
    </head>
  <body style=»color: white;
        background-color: teal;
        font-size: 1.2;
        font-family: sans-serif»>
    <h1>Services de conception Web de Jeff</h1>
    <p>Jeff a aidé de nombreux clients texans, grandes ou petites
```

```
      entreprises, à réaliser leur site institutionnel. Il s'est
      spécialisé dans la conception de sites Web à la pointe, le
      multimédia dynamique pour répondre à tous les besoins de
      business.</p>

    <p>Pour plus d'informations, contactez Jeff Noble par mail
      <a href=»mailto:jeff@conquestmedia.com></a></p>
  </body>
</html>
```

La Figure 4.3 montre comment le navigateur affiche cette page (X)HTML :

- » Le contenu de l'élément <title> apparaît dans la barre de navigation de la fenêtre.
- » Les éléments <meta /> n'affectent en rien l'apparence de la page.
- » Seul le texte du paragraphe contenu dans les éléments <h1> et <p> (dans l'élément <body>) apparaît vraiment dans la fenêtre du navigateur.

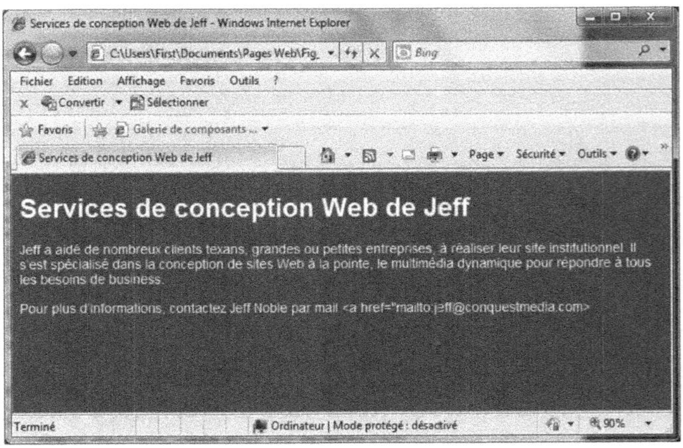

FIGURE 4.3 Seul le contenu de l'élément <body> apparaît dans la fenêtre du navigateur.

Chapitre 5

Le texte et les listes

DANS CE CHAPITRE :

- **Travailler avec des blocs de texte élémentaires.**
- **Manipuler des blocs de texte.**
- **Créer des listes à puces, numérotées et de définitions.**

Les documents HTML contiennent du texte, des images, des fichiers multimédia, des liens et d'autres composants que vous faites tenir ensemble dans la page en utilisant des éléments et des attributs de balisage. Vous utilisez des blocs de texte pour créer notamment les titres, les paragraphes et les listes. Pour concevoir un document HTML consistant, il faut tout d'abord poser les fondations sur lesquelles s'appuiera la structure du document.

Mettre en forme le texte

Voici une définition ultra technique d'un *bloc de texte* : une partie de contenu qui passe d'une ligne à l'autre dans un élément HTML.

En fait, votre page HTML est une gigantesque collection de blocs de texte :

- Chaque morceau du contenu de votre page doit faire partie d'un élément de bloc.
- Chaque élément de bloc doit résider dans l'élément <body> de votre page.

HTML reconnaît plusieurs types de blocs de texte que vous pouvez utiliser dans votre document, notamment :

» Les paragraphes.

» Les titres.

» Les blocs de citation.

» Les listes.

» Les tableaux.

» Les formulaires.

ELÉMENTS EN LIGNE VERSUS BLOCS DE TEXTE

La différence entre les éléments en ligne et les blocs de texte est importante. Les éléments HTML présentés dans ce chapitre décrivent des blocs de texte. Un *élément en ligne* est un mot ou une chaîne de mots qui se trouve *à l'intérieur* d'un élément de bloc (par exemple, des éléments mettant en valeur le texte, tels que <em> ou <strong>). Les éléments en ligne doivent être imbriqués dans un élément de bloc sinon votre document HTML ne sera pas syntaxiquement correct.

Les éléments en ligne, tels que les éléments de mise en forme ou ceux qui permettent de créer des liens, sont conçus pour modifier l'apparence ou les fonctionnalités des quelques mots ou lignes de contenu qu'ils délimitent.

Les paragraphes

Les paragraphes figurent plus souvent dans les pages Web que tout autre bloc de texte.

Les navigateurs HTML ne reconnaissent pas le retour chariot que vous saisissez lorsque vous créez votre page dans un éditeur. Vous devez utiliser un élément <p> pour dire au navigateur de considérer tout le texte contenu jusqu'au </p> fermant comme un paragraphe.

Mise en forme

Pour créer un paragraphe, suivez ces étapes :

1. **Ajoutez un <p> dans le corps du document.**

2. **Saisissez le contenu du paragraphe.**

3. **Ajoutez un** </p> **pour fermer ce paragraphe.**

Voici à quoi cela devrait ressembler :

```
<!DOCTYPE html PUBLIC «-//W3C//DTD XHTML 1.0 Transitional//EN»
         «http://www.w3.org/TR/xhtml1/DTD/xhtml1-transitional.dtd»>
<html xmlns=»http://www.w3.org/1999/xhtml» xml:lang=»fr» lang=»fr»>
  <head>
    <meta http-equiv=»Content-Type» content=»text/html;
         charset=ISO-8859-1» />
    <title>Tout sur les blocs</title>
  </head>

  <body>
    <p>Ceci est un paragraphe. C'est une structure très simple que
       vous utilisez en permanence dans vos pages Web.</p>
    <p>Voici un autre paragraphe. Qu'y a-t-il de plus simple à
       créer ?</p>
  </body>
</html>
```

Cette page HTML contient deux paragraphes, chacun étant signalé par un élément <p> spécifique. La plupart des navigateurs Web ajoutent un saut de ligne et une ligne blanche après chaque paragraphe, comme le montre la Figure 5.1.

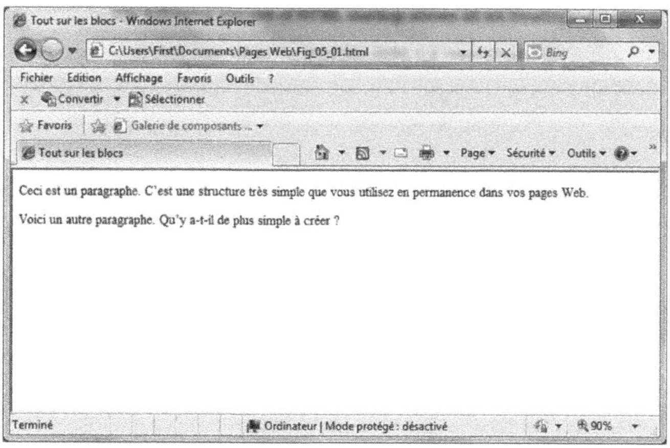

FIGURE 5.1 Les navigateurs Web délimitent les paragraphes à l'aide de sauts de ligne.

Les codeurs HTML négligents n'utilisent pas la balise fermante </p> lorsqu'ils créent des paragraphes. Quoique certains navigateurs permettent cette pratique douteuse sans hurler, omettre la balise fermante :

- » n'est pas syntaxiquement correct ;
- » génère des problèmes si vous utilisez des feuilles de styles ;
- » peut entraîner un affichage incohérent d'un navigateur à un autre.

Vous pouvez contrôler la mise en forme d'un paragraphe (couleur, taille, style et alignement) en utilisant les feuilles de styles (CSS) que nous traitons dans les Chapitres 9 à 12.

Les titres

Les titres délimitent des sections dans le document. Ce livre utilise des titres et des sous-titres pour diviser chaque chapitre en sections et vous pouvez faire de même dans votre page Web. Les titres :

- » organisent le document ;
- » brisent la monotonie visuelle de la page ;
- » donnent des indices visuels sur la manière dont le contenu est structuré.

Le HTML compte six éléments pour représenter les différents niveaux de titre dans votre document :

- » <h1> est le niveau de titre le plus important.
- » <h6> est le niveau de titre le moins important.

Respectez la hiérarchie lorsque vous utilisez les titres en HTML. Autrement dit, n'utilisez pas un deuxième niveau de titre sans en avoir un premier, n'utilisez pas un troisième niveau sans en avoir un deuxième, etc. Si vous souhaitez modifier l'apparence des titres, les Chapitres 10 et 11 vous expliquent comment y parvenir en utilisant les feuilles de styles.

Mise en forme

Pour créer un titre, suivez ces étapes :

1. **Ajoutez** <hn> **dans le corps de votre document.**
2. **Saisissez le contenu du titre.**
3. **Ajoutez** </hn>.

Dans ce contexte, *n* correspond au numéro du niveau de titre que vous voulez créer. Par exemple, pour créer un titre de niveau 1, remplacez le *n* par 1 et ajoutez <h1> dans votre page, pour un titre de niveau 2, ajoutez <h2>, etc.

L'affichage par le navigateur

Chaque navigateur affiche les niveaux de titre à sa manière, comme vous pouvez le constater dans les deux sections suivantes.

Les navigateurs graphiques

La plupart des navigateurs graphiques affichent les titres en utilisant des tailles de polices et des mises en forme différentes :

- » Le premier niveau de titre (<h1>) est affiché dans le plus grand caractère (généralement deux à trois fois plus grand que celui utilisé pour les paragraphes).
- » Tous les titres utilisent une police en gras par défaut, alors que les paragraphes utilisent une police standard (sans gras) par défaut.
- » Le titre de sixième niveau (<h6>) est le plus petit, affiché dans un caractère deux à trois fois plus petit que celui du paragraphe.

Les extraits suivants de HTML montrent les six niveaux de titre à l'œuvre :

```
<!DOCTYPE html PUBLIC «-//W3C//DTD XHTML 1.0 Transitional//EN»
        «http://www.w3.org/TR/xhtml1/DTD/xhtml1-transitional.dtd»>
<html xmlns=»http://www.w3.org/1999/xhtml» xml:lang=»fr» lang=»fr»>
  <head>
```

```
    <meta http-equiv=»Content-Type» content=»text/html;
          charset=ISO-8859-1» />
    <title>Tout sur les blocs</title>
  </head>

  <body>
    <h1>Premier niveau de titre</h1>
    <h2>Deuxième niveau de titre</h2>
    <h3>Troisième niveau de titre</h3>
    <h4>Quatrième niveau de titre</h4>
    <h5>Cinquième niveau de titre</h5>
    <h6>Sixième niveau de titre</h6>
  </body>
</html>
```

La Figure 5.2 montre le rendu de la page HTML dans un navigateur.

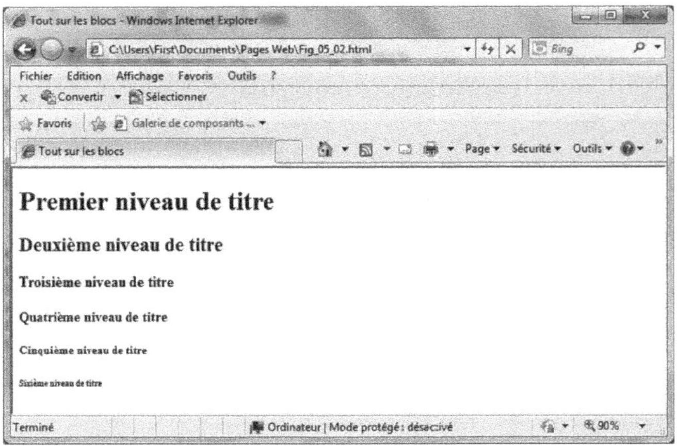

FIGURE 5.2 Les navigateurs Web affichent les titres du niveau 1 au niveau 6.

Utilisez CSS pour contrôler l'affichage des titres, y compris leur couleur, leur taille, leur espacement et leur alignement.

Les navigateurs en mode texte

Les navigateurs en mode texte utilisent des conventions différentes de celles des navigateurs graphiques car ils affichent le contenu dans une seule police et taille de caractère. Voici quelques bons navigateurs en mode texte : Lynx, ELinks, Cygwin et MIRA.

Contrôler les blocs de texte

Les blocs de texte sont les fondations de votre page. Vous pouvez découper ces blocs en morceaux plus petits pour mieux guider les lecteurs dans votre contenu.

Les blocs de citation

Un *bloc de citation* est une longue citation ou un long extrait d'une source imprimée que vous souhaitez mettre en évidence dans la page. Utilisez l'élément `<blockquote>` pour identifier un bloc de citation :

```
<!DOCTYPE html PUBLIC «-//W3C//DTD XHTML 1.0 Transitional//EN»
        «http://www.w3.org/TR/xhtml1/DTD/xhtml1-transitional.dtd»>
<html xmlns=»http://www.w3.org/1999/xhtml» xml:lang=»fr» lang=»fr»>
  <head>
    <meta http-equiv=»Content-Type» content=»text/html;
         charset=ISO-8859-1» />
    <title>Citations célèbres</title>
  </head>

  <body>
    <h1>Une citation à méditer</h1>
    <p>Lorsque j'ai besoin d'un peu d'inspiration pour me rappeler
       pourquoi je passe mes journées dans une salle de classe, je me
       souviens de ce que Lee Iococca a dit :</p>
    <blockquote>Dans une société totalement rationnelle, les
       meilleurs d'entre nous seraient des enseignants et le reste
       devrait se contenter d'autre
      chose.
    </blockquote>
  </body>
</html>
```

La plupart des navigateurs Web affichent le contenu d'un bloc de citation en l'indentant légèrement à gauche, comme dans la Figure 5.3.

FIGURE 5.3 Les navigateurs Web indentent généralement les blocs de citation pour les distinguer des paragraphes.

Le texte préformaté

D'ordinaire, HTML ignore les espaces blancs dans les documents. Un navigateur n'affichera pas les éléments suivants d'un bloc :

- » Les retours à la ligne.
- » Les sauts de ligne.
- » Les séquences ininterrompues d'espaces.

L'exemple suivant contient des retours à la ligne, des sauts de ligne et plusieurs séries d'espaces. La Figure 5.4 montre que le navigateur Web les ignore tous.

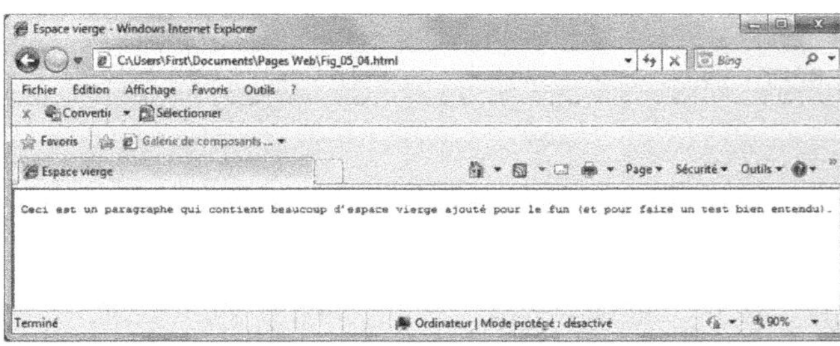

FIGURE 5.4 Les navigateurs Web ignorent les espaces vierges.

```
<p>Ceci est un paragraphe


    qui contient beaucoup d'espace vierge


        ajouté pour le fun (et pour faire un test bien entendu.</p>
```

L'élément de texte préformaté (`<pre>`) indique aux navigateurs qu'ils doivent préserver les espaces lorsqu'ils affichent votre contenu (comme dans l'exemple suivant). Utilisez l'élément `<pre>` à la place de l'élément `<p>` pour contraindre le navigateur à afficher tous les espaces, comme dans la Figure 5.5.

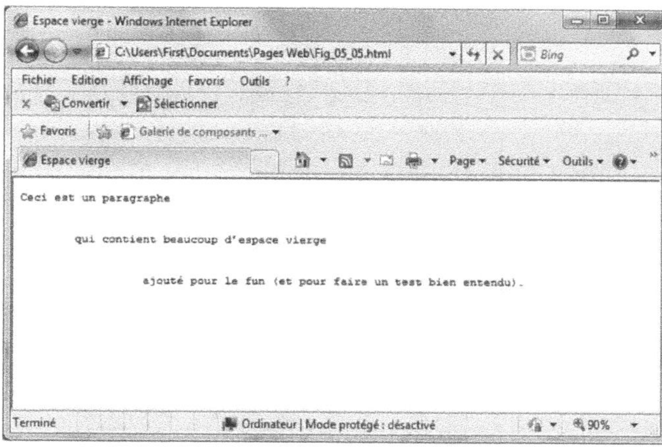

FIGURE 5.5 Utilisez du texte préformaté pour obliger les navigateurs à respecter les espaces.

```
<!DOCTYPE html PUBLIC «-//W3C//DTD XHTML 1.0 Transitional//EN»
        «http://www.w3.org/TR/xhtml1/DTD/xhtml1-transitional.dtd»>
<html xmlns=»http://www.w3.org/1999/xhtml» xml:lang=»fr» lang=»fr»>
  <head>
    <meta http-equiv=»Content-Type» content=»text/html;
          charset=ISO-8859-1» />

    <title>Espace vierge</title>
  </head>

  <body>
    <pre>Ceci est un paragraphe
```

```
        qui contient beaucoup d'espace vierge


        ajouté pour le fun (et pour faire un test bien entendu).
    </pre>
  </body>
</html>
```

Peut-être voudrez-vous que le navigateur affiche des espaces dans une page HTML pour améliorer la lisibilité de contenus tels que :

- » Des extraits de code.
- » Des colonnes de données, des nombres ou du texte sensible au format.
- » Des tableaux de texte.

Vous pouvez imbriquer les éléments `<pre>` dans des éléments `<blockquote>` pour contrôler précisément la manière dont les lignes d'une citation apparaissent dans la page. Mieux encore, oubliez toutes ces balises et utilisez CSS pour positionner des blocs de texte dans des éléments `<div>`.

Les séparateurs horizontaux

L'élément séparateur horizontal (`<hr />`) vous permet d'inclure des lignes de séparation dans votre page.

Le navigateur crée la ligne en se basant sur l'élément `<hr />`, si bien que les utilisateurs n'ont pas d'image à télécharger pour l'afficher. Un séparateur horizontal est une bonne solution pour :

- » Découper une page en sections logiques.
- » Séparer les en-têtes et les pieds de pages du reste de la page.

Mise en forme

Lorsque vous intégrez un élément `<hr />` dans votre page, comme dans l'extrait de XHTML suivant, le navigateur le remplace par une ligne, comme le montre la Figure 5.6.

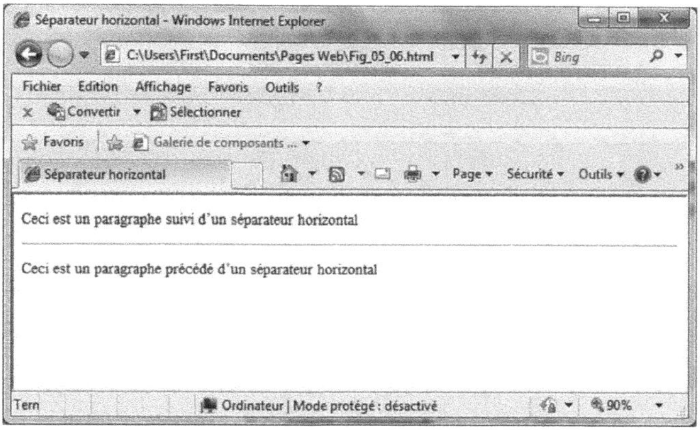

FIGURE 5.6 Utilisez l'élément `<hr />` pour ajouter des lignes à vos pages.

```
<!DOCTYPE html PUBLIC «-//W3C//DTD XHTML 1.0 Transitional//EN»
        «http://www.w3.org/TR/xhtml1/DTD/xhtml1-transitional.dtd»>
<html xmlns=»http://www.w3.org/1999/xhtml» xml:lang=»fr» lang=»fr»>
  <head>
    <meta http-equiv=»Content-Type» content=»text/html;
         charset=ISO-8859-1» />
    <title>Séparateur horizontal</title>
  </head>

  <body>
    <p>Ceci est un paragraphe suivi d'un séparateur horizontal</p>

    <hr />

    <p>Ceci est un paragraphe précédé d'un séparateur horizontal</p>
  </body>
</html>
```

Un séparateur horizontal occupe toujours une ligne à lui seul. Vous ne pouvez pas ajouter un élément `<hr />` au milieu d'un paragraphe (ou d'autres éléments de blocs) en espérant que le séparateur apparaisse au milieu du bloc.

Cet extrait de HTML crée un séparateur horizontal qui occupe 45 % de la largeur de la page, fait 4 pixels d'épaisseur, est aligné au centre, sans ombre.

```
<p>Ceci est un paragraphe suivi d'un séparateur horizontal</p>

<hr width=»45%» size=»4» align=»center» noshade=»noshade» />
```

```
<p>Ceci est un paragraphe précédé d'un séparateur horizontal</p>
```

La Figure 5.7 vous montre comment l'ajout de ces attributs affecte l'affichage du séparateur. Notez que ces attributs sont dépréciés et qu'il vaut mieux les remplacer par leur équivalent CSS, comme l'expliquent les Chapitres 9 à 12. Les attributs dépréciés sont traités dans le Chapitre 8.

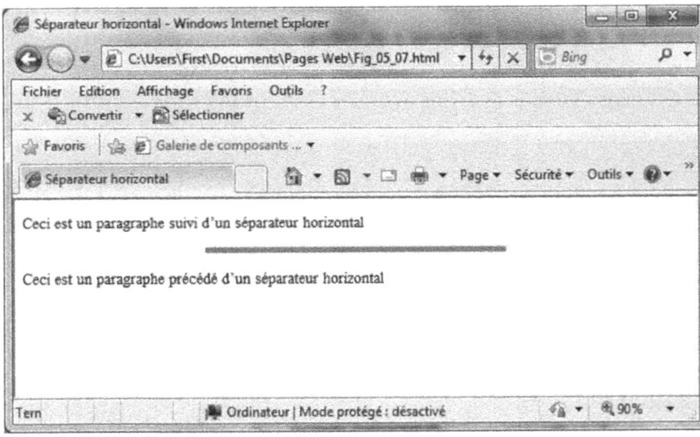

FIGURE 5.7 La balise de séparateur horizontal permet de contrôler la manière dont votre navigateur affiche le séparateur.

La Figure 5.8 montre comment vous pouvez utiliser les séparateurs horizontaux dans le monde réel pour mettre en évidence du contenu important. La page d'accueil de EdTittel.com utilise un séparateur coloré pour distinguer le pied de page du reste de la page.

Comme le montre la section `<style>` dans l'en-tête du fichier, CSS vous permet de contrôler la couleur, la largeur et l'opacité des séparateurs horizontaux.

Organiser l'information

Les listes sont des outils puissants pour regrouper des éléments similaires et offrir aux visiteurs de votre site une solution facile pour repérer les groupes d'information. Une liste peut contenir tous types d'éléments, du jeu d'instructions à la série de liens.

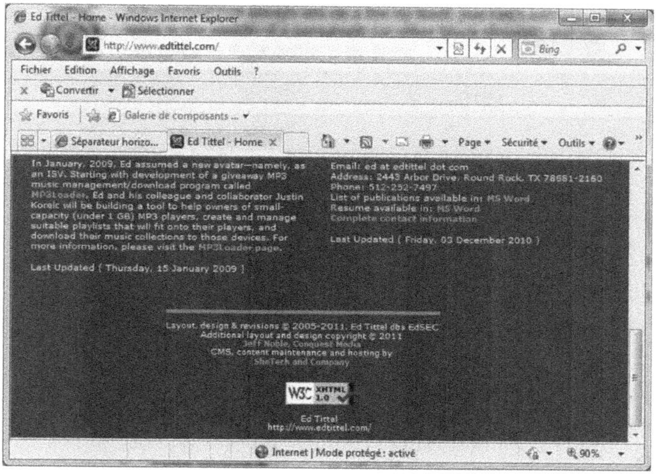

FIGURE 5.8 La page d'accueil de EdTittel.com utilise un séparateur horizontal coloré pour distinguer le contenu de la page de l'information figurant dans le pied de page.

Les listes utilisent une combinaison d'au moins deux éléments :

- » Un élément de balisage qui dit : «He, le navigateur ! Les éléments qui suivent appartiennent à une liste.»
- » Des éléments de balisage qui disent : «He, le navigateur ! Voici un élément de la liste.»

HTML gère trois types de listes :

- » Les listes numérotées.
- » Les listes à puces.
- » Les listes de définitions.

Les listes numérotées

Une *liste numérotée* est composée d'au moins deux éléments, chacun précédé d'un nombre. Généralement, on numérote une liste lorsque l'ordre de ses éléments est important.

Vous pouvez utiliser deux types d'éléments pour une liste numérotée :

- » L'élément de liste ordonnée (`<ol>`) désigne une liste numérotée.

» Les éléments de liste (<li>) signalent chaque élément de la liste.

Mise en forme

Une liste numérotée comprenant trois éléments doit se présenter de la manière suivante :

1. <ol>
2. <li>
3. Contenu pour le premier élément de la liste
4. </li>
5. <li>
6. Contenu pour le deuxième élément de la liste
7. </li>
8. <li>
9. Contenu pour le troisième élément de la liste
10. </li>
11. </ol>

L'extrait suivant contient une liste numérotée composée de trois éléments :

```
<!DOCTYPE html PUBLIC «-//W3C//DTD XHTML 1.0 Transitional//EN»
        «http://www.w3.org/TR/xhtml1/DTD/xhtml1-transitional.dtd»>
<html xmlns=»http://www.w3.org/1999/xhtml» xml:lang=»fr» lang=»fr»>
  <head>
    <meta http-equiv=»Content-Type» content=»text/html;
        charset=ISO-8859-1» />
    <title>Listes numérotées</title>
  </head>

  <body>
    <h1>Choses à faire aujourd'hui</h1>
    <ol>
      <li>Nourrir le chat</li>
      <li>Laver la voiture</li>
      <li>Faire les courses</li>
    </ol>
  </body>
</html>
```

La Figure 5.9 montre comment le navigateur affiche ce code. Vous n'avez pas à spécifier un numéro pour chaque élément de la liste. Le navigateur identifie chaque élément de la liste à l'aide de la balise et ajoute automatiquement un numéro suivi d'un point.

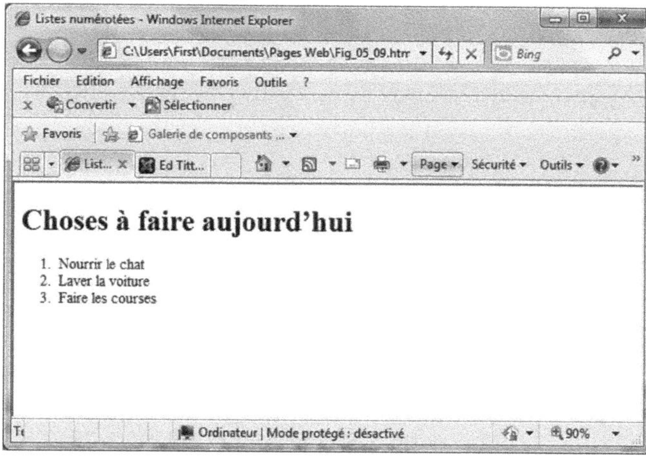

FIGURE 5.9 Utilisez les balises <ol> et <li> pour créer une liste numérotée.

Si vous échangez les deux premiers éléments de la liste, ils seront toujours numérotés dans l'ordre lorsque la page sera affichée, comme le montre la Figure 5.10.

```
<ol>
  <li>Laver la voiture</li>
  <li>Nourrir le chat</li>
  <li>Faire les courses</li>
</ol>
```

Numérotation

Deux attributs de <ol> contrôlent l'apparence d'une liste numérotée :

- `start` : Spécifie le premier numéro de la liste.
  - La valeur de départ par défaut est 1 mais vous pouvez spécifier n'importe quel nombre pour démarrer la nouvelle liste.

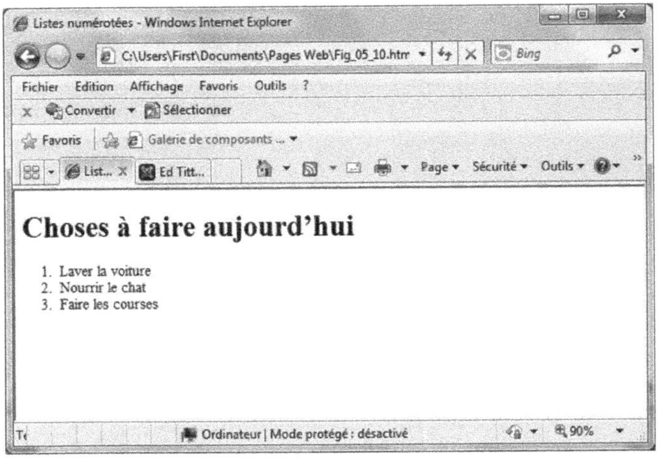

FIGURE 5.10 Les navigateurs Web ajoutent des numéros aux éléments de votre liste en fonction de l'ordre d'apparition.

Spécifiez un nombre de départ lorsque vous devez reprendre une liste après un paragraphe ou tout autre élément de bloc.

» `type` : Spécifie le style de numérotation de la liste. Vous avez le choix entre cinq styles de numérotation prédéfinis :

- `1` : nombres décimaux.
- `a` : lettres minuscules.
- `A` : lettres majuscules.
- `i` : chiffres romains minuscules.
- `I` : chiffres romains majuscules.

L'extrait suivant utilise des éléments ordonnés et des attributs pour générer une liste qui utilise les chiffres romains en majuscules en partant de 5 (V en chiffres romains) :

```
<ol start=»5» type=»I»>
  <li>Laver la voiture</li>
  <li>Nourrir le chat</li>
  <li>Faire les courses</li>
</ol>
```

La Figure 5.11 montre comment les attributs affectent l'apparence de la liste dans le navigateur.

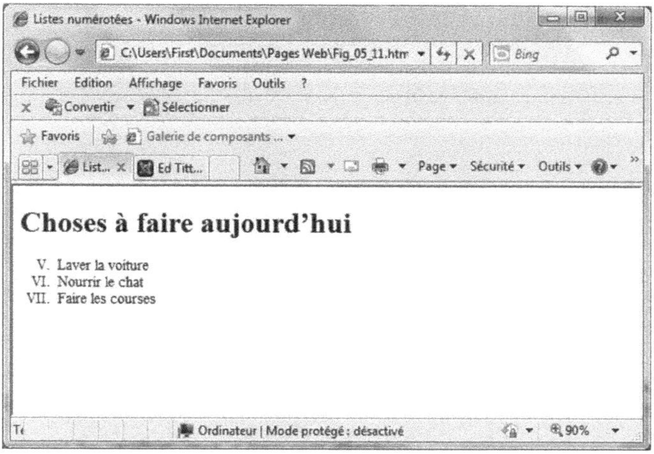

FIGURE 5.11 Les attributs `type` et `start` permettent de contrôler l'apparence d'une liste d'éléments numérotés dans un navigateur.

Vous contrôlez mieux vos listes si vous utilisez CSS pour définir la mise en forme. C'est pourquoi les attributs `start` et `type` sont *dépréciés* (c'est-à-dire abandonnés dans la version actuelle d'HTML).

Les listes à puces

Une *liste à puces* est composée d'un ou plusieurs éléments précédés d'une *puce* (souvent un gros point ; ce livre utilise des *coches* comme puces).

Vous utilisez ce type de listes si l'ordre de présentation des éléments n'est pas essentiel pour comprendre l'information présentée.

Mise en forme

Une liste à puces nécessite les éléments suivants :

- L'élément de liste non ordonnée (`<ul>`) annonce une liste à puces.
- L'élément de liste (`<li>`) signale un élément de la liste.
- La balise fermante de la liste non ordonnée (`</ul>`) annonce la fin de la liste.

Une liste à puces comprenant trois éléments doit se présenter de la manière suivante :

1. <ul>
2. <li>
3. Contenu pour le premier élément de la liste
4. </li>
5. <li>
6. Contenu pour le deuxième élément de la liste
7. </li>
8. <li>
9. Contenu pour le troisième élément de la liste
10. </li>
11. </ul>

L'extrait suivant contient une liste à puces composée de trois éléments :

```
<!DOCTYPE html PUBLIC «-//W3C//DTD XHTML 1.0 Transitional//EN»
        «http://www.w3.org/TR/xhtml1/DTD/xhtml1-transitional.dtd»>

<html xmlns=»http://www.w3.org/1999/xhtml» xml:lang=»fr» lang=»fr»>
  <head>
    <meta http-equiv=»Content-Type» content=»text/html;
         charset=ISO-8859-1» />
    <title>Listes à puces</title>
  </head>

  <body>
    <h1>Choses à faire aujourd'hui</h1>
    <ul>
      <li>Nourrir le chat</li>
      <li>Laver la voiture</li>
      <li>Faire les courses</li>
    </ul>
  </body>
</html>
```

La Figure 5.12 montre comment le navigateur affiche cette liste à puces.

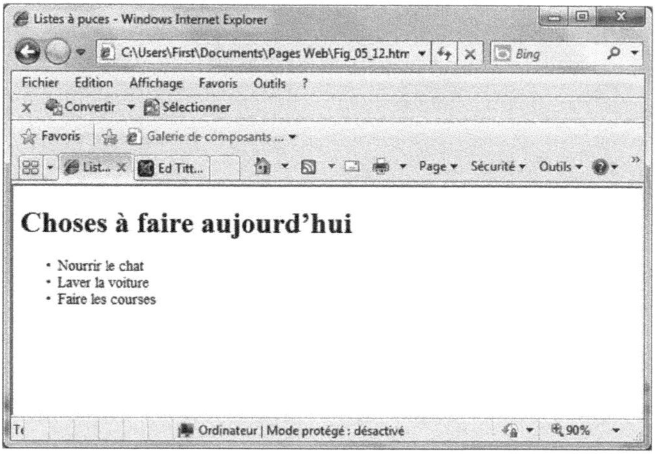

FIGURE 5.12 Une liste à puces utilise des puces au lieu de nombres pour marquer ses éléments.

Utilisez CSS pour mieux contrôler la mise en forme de vos listes, notamment si vous voulez personnaliser vos puces.

Les listes de définitions

Les *listes de définitions* regroupent des termes et des définitions dans une seule liste et s'appuient sur trois éléments :

- <dl> : Contient les définitions de la liste.
- <dt> : Définit un terme de la liste.
- <dd> : Définit une définition pour un terme.

Votre liste (<dl>) peut contenir autant de termes (définis par <dt>) que vous le souhaitez. Chaque terme peut avoir une ou plusieurs définitions (<dd>).

Pour créer une liste de définitions comprenant deux éléments, vous devez utiliser les éléments suivants :

1. <dl>
2. <dt>
3. Premier terme
4. </dt>

5. <dd>
6. Définition du premier terme
7. </dd>
8. <dt>
9. Deuxième terme
10. </dt>
11. <dd>
12. Définition du deuxième terme
13. </dd>
14. </dl>

La liste de définitions suivante compte trois termes, dont l'un possède deux définitions :

```
<!DOCTYPE html PUBLIC «-//W3C//DTD XHTML 1.0 Transitional//EN»
         «http://www.w3.org/TR/xhtml1/DTD/xhtml1-transitional.dtd»>
<html xmlns=»http://www.w3.org/1999/xhtml» xml:lang=»fr» lang=»fr»>

  <head>
    <meta http-equiv=»Content-Type» content=»text/html;
          charset=ISO-8859-1» />
    <title>Listes de définitions</title>
  </head>

  <body>
    <h1>Définitions des langages de balisage</h1>
    <dl>
      <dt>SGML</dt>
        <dd>Langage normalisé de balisage généralisé</dd>
      <dt>HTML</dt>
         <dd>Langage de balisage hypertexte</dd>
         <dd>Langage de balisage que vous utilisez pour créer des
             pages Web.</dd>
      <dt>XML</dt>
        <dd>Langage de balisage extensible</dd>
    </dl>
  </body>
</html>
```

La Figure 5.13 montre comment un navigateur affiche ce HTML.

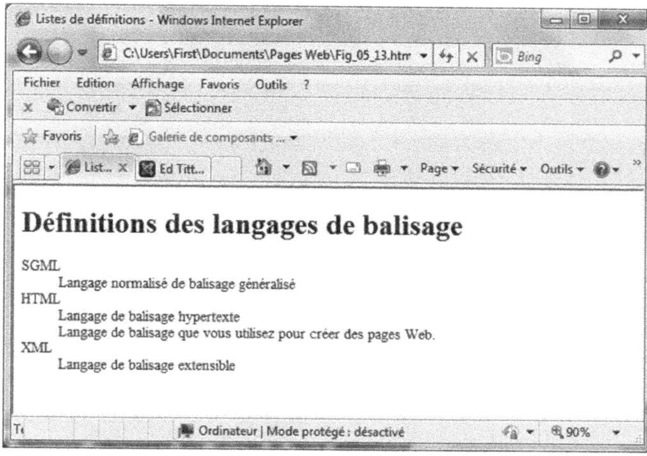

FIGURE 5.13 Les listes de définition regroupent des termes et leurs définitions dans une seule liste.

Si vous pensez que les éléments d'une liste sont trop proches les uns des autres, vous pouvez utiliser les styles CSS pour contrôler tous les aspects de l'apparence de la liste, comme l'explique le Chapitre 9.

Notez que les listes de définitions s'affichent souvent différemment selon le navigateur et qu'elles ne sont pas toujours gérées de la même manière par les moteurs de recherche et les synthétiseurs vocaux. About.com propose un article intéressant sur les listes de définitions sur `http://webdesign.about.com/od/htmltags/a/aa112006.htm`. Hélas, cela signifie que les listes de définitions ne constituent sans doute pas le meilleur choix pour mettre en forme les listes que vous créez (même les listes des définitions). Pour plus d'informations sur le sujet, reportez-vous à l'excellent article sur `www.maxdesign.com.au/articles/definition`.

Les listes imbriquées

Vous pouvez créer des sous-catégories en *imbriquant* des listes dans des listes. Les listes imbriquées sont souvent utilisées pour :

- » Les cartes de sites et autres outils de navigation.

- Les tables des matières pour les livres et les articles en ligne.
- Les plans.

Vous pouvez combiner les trois types de listes pour créer des *listes imbriquées*, telles que des tables des matières à plusieurs niveaux ou des plans qui mélangent des titres numérotés avec des listes à puces d'éléments d'un niveau inférieur.

L'exemple suivant commence par une liste numérotée qui définit une liste de choses à faire pour la journée puis utilise trois listes à puces pour décomposer ces choses en tâches plus spécifiques :

```
<!DOCTYPE HTML PUBLIC «-//W3C//DTD HTML 4.01 Transitional//EN»

<html>
  <head>
    <meta http-equiv=»Content-Type» content=»text/html;
           charset=iso-8859-1»>
    <title>Listes imbriquées</title>
  </head>

  <body>
    <h1>Liste de choses à faire aujourd'hui</h1>
    <ol>
      <li>Nourrir le chat
        <ul>
         <li>Rincer le bol</li>
         <li>Ouvrir la boîte de nourriture</li>
         <li>Mélanger les croquettes et la pâtée dans le bol</li>
         <li>Apporter le repas de Minou sur un plateau d'argent</li>
        </ul></li>
      <li>Nettoyer la voiture
        <ul>
         <li>Passer l'aspirateur à l'intérieur</li>
         <li>Laver la carrosserie</li>
         <li>Cirer la carrosserie</li>
        </ul></li>
      <li>Faire les courses
        <ul>
         <li>Trouver des recettes</li>
         <li>Nettoyer le réfrigérateur</li>
         <li>Dresser une liste</li>
         <li>Aller à l'épicerie</li>
```

```
      </ul></li>
    </ol>
  </body>
</html>
```

Toutes les listes imbriquées suivent le même modèle :

- » Chaque élément de la liste ordonnée de plus haut niveau est suivi d'une liste de deuxième niveau complète.
- » Les listes de deuxième niveau se trouvent dans la liste de plus haut niveau, pas dans les éléments de cette liste.

La Figure 5.14 montre comment un navigateur affiche ces listes imbriquées.

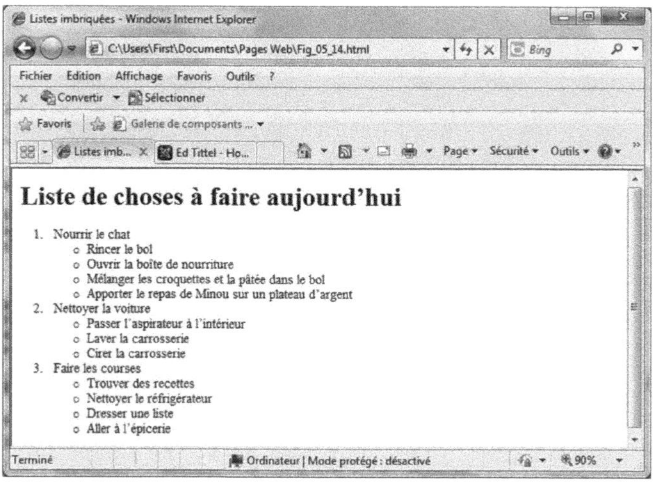

FIGURE 5.14 Les listes imbriquées combinent des listes pour organiser l'information sur plusieurs niveaux.

Lorsque vous construisez des listes imbriquées, faites attention aux balises ouvrantes et fermantes. *Fermez d'abord ce que vous avez ouvert en dernier* : c'est une règle essentielle. Si vous n'ouvrez ni ne fermez correctement les balises, les listes ne pourront pas être indentées ou numérotées de manière cohérente ou le texte risque de ne pas être indenté correctement car une liste, quelque part, n'a pas été fermée comme il se doit.

Chapitre 6

Se relier à des ressources en ligne

DANS CE CHAPITRE :

- » **Créer des liens simples.**
- » **Ouvrir des pages liées dans de nouvelles fenêtres.**
- » **Créer des liens vers des emplacements dans une page Web.**
- » **Créer des liens vers des éléments autres que des pages Web.**

Les *hyperliens* ou, plus simplement, les *liens* relient les pages (X)HTML et d'autres ressources sur le Web. Lorsque vous insérez un lien dans votre page, vous permettez aux visiteurs de voyager de cette dernière vers un autre site Web, une autre page sur votre site ou même un autre endroit dans la même page. Dépourvue de liens, une page reste isolée, déconnectée du reste du Web. Avec des liens, une page devient un élément d'un ensemble presque sans frontières d'informations.

Les liens basiques

Pour créer un lien, vous avez besoin des éléments suivants :

- » **L'adresse Web** (aussi nommée localisation unique de la ressource ou URL) du site Web ou du fichier qui est la cible de votre lien. Elle commence généralement par `http://`.
- » **Un peu de texte** dans votre page Web pour décrire le lien.

Veillez à ce que le texte que vous utilisez soit expressif sur la ressource à laquelle vous renvoyez.

» **Un élément ancre (<a>) avec un attribut** `href` pour boucler le tout.

L'élément pour créer des liens est nommé *élément ancre* car vous l'utilisez pour amarrer une URL à du texte dans votre page. Lorsque les utilisateurs visualisent votre page dans un navigateur, ils peuvent cliquer sur le texte pour activer le lien et visiter la page à l'URL que vous avez spécifiée dans le lien. Vous insérez l'URL entière dans l'attribut `href`. Cela indique l'endroit auquel le lien renvoie.

Vous pouvez vous représenter la structure des liens basiques comme un cheeseburger (ou votre substitut végétarien préféré). L'URL, c'est le fromage, le lien c'est la viande hachée et les balises d'ancrage, c'est le pain. Ça ne manque pas de goût, non ?

Par exemple, si vous avez une page Web qui décrit les standards HTML, il se peut que vous souhaitiez renvoyer les internautes vers le site du consortium du Web (W3C), l'organisation qui définit les standards de (X)HTML. Un lien basique vers le site du W3C, `www.w3.org`, se présente ainsi :

```
<p>Le <a href=»http://www.w3.org»>consortium du Web</a> est
l'organisme qui supervise le développement de la spécification de
XHTML.</p>
```

Vous spécifiez l'URL (`http://www.w3.org`) dans l'attribut `href` de l'élément ancre. Le texte (`Le consortium du Web`) qui se trouve entre les balises ouvrante et fermante (<a> et </a>) décrit le lien.

La Figure 6.1 montre comment le navigateur affiche cette partie de (X)HTML.

Vous pouvez aussi associer des URL à des images de sorte que les utilisateurs puissent cliquer sur une image pour activer un lien. Pour plus d'informations sur ce type de liens, référez-vous au Chapitre 7. Pour une discussion argumentée sur les avantages et les inconvénients des URL, reportez-vous au Chapitre 1.

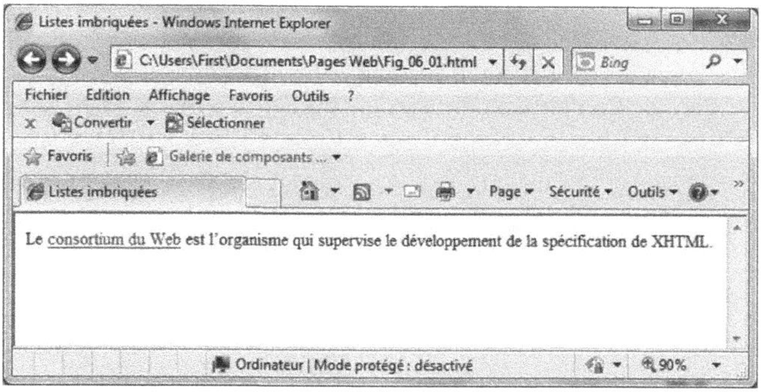

FIGURE 6.1 Un paragraphe avec un lien vers le W3C.

Les options des liens

Vous pouvez établir des liens vers toutes sortes de ressources en ligne :

LES ÉLÉMENTS ANCRES NE SONT PAS DES ÉLÉMENTS DE BLOCS

Les éléments ancres sont des *éléments en ligne*. Ils s'appliquent à quelques mots ou caractères dans un bloc de texte (le texte que vous souhaitez utiliser comme lien) et ne servent pas à mettre en forme des blocs de texte. L'élément ancre est généralement inséré dans un paragraphe (<p>) ou un autre élément de bloc. Lorsque vous créez un lien, vous devriez toujours le faire dans un élément de bloc, tel qu'un paragraphe, un élément de liste, un titre ou même une cellule de tableau. Reportez-vous au Chapitre 5 pour plus d'informations sur les éléments de blocs.

Bien que de nombreux navigateurs Web affichent parfaitement les ancres même si vous ne les imbriquez pas dans des éléments de blocs, quelques navigateurs ne gèrent pas très bien cette infraction à la syntaxe du (X) HTML, comme :

- Les navigateurs en mode texte pour les Palm ou les téléphones mobiles.
- Les synthétiseurs vocaux pour les déficients visuels.

Les navigateurs en mode texte se basent sur les éléments de blocs pour diviser correctement les sections de votre page. Sans élément de bloc, ces navigateurs peuvent afficher vos liens aux mauvais endroits.

- D'autres pages (X)HTML (soit sur votre site Web, soit sur un autre).
- Différents endroits dans la même page (X)HTML.
- Des ressources qui ne sont même pas des pages (X)HTML, telles que des adresses électroniques, des images et des fichiers texte.

Les liens, leur légende et leur destination ont un gros impact sur la manière dont les visiteurs de votre site perçoivent vos liens. Le Chapitre 3 présente les bonnes pratiques en la matière.

Le type de liens que vous créez dépend de la ressource vers laquelle vous souhaitez que l'utilisateur soit renvoyé.

Les liens absolus

Un *lien absolu* utilise une URL complète pour connecter les navigateurs à une page Web ou une ressource en ligne.

Les liens qui utilisent une URL complète pour pointer une ressource sont qualifiés d'*absolus* car ils fournissent un chemin complet et autonome vers une autre ressource sur le Web. Lorsque vous établissez un lien vers une page sur le site d'un tiers, le navigateur Web a besoin de toutes les informations que l'URL contient pour trouver la page en question. Le navigateur commence par le domaine figurant dans l'URL puis suit scrupuleusement le chemin jusqu'à un fichier spécifique.

Lorsque vous concevez un lien vers des fichiers sur le site d'un tiers, vous devez utiliser des URL absolues dans l'attribut `href` de l'élément ancre. Voici un exemple :

```
http://www.siteweb.com/repertoire/page.html
```

Les liens relatifs

Un *lien relatif* utilise une sorte de raccourci pour spécifier l'URL de la ressource cible.

Respectez les consignes suivantes pour utiliser des liens relatifs dans vos pages (X)HTML :

- **Créez des liens relatifs entre les ressources d'un même domaine.**
- **Comme les deux ressources appartiennent au même domaine, vous pouvez omettre la mention du domaine dans l'URL.**

  Une URL *relative* utilise la localisation de la ressource à partir de laquelle vous pointez pour localiser la ressource cible (par exemple, `page.html`).

Un lien relatif, c'est un peu comme indiquer à quelqu'un qu'il doit aller à Pétaouchnock. Si la personne sait déjà où se trouve Pétaouchnock, elle peut s'y rendre sans indications supplémentaires. Les navigateurs Web se comportent ainsi.

Si vous utilisez des liens relatifs sur votre site, ces liens fonctionneront même si vous modifiez :

- Les serveurs.
- Les noms de domaines.

Les liens simples

Utilisez des URL relatives quand vous créez des liens entre des pages qui se trouvent sur le même site Web. Si vous souhaitez créer un lien de `http://www.monsite.com/accueil.html` vers `http://www.monsite.com/apropos.html`, vous pouvez utiliser cette URL relative simplifiée dans l'élément ancre de `accueil.html` :

```
<p>Pour en savoir plus <a href=»apropos.html»>sur</a> nous.</p>
```

Lorsqu'un navigateur rencontre un lien sans nom de domaine, il suppose que le lien est *relatif* et utilise le domaine et le chemin d'accès de la page contenant le lien pour trouver la page cible. L'exemple précédent fonctionne seulement si `accueil.html` et `apropos.html` sont dans le même répertoire.

Les liens sur un site

Au fur et à mesure que votre site devient plus complexe et que vous organisez vos fichiers dans différents dossiers, vous pouvez toujours utiliser des liens relatifs. Toutefois, vous devez fournir des informations supplémentaires dans l'URL pour aider le navigateur à trouver les fichiers qui ne résident pas dans le même répertoire que le fichier dans lequel vous insérez le lien.

Utilisez `../` (deux points suivis d'une barre oblique) avant le nom de fichier pour signaler au navigateur qu'il doit remonter d'un niveau dans la hiérarchie des répertoires.

Le balisage pour ce procédé ressemble à cela :

```
<a href=»../docs/accueil.html>Accueil de la documentation</a>
```

Dans cet élément ancre, la notation indique au navigateur qu'il doit :

1. Remonter d'un répertoire à partir du répertoire où réside le document qui contient le lien.
2. Trouver un dossier nommé `docs`.
3. Trouver un fichier nommé `accueil.html`.

Lorsque vous créez un lien relatif, la localisation du fichier cible est toujours relative à celle du fichier qui sert de point de départ. En rédigeant une URL relative, suivez le chemin qu'un navigateur doit emprunter s'il part de la page où le lien Figure pour se rendre à la page cible. Ce chemin définit l'URL dont vous avez besoin.

L'IMPORTANCE DE HTTP:// DANS LES LIENS (X)HTML

Les navigateurs facilitent autant que possible la navigation. Que vous saisissiez `www.sun.com`, `sun.com`, ou même `sun` dans la barre d'adresses de votre navigateur, ce dernier vous renverra forcément sur `http://www.sun.com`. Malheureusement, cette technique ne fonctionne pas lorsque vous écrivez une URL pour créer un lien.

Les URL que vous utilisez dans vos balises HTML doivent être *complètes*. Les navigateurs n'interpréteront pas des URL qui ne mentionnent pas le protocole utilisé. Si vous oubliez le `http://`, votre lien risque de ne pas fonctionner !

Les erreurs fréquentes

Toute ressource sur le Web, qu'il s'agisse d'un site, d'une page ou d'une image, dispose d'une URL unique. Un seul caractère erroné dans votre URL suffit pour engendrer un *lien brisé*. Les liens brisés conduisent le visiteur sur une page d'erreur (souvent, l'erreur HTTP `404 fichier ou répertoire non trouvé`).

Les URL sont si sensibles qu'une simple erreur de typographie suffit pour briser un lien.

Si une URL ne fonctionne pas, agissez comme suit :

» **Vérifiez la casse.** Certains serveurs Web (Linux et UNIX, notamment) sont *sensibles à la casse* (ce qui signifie qu'ils font la distinction entre les majuscules et les minuscules). Ces serveurs traitent les noms de fichiers `Bios.html` et `bios.html` comme des noms de fichier différents sur le serveur Web. Autrement dit, le navigateur qui recherche une URL particulière *doit* utiliser les majuscules et les minuscules lorsque c'est nécessaire. Assurez-vous que la casse du lien respecte celle de l'URL.

Pour éviter les problèmes posés par la casse, adoptez une convention de dénomination. En n'utilisant que des minuscules, vous vous simplifiez souvent la vie.

» **Vérifiez l'extension.** `Bios.htm` et `Bios.html` sont deux fichiers différents. Si l'URL de votre lien utilise une extension et que le nom du fichier en utilise une autre, votre lien ne fonctionnera pas.

Pour éviter les problèmes avec les extensions sur votre site Web, faites votre choix entre `.html` et `.htm` et *tenez-vous-y*.

» **Vérifiez le nom du fichier.** `bio.html` et `bios.html` sont deux fichiers différents.

» **Copiez et collez.** Evitez de retaper une URL si vous pouvez la copier. La solution la plus sûre pour créer une URL qui fonctionne est la suivante :

a. Chargez une page dans votre navigateur.

b. Copiez l'URL de la barre d'adresses du navigateur.

c. Collez l'URL dans votre code (X)HTML.

La méthode du copier-coller pour récupérer des URL suppose que vous les récupériez sur un site Web. Si vous ouvrez un fichier local stocké sur votre PC dans un navigateur, vous verrez quelque chose qui ressemble à file:\\\I:\H4D6e\html_lettre.html. Voilà comment déchiffrer tout ça :

- file:\\ est une convention utilisée par Internet Explorer pour identifier les documents comme des fichiers stockés en local, sur votre ordinateur.
- I:\ désigne la lettre du lecteur.
- H4D6e\ est un dossier ou un répertoire sur ce lecteur.
- html_lettre.html correspond au nom du fichier HTML que vous avez ouvert.

Vous ne pouvez pas utiliser ce genre d'URL sur un site Web, alors n'essayez même pas !

Une URL complète se présente donc comme suit : <identificateurdeprotocole>://<nomd'hôte>/<chemind'accèsaurépertoire> ou http://monsiteweb.com/mapageweb.

Les liens personnalisés

Vous pouvez personnaliser des liens pour :

- Ouvrir un lien dans une nouvelle fenêtre.
- Créer un lien vers un autre endroit dans la page Web.
- Créer un lien vers des éléments autres que des pages (X) HTML, comme :
  - Des fichiers PDF.
  - Des fichiers compressés.
  - Des fichiers de traitement de texte.

Ouvrir un lien dans une nouvelle fenêtre

Le Web fonctionne car vous pouvez relier des pages de votre site Web aux pages de sites d'autres personnes en utilisant un simple élément ancre. Mais lorsque vous créez un lien vers le site d'un tiers, vous envoyez vos visiteurs sur ce site.

Pour conserver les utilisateurs sur votre site, HTML peut ouvrir la page cible dans une nouvelle fenêtre ou un nouvel onglet, dans la fenêtre du navigateur. Internet Explorer, Firefox, Chrome et d'autres navigateurs ouvrent les liens dans de nouveaux onglets. Si vous le souhaitez, vous pouvez modifier les préférences d'Internet Explorer et des autres navigateurs pour qu'ils ouvrent les liens dans une nouvelle fenêtre plutôt que dans un nouvel onglet. La simple addition de l'attribut `target` à l'élément ancre permet d'ouvrir le lien dans une nouvelle fenêtre (ou onglet) plutôt que de l'ouvrir dans la fenêtre courante :

```
<p>Le <a href=»http://www.w3.org» target=»_blank»>consortium du
Web</a> est l'organisme qui supervise le développement de la spéci-
fication de XHTML.</p>
```

Lorsque vous attribuez la valeur `_blank` à l'attribut `target`, vous indiquez au navigateur qu'il doit :

1. Laisser la page qui contient le lien ouverte dans la fenêtre courante.
2. Ouvrir la page cible dans une nouvelle fenêtre ou un nouvel onglet.

Le type de document (DTD) que vous utilisez (Strict ou Transitional) peut invalider votre code si vous ajoutez un attribut `target` à l'élément ancre. Si vous utilisez le DTD Strict, une nouvelle fenêtre ou l'utilisation de l'attribut `target` va invalider votre code. Le fait de savoir quel type de document vous utilisez avant d'ajouter des `target` à un élément ancre peut vous épargner de longues heures de prise de tête quand votre code ne sera pas validé et que vous chercherez à comprendre pourquoi. Les DTD sont détaillés dans le Chapitre 4.

Le résultat produit par `target=»_blank»` est représenté dans la Figure 6.2.

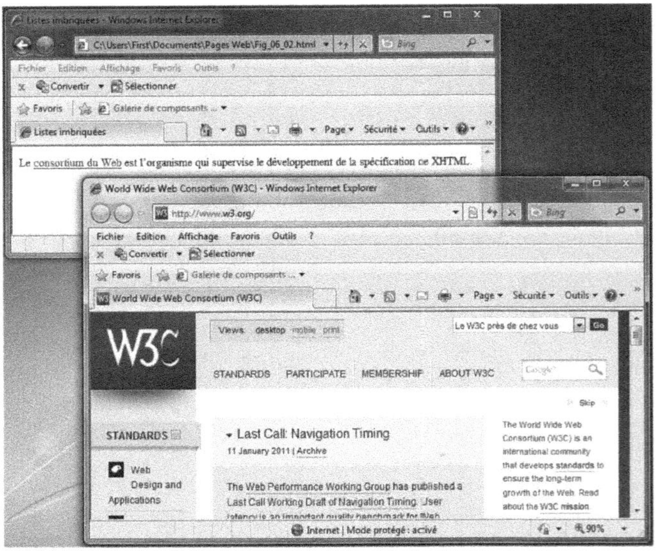

FIGURE 6.2 Utilisez l'attribut `target` pour ouvrir un lien dans une nouvelle fenêtre.

Les fenêtres pop-up irritent certains utilisateurs. Utilisez-les avec précaution et parcimonie. De plus, l'utilisation de l'attribut `target` avec le DTD Strict ne sera pas validé (tout fonctionne bien avec le DTD Transitional).

Vous pouvez utiliser JavaScript pour gérer la taille, la position et l'apparence des fenêtres pop-up et même leur ajouter des boutons pour que les utilisateurs puissent les fermer rapidement. Le Chapitre 13 traite des fenêtres pop-up et du JavaScript nécessaire pour les contrôler.

Se déplacer dans une page Web

Il est possible de marquer des endroits d'une page Web pour y accéder directement avec des liens sur :

- » La même page.
- » Le même site Web.

- D'autres sites Web.

Gardez à l'esprit ces considérations lorsque vous ajoutez des liens à des pages Web :

- Plusieurs pages courtes peuvent présenter l'information de manière plus pertinente qu'une longue page avec des liens internes.

  Les liens au sein de pages volumineuses sont parfaits pour accéder rapidement à des répertoires, des tables des matières et des glossaires.

- Il est plus facile de créer des liens à l'intérieur de documents sur votre propre site Web parce que vous pouvez y gérer le code.

  Lorsque vous créez un lien vers un endroit sur le site Web d'un tiers, vous êtes à la merci de ce dernier. En effet, il contrôle les endroits auxquels vous vous reliez. Par conséquent, vos liens seront brisés si jamais le tiers supprime ou renomme un endroit que vous avez pris pour cible.

Nommer les endroits

Pour identifier et créer un endroit dans une page afin de pouvoir y accéder directement par des liens, utilisez un élément ancre vide avec l'attribut `name`, par exemple :

```
<a name=»top»></a>
```

L'élément ancre qui marque l'endroit n'affecte pas l'apparence du texte alentour. Vous pouvez marquer des endroits où cela vous chante sans vous soucier des conséquences sur l'apparence de votre page.

Les liens vers des endroits nommés

Comme nous l'avons mentionné plus tôt, vous pouvez marquer des endroits pour les rendre directement accessibles *via* des liens se trouvant :

- Dans la même page.
- Sur le même site Web.

» Sur d'autres sites Web.

Dans la même page

Les liens peuvent aider les utilisateurs à naviguer dans une même page. Les liens intra-document sont généralement utilisés pour :

- » Le retour vers le haut de la page.
- » Les tables des matières.

Un hyperlien *intra-document* utilise une URL adoptant cette forme :

```
<a name=»#top»>Haut de la page</a>
```

Le Listing 6.1 montre comment deux éléments ancres se combinent pour renvoyer vers un endroit dans la page (les documents qui utilisent des liens intra-document sont généralement longs. Ce document est court pour que vous puissiez visualiser facilement l'élément ancre top).

LISTING 6.1 **Les hyperliens intra-document**

```
<!DOCTYPE html PUBLIC «-//W3C//DTD XHTML 1.0 Transitional//EN»
        «http://www.w3.org/TR/xhtml1/DTD/xhtml1-transitional.dtd»>
<html xmlns=»http://www.w3.org/1999/xhtml» lang=»fr» xml:lang=»fr»>

  <head>
    <meta http-equiv=»Content-Type» content=»text/html;
          charset=ISO-8859-1» />
    <title>Liens intra-document</title>
  </head>

  <body>
    <h1><a name=»top»></a>Formation basée sur le Web</h1>

    <p>Etant donné l'importance du Web pour les entreprises et autres
       organisations, les individus qui cherchent à développer leurs
       compétences professionnelles ou assurer des fonctions essen-
       tielles, cherchent à se former en HTML et XML. Nous pensons
       que c'est une opportunité unique.</p>

    <p><a href=»#top»>Retour en haut de la page</a></p>

  </body>
```

```
</html>
```

La Figure 6.3 montre comment ce code HTML apparaît dans le navigateur Web. Si l'utilisateur clique sur le lien Retour en haut de la page, le navigateur saute jusqu'à l'endroit marqué par <a name=»top»></a>. Le texte de cet exemple est court. Pour mieux apprécier le fonctionnement du lien, redimensionnez la fenêtre de votre navigateur en affichant seulement deux ou trois mode par ligne.

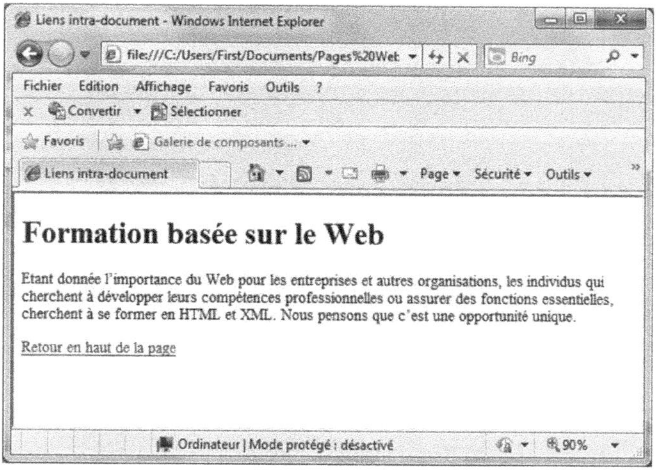

FIGURE 6.3 Utilisez les éléments ancres pour marquer des endroits dans une page et vous y relier.

Dans un même site Web

Vous pouvez combiner les liens intra-document et inter-document pour renvoyer les utilisateurs vers un endroit donné d'une page différente de votre site Web. Utilisez ce code pour lier vers un endroit nommé `descriptions` dans la page `accueil.html` de votre site :

```
<p>Référez-vous aux<a href=»accueil.html#descriptions»>descriptions
du document</a>pour trouver de la documentation sur votre produit.
</p>
```

Sur d'autres sites Web

Si vous savez qu'une page résidant sur un autre site Web contient des endroits marqués, vous pouvez utiliser une URL absolue pour pointer cet endroit, comme ceci :

```
<p>Découvrez comment
<a href=»http://www.votreentreprise.com/formation/enligne.
    html#inscription»>
vous inscrire</a> aux formations proposées par nos équipes.</p>
```

N'oubliez pas de vérifier régulièrement que ces liens fonctionnent pour corriger ceux qui sont brisés.

Le projet Open Directory fournit une liste d'outils gratuits et payants permettant de détecter et de corriger les liens brisés plus facilement :

```
http://www.dmoz.org/Computers/Software/Internet/Site_Management/
    Link_Management/
```

Les ressources non HTML

Les liens peuvent connecter les utilisateurs à tous types de fichiers, notamment :

- Des documents de traitement de texte.
- Des feuilles de calcul.
- Des PDF.
- Des fichiers compressés.
- Des fichiers multimédia.

Les liens non HTML sont très souvent utilisés pour télécharger des logiciels et des fichiers PDF.

Le téléchargement de fichiers

Ce n'est pas parce qu'ils ne sont pas faits pour le Web que certains fichiers doivent demeurer inaccessibles ; ils possèdent des URL uniques, tout comme les pages Web. Vous pouvez donc créer un lien qui vous relie à tout fichier résidant sur un serveur Web, quel que soit son type.

Par exemple, si vous souhaitez que vos utilisateurs téléchargent un fichier PDF nommé `doc.pdf` et une archive `.zip` nommée `logiciel.zip` depuis votre page Web, vous utiliserez ce HTML :

```
<h1>Téléchargez la nouvelle version de notre logiciel</h1>
<p><a href=»logiciel.zip»>Logiciel</a></p>
<p><a href=»doc.pdf»>Documentation</a></p>
```

Pour aider les utilisateurs à télécharger les fichiers, vous devrez leur fournir ces éléments :

- » Autant d'informations que possible sur les formats de fichier utilisés.
- » Tous les outils dont ils peuvent avoir besoin pour utiliser ces fichiers.
  - *Fichiers compressés.* Pour accéder au contenu de fichiers zip, les utilisateurs ont besoin d'un utilitaire d'archivage tel que WinZip ou ZipIt, si leur système d'exploitation ne gère pas les fichiers zip par défaut.
  - *PDF.* Pour visualiser un fichier PDF, les utilisateurs doivent posséder Adobe Acrobat Reader (gratuit).

Vous pouvez rendre les téléchargements plus agréables pour les utilisateurs en ajoutant du texte et des liens, comme ceci :

```
<h1>Téléchargez la nouvelle version de notre logiciel</h1>
<p> <a href=»logiciel.zip»>Logiciel</a> </p>
   <p><b>Note :</b>
    Vous avez besoin d'un utilitaire tel que
<a href=»http://www.winzip.com»>WinZip</a> (Windows) or
<a href=»http://www.maczipit.com»>ZipIt</a> (Macintosh)
   pour ouvrir ce fichier.</p>
<p><a href=»doc.pdf»>Documentation</a> </p>
   <p><b>Note :</b>Vous avez besoin d'
<a href=»http://get.adobe.com/reader/»>Adobe Reader</a>
   pour visualiser ce fichier. </p>
```

La Figure 6.4 montre comment le navigateur affiche ce HTML. Elle illustre aussi la boîte de dialogue que le navigateur ouvre lorsque vous cliquez sur le lien du logiciel.

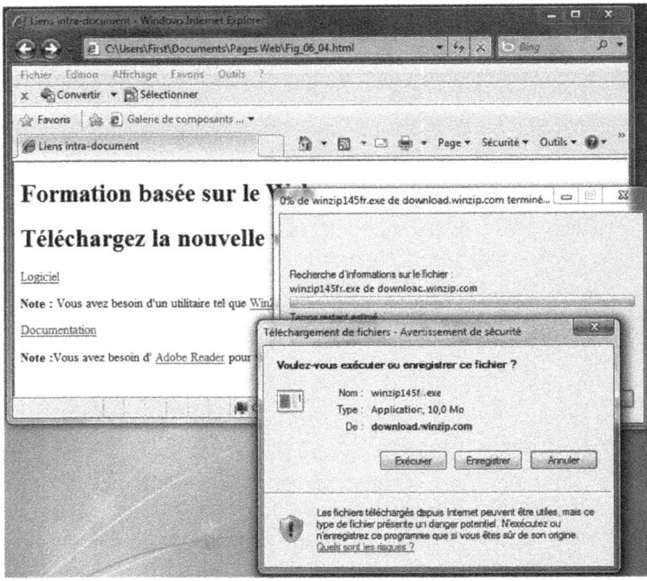

FIGURE 6.4 Ce navigateur vous demande d'enregistrer ou d'ouvrir le fichier zip.

Les adresses e-mail

Un lien vers une adresse e-mail peut automatiquement ouvrir un nouvel e-mail adressé à la bonne personne.

C'est une excellente solution pour permettre aux utilisateurs de vous envoyer leurs commentaires et leurs demandes par e-mail.

Un lien e-mail utilise l'élément ancre standard et l'attribut `href`. La valeur de l'attribut `href` est l'adresse du destinataire précédée de `mailto:`

```
<p>Envoyez-nous
<a href=»mailto:commentaires@monsite.com»>vos commentaires</a>.</p>
```

Malheureusement, les liens de la page Web `mailto:` sont une source d'informations de choix pour les spammeurs. Il vaut mieux créer un formulaire pour recueillir les commentaires des utilisateurs ; mieux encore, il est possible d'utiliser JavaScript pour encoder l'adresse e-mail (pour plus d'informations, consultez l'article de Patrick Percot sur http://www.tuxbihan.org/www-tuxbihan-org/article.php3%3Fid_article=66.html). Nous avons tendance à fournir nos adresses e-mail sous la forme jeff at conquestmedia point com, sachant que les gens sont assez futés pour remplacer le at par @ et le point par un point (.) alors que les moissonneurs automatiques d'adresses des spammeurs ne le sont pas. Si vous optez pour le formulaire, notez qu'il peut aussi présenter des problèmes de sécurité. Veillez toujours à vérifier vos saisies ou prenez les devants pour éviter les injections SQL. Pour plus d'informations sur le sujet, lisez l'article de Colin Mackay sur www.codeproject.com/KB/database/SQLInjectionAttacks.aspx.

Chapitre 7

Utiliser des images

DANS CE CHAPITRE :

- » **Déterminer le bon format pour les images.**
- » **Insérer des images dans des pages Web.**
- » **Créer des images et des cartes d'images qui déclenchent des liens.**

Les concepteurs de pages Web utilisent les images pour communiquer des informations importantes, aiguiller la navigation sur le site et améliorer l'apparence d'une page Web. Toutefois, vous devez utiliser les images à bon escient, sans quoi vous en limiterez l'efficacité.

Lorsqu'elles sont bien utilisées, les images constituent des éléments-clés dans la conception d'une page. Lorsque ce n'est pas le cas, elles peuvent rendre une page totalement illisible, voire inaccessible.

Ce chapitre est un cours express sur l'emploi d'images dans les pages Web. Vous découvrirez les formats d'images adaptés au Web et apprendrez à utiliser les éléments (X)HTML pour insérer des images dans vos pages Web. Vous verrez aussi comment associer des liens à vos images et créer des images cliquables pour vos pages Web.

Le rôle des images dans une page Web

Les images sur les sites Web peuvent être des logos, des aides à la navigation cliquables ou servir à afficher du contenu. Elles peuvent aussi agrémenter une page ou permettre d'harmoniser ou d'illustrer le thème d'une page. Un parfait exemple des différentes manières dont les images peuvent contribuer à améliorer les pages Web est la page d'accueil du musée du Louvre, sur `www.louvre.fr`, représentée dans la Figure 7.1. Le logo du musée et les photos y sont utilisés à merveille.

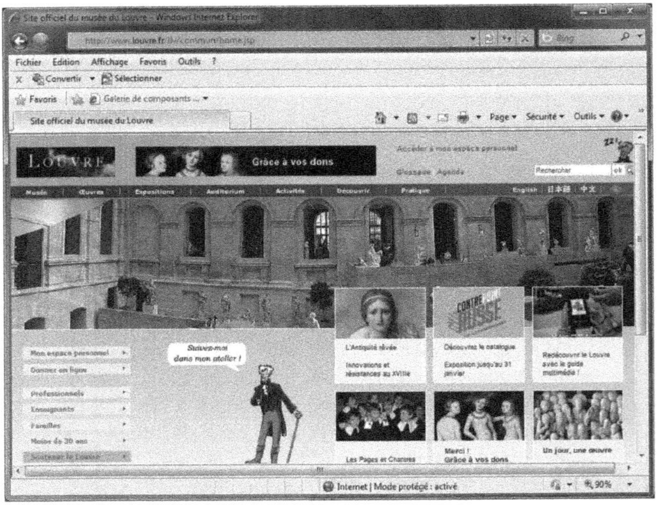

FIGURE 7.1 La page d'accueil du musée du Louvre utilise ces images de diverses manières.

Créer des images adaptées au Web

Vous pouvez créer et enregistrer des images de nombreuses manières mais seuls quelques formats sont recommandés si vous comptez utiliser ces images sur le Web. Lorsque vous créez des images pour le Web, vous devez vérifier leur format de fichier et leur taille.

Souvent, les formats de fichiers image sont spécifiques aux systèmes d'exploitation et aux applications logicielles. Comme vous ne pouvez pas prédire quels seront le système d'exploitation et le navigateur des visiteurs, vous devez utiliser des images que tout le monde peut visualiser avec n'importe quel navigateur. Cela signifie que vous devez utiliser des formats de fichiers *multiplateformes* que les utilisateurs peuvent visualiser avec toutes les versions de Microsoft Windows, Mac OS ou Linux.

Ces trois formats d'image compressés sont parfaitement adaptés pour une utilisation sur le Web :

- **GIF (Graphics Interchange Format) :** Les images enregistrées en GIF sont souvent plus petites que celles enregistrées dans d'autres formats. Le GIF gère 256 couleurs au plus. Si vous tentez d'enregistrer une image créée avec des millions de couleurs en GIF, vous perdrez en qualité. Le GIF est le format idéal pour des images peu complexes autres que des photos, telles que les graphiques et les cliparts.
- **JPEG (Joint Photographic Experts Group) :** Le format de fichier JPEG gère des couleurs codées sur 24 bits (des millions de couleurs). Il est adapté aux images complexes, telles que les photos. Le JPEG fonctionne sur toutes les plateformes, quelles que soient les applications. Un bon outil de traitement d'images peut vous aider à paramétrer la compression afin d'équilibrer la taille du fichier et la qualité de l'image.
- **PNG (Portable Network Graphics) :** PNG est le dernier format de fichier image en date, indépendant de toute plateforme et application. Il combine les atouts des formats GIF et JPEG. PNG compresse autant que le GIF mais il gère des couleurs codées sur 24 bits (et même sur 32 bits), tout comme le JPEG.

Tout outil graphique qui se respecte vous permet d'enregistrer les images dans chacun de ces formats. Testez-les pour voir comment la conversion d'une image d'un format vers un autre affecte l'apparence de l'image et la taille de son fichier puis retenez le format offrant les meilleurs résultats.

Le Tableau 7.1 vous donne des indications pour sélectionner le bon format de fichier en fonction du type de l'image.

Insérer une image dans une page Web

Lorsqu'une image est prête pour le Web, vous devez utiliser le bon balisage pour l'insérer dans une page. Vous devez aussi savoir où stocker votre image.

TABLEAU 7.1 **Choisir le bon format de fichier pour une image**

Format de fichier	Recommandé pour	Attention
GIF	Les dessins au trait et autres images comportant peu de couleurs et de détails.	N'utilisez pas ce format si votre image est complexe ou si c'est une photo.
JPEG	Les photos et autres images en millions de couleurs avec beaucoup de détails.	N'utilisez pas ce format avec les dessins au trait. Il compromet trop la qualité lorsque vous compressez le fichier.
PNG	Les photos et autres images en millions de couleurs avec beaucoup de détails.	N'utilisez pas ce format avec les dessins au trait. PNG offre le meilleur équilibre entre qualité et taille de fichier.

OPTIMISER LES IMAGES

Lorsque vous créez des images pour votre page Web, veillez à respecter un juste équilibre entre la qualité du fichier et sa taille. Si vous faites des recherches dans votre moteur de recherche préféré, vous trouverez de bons didacticiels sur la réduction de la taille des fichiers d'image et l'optimisation de sites entiers pour accélérer leur téléchargement. Pour plus de trucs et astuces susceptibles de vous aider à créer des pages qui se téléchargent rapidement, consultez ces ressources très pratiques :

- Pour optimiser les images : `http://www.yourhtmlsource.com/optimisation/imageoptimisation.html`
- Pour optimiser les images pour le Web : `http://www.websiteoptimization.com/speed/12`

Pour avoir un aperçu complet des formats d'image, lisez :

- l'article «Graphics on the Web» de W3C sur `www.w3.org/Graphics`.
- le tutoriel Web Graphics Tutorial de quackit.com sur `www.quackit.com/web_graphics/tutorial`.

Où stocker une image ?

Vous pouvez stocker des images pour votre site Web à plusieurs endroits. La meilleure solution consiste à les stocker quelque part sur votre site Web avec vos autres fichiers (X)HTML afin de pouvoir utiliser des URL *relatives*. Vous pouvez les ranger dans le répertoire racine avec ces autres fichiers (ce qui présente l'inconvénient de devenir confus au fur et à mesure que le nombre de fichiers augmente) ou alors dans un répertoire `graphismes` ou `images` que vous créez dans le répertoire racine de votre site Web.

Les liens relatifs vous permettent de vous connecter à des ressources sur le même site Web. Vous utilisez des liens absolus pour relier des ressources entre deux sites Web différents. Référez-vous au Chapitre 6 pour une présentation complète des différences entre liens relatifs et liens absolus.

Les trois raisons essentielles pour lesquelles vous devez stocker vos images sur votre site sont :

» **Le contrôle** : Lorsque les images sont stockées sur votre site, vous disposez d'un contrôle total. Vous savez que vos images ne vont pas disparaître ou être modifiées à votre insu et vous pouvez travailler dessus pour les optimiser.

» **La vitesse** : Si vous référencez des images sur le site Web d'un tiers, vous ne savez jamais lorsque ce site risque de ralentir ou même de tomber en panne. Vous risquez aussi d'engendrer des frais pour ce tiers puisqu'il devra payer pour la bande passante utilisée lorsque les images seront téléchargées pour être affichées dans vos pages.

» **Copyright** : Si vous référencez des images d'un autre site Web pour les afficher sur le vôtre, vous risquez d'enfreindre des lois relatives au copyright. Dans ce cas, vous devez demander au détenteur du copyright l'autorisation de conserver et d'afficher les images sur votre site.

Utiliser l'élément <img />

L'élément `<img />` est un *élément vide* (aussi appelé *balise singleton*) que vous insérez dans la page à l'endroit où vous souhaitez afficher votre image.

Un élément vide n'utilise qu'une seule balise, sans distinction entre balise ouvrante et balise fermante.

Le code suivant insère entre deux paragraphes une image nommée `07fg02-cd.jpg`, qui se trouve dans le même répertoire que le fichier (X)HTML :

```
<!DOCTYPE html PUBLIC «-//W3C//DTD XHTML 1.0 Transitional//EN»
         «http://www.w3.org/TR/xhtml1/DTD/xhtml1-transitional.dtd»>
<html xmlns=»http://www.w3.org/1999/xhtml» lang=»fr» xml:lang=»fr»>
  <head>
    <meta http-equiv=»Content-Type» content=»text/html;
        charset=ISO-8859-1» />
    <title>Les CD à l'œuvre</title>
</head>
  <body>
    <h1>Le CD comme support de stockage</h1>

    <p>Les CD-ROM sont devenus un support de stockage généralisé dans
       le monde de l'informatique d'aujourd'hui car ils sont bon
       marché et faciles à utiliser.</p>
    <img src=»07fg02-cd.jpg» alt=»image d'un CD-ROM»/>
    <p>Pour lire un CD, vous n'avez besoin que d'un lecteur de CD-ROM
       mais pour créer un CD, vous avez besoin d'un graveur.</p>
  </body>
</html>
```

Un navigateur Web remplace l'élément `<img />` par le fichier image indiqué par la valeur de l'attribut `src`, comme le montre la Figure 7.2.

L'attribut `src` est comme l'attribut `href` que vous utilisez avec l'élément ancre (`<a>`). L'attribut `src` spécifie l'emplacement de l'image que vous souhaitez afficher dans votre page. L'exemple précédent pointe le fichier d'une image qui se trouve dans le même dossier que le fichier HTML qui y fait référence.

Ajouter du texte alternatif et de titre

Le *texte alternatif* décrit une image afin que ceux qui ne peuvent pas la visualiser pour une raison quelconque puissent lire un texte qui la décrit. Il est recommandé d'ajouter systématiquement du texte alternatif (souvent désigné par les pro de HTML par «texte alt») pour :

- » Les déficients visuels qui ne peuvent pas forcément voir les images et qui doivent s'en remettre au texte ou à un synthétiseur vocal.

FIGURE 7.2 Utilisez l'élément `<img />` pour insérer une image dans une page Web.

- Les utilisateurs qui accèdent à un site Web depuis un navigateur fonctionnant sur un téléphone doté de capacités graphiques limitées.
- Les utilisateurs disposant d'une connexion par modem si lente qu'ils ne peuvent se permettre d'afficher les images.

La plupart de vos utilisateurs verront vos images mais sachez que certains ne le pourront pas. Les spécifications de (X)HTML imposent que vous fournissiez un texte alternatif pour décrire chaque image dans votre page Web. Utilisez l'attribut `alt` avec l'élément `<img />` pour insérer cette information dans votre code, comme ceci :

```
<!DOCTYPE html PUBLIC «-//W3C//DTD XHTML 1.0 Transitional//EN»
        «http://www.w3.org/TR/xhtml1/DTD/xhtml1-transitional.dtd»>
<html xmlns=»http://www.w3.org/1999/xhtml» lang=»fr» xml:lang=»fr»>
<head>
  <meta http-equiv=»Content-Type» content=»text/html;
        charset=ISO-8859-1» />
  <title>Dans un orchestre</title>
</head>

<body>
  <p>Parmi les différentes sections d'un orchestre, vous
     trouverez :</p>
```

```
    <p><img src=»07fg03-violon.jpg» alt=»violon» title=»violon» /> Les
       cordes</p>
    <p><img src=»07fg03-trompette.jpg» alt=»trompette»
        title=»trompette» />
      Les cuivres</p>
    <p><img src=»07fg03-vents.jpg» alt=»clarinette et saxophone»
      title=»clarinette et saxophone»/> Les instruments à vent</p>
  </body>
  </html>
```

Lorsque les navigateurs n'affichent pas une image (ou qu'ils ne le peuvent pas, comme dans le cas de navigateurs en mode texte, tels que Lynx), ils affichent le texte alternatif à la place, comme dans la Figure 7.3 (nous avons désactivé l'affichage des images dans Internet Explorer pour produire ce résultat).

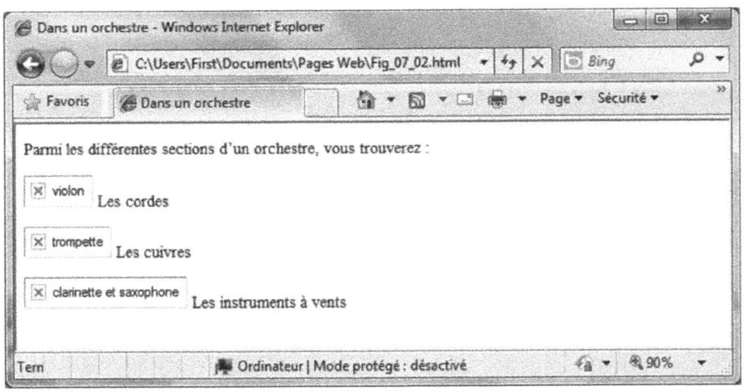

FIGURE 7.3 Lorsqu'un navigateur n'affiche pas une image, il affiche le texte alternatif.

Lorsque les navigateurs affichent une image, certains (dont Internet Explorer, Firefox, Chrome, Safari et Opéra) affichent aussi son texte de titre sous la forme d'info-bulles qui apparaissent lorsque vous immobilisez le pointeur de votre souris sur l'image durant quelques secondes, comme dans la Figure 7.4. Cela suppose que vous ajoutiez un attribut `title` à chaque élément `<img />`, comme dans l'exemple précédent. Notez que le texte `alt` est nécessaire pour qu'une page soit validée tandis que le texte `title` ne l'est pas.

Cela signifie que vous pouvez utiliser le texte alternatif pour décrire l'image à ceux qui ne peuvent pas la visualiser et/ou pour fournir une information utile (ou amusante) à propos de l'image.

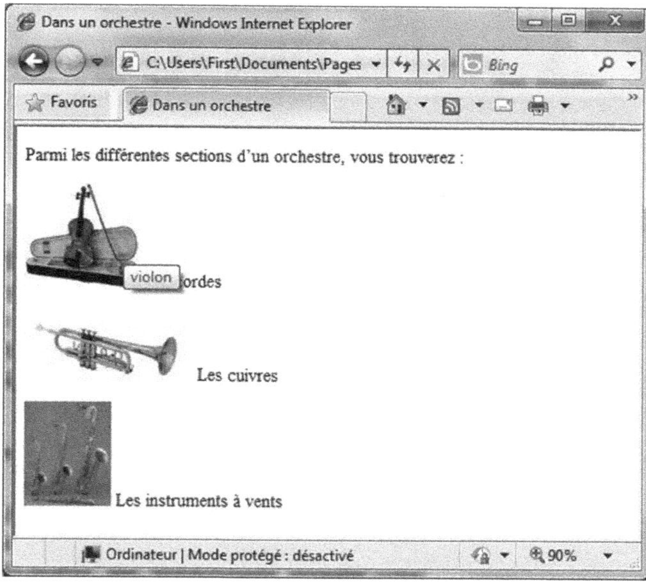

FIGURE 7.4 Un navigateur affiche le texte de titre sous forme d'info-bulle.

L'initiative de promotion de l'accessibilité du consortium du Web (WAI) fournit des conseils pratiques pour créer des alternatives utiles au contenu visuel sur `www.w3.org/TR/WCAG10-TECHS/#gl-provide-equivalents`.

Spécifier la taille de l'image

Vous pouvez utiliser les attributs `height` et `width` avec l'élément `<img />` pour indiquer au navigateur quelles sont la hauteur et la largeur de l'image (en pixels) :

```
<p><img src=»07fg03-trompette.jpg»
    width=»50» height=»70» alt=»trompette» />Cuivres</p>
```

La plupart des navigateurs téléchargent le HTML et le texte associé à la page avant de télécharger les images de la page. Plutôt que de faire patienter les utilisateurs jusqu'à ce que toute la page soit téléchargée, les navigateurs affichent généralement le texte d'abord puis les images au fur et à mesure qu'elles arrivent. Si vous signalez à un navigateur la taille de l'image, il pourra réserver un emplacement dans l'affichage de la page.

Cela permet d'accélérer l'apparition des images dans la page Web.

Vous pouvez vérifier la largeur et la hauteur d'une image en pixels dans n'importe quel programme de traitement d'images ou dans les visionneurs intégrés dans Windows et Mac OS (vous pouvez aussi simplement consulter les propriétés de l'image dans Windows ou Mac OS pour accéder à ces informations).

Vous pouvez également utiliser les attributs `height` et `width` pour créer des lignes colorées dans une page à partir d'un petit carré de couleurs. Par exemple, cette balise ajoute un carré de 10 pixels sur 10 dans une page Web :

```
<img src=»07fg05-carré bleu.gif» alt=»carré bleu» height=»10»
width=»10» />
```

Nous utilisons les attributs `width` et `height` de l'élément `<img />` pour définir la hauteur et la largeur de l'image. Ensuite, nous utilisons ces valeurs pour créer un carré bleu de 10 pixels sur 10 dans la fenêtre d'un navigateur (voir la Figure 7.5) alors que l'image d'origine fait 600 pixels de côté. En général, il est recommandé de réduire la taille de l'image en utilisant ces attributs mais vous devez alors vérifier soigneusement le résultat produit à l'écran durant la phase de test. En ce qui concerne les images dont le contenu est important, vous devez maintenir le rapport entre la largeur et la hauteur de l'image lorsque vous modifiez sa taille.

La Figure 7.5 présente aussi des carrés de 20 x 20 et 50 x 50 pixels. Ils résultent de la modification des valeurs de `width` et `height` dans le code :

```
<img src=»07fg05-carré bleu.gif» alt=»carré bleu» height=»20»
    width=»20» />
<img src=»07fg05-carré bleu.gif» alt=»carré bleu» height=»50»
    width=»50» />
```

En utilisant cette technique, vous pouvez transformer une image comme le carré bleu (qui ne pèse que 2,39 ko) en toutes sortes de lignes et même en carrés :

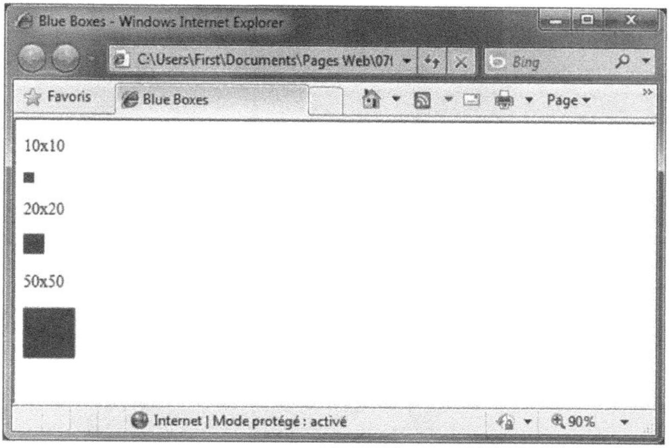

FIGURE 7.5 Série de petits carrés bleus.

- Cela peut garantir que tous les éléments séparateurs et autres délimiteurs de votre page utilisent la même couleur. En effet, ils seront tous basés sur la même image.
- Si vous décidez de changer toutes vos lignes bleues en vert, vous n'avez qu'à changer l'image. Chaque ligne créée changera de couleur.

Lorsque vous spécifiez une hauteur et une largeur pour une image qui sont différentes de sa hauteur et sa largeur initiales, vous laissez au navigateur le soin de redimensionner l'image pour l'afficher. Cela fonctionne parfaitement pour des images monochromes comme le carré bleu mais beaucoup moins bien pour des images multicolores ou qui contiennent des photos. Si le navigateur ne redimensionne pas les images de manière adéquate, vous risquez d'obtenir une image faussée. La Figure 7.6 vous montre à quel point un navigateur peut maltraiter l'image de la trompette lorsque le code lui indique de quadrupler la hauteur et de doubler la largeur de l'image (on dirait un bugle !) :

```
<p><img src=»07fg03-trompette.jpg» width=»200» height=»124»
   alt=»trompette»
title = «trompette» />Cuivres</p>
```

Si vous avez besoin d'une image en plusieurs tailles (pour un logo ou pour un bouton, par exemple), prenez une grande

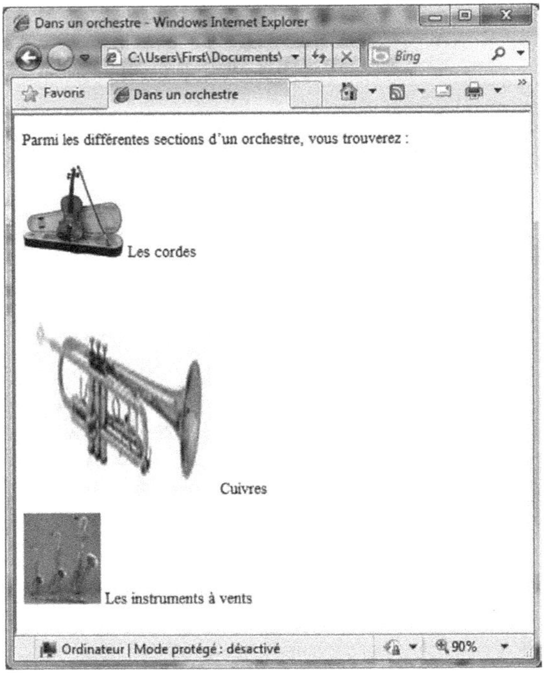

FIGURE 7.6 N'utilisez pas un navigateur pour redimensionner ces images complexes mais plutôt un éditeur graphique.

image comme modèle et créez des versions plus petites. De cette manière, vous contrôlerez mieux l'apparence finale de chacune des images résultantes.

Bordures et alignement des images

L'élément <img /> utilise l'attribut `border` et le langage (X) HTML dispose de nombreuses options d'alignement qui sont désormais obsolètes et laissent place à l'utilisation de CSS. Vous pouvez utiliser ces contrôles si vous y êtes contraint mais nous avons choisi de ne pas les développer. Toutefois, ils sont mentionnés dans le Chapitre 8 sur le balisage obsolète. Dans le Chapitre 10, nous vous expliquons aussi pourquoi utiliser CSS pour gérer les bordures, le positionnement, l'alignement, l'espacement des images, etc. Au cas où nous n'aurions pas été assez clairs, nous vous recommandons vivement d'utiliser CSS pour les bordures, le positionnement et l'alignement du texte et des images et de laisser (X)HTML faire son travail, c'est-à-dire représenter et cibler le contenu.

Les images qui lient

Les pages Web utilisent souvent des images pour la navigation. Elles sont plus esthétiques que des liens sous forme de texte et vous permettent avec un seul élément d'ajouter de la forme et des fonctionnalités.

Déclencher les liens

Pour créer une image qui déclenche un lien, remplacez le texte auquel vous voulez associer votre lien par un élément `<img />`. Ce balisage crée un lien sous forme de texte :

```
<p><a href=»http://www.w3.org»>Visitez le W3C</a></p>
```

Ce balisage remplace le texte `Visitez le W3C` par l'image adéquate :

```
<p><a href=»http://www.w3.org»><img src=»w3.jpg»
      alt=»Visitez le site du W3C» title = «Visitez le site du W3C»
      height=»75» width=»131» border=»2» /></a>
</p>
```

Au final, le balisage précédent permet de créer une image-lien vers `http://www.w3.org`. Par ailleurs, le texte alternatif affiche `Visitez le site du W3C` de sorte que les utilisateurs qui ne peuvent pas afficher ou visualiser l'image puissent comprendre où elle renvoie. Lorsqu'un utilisateur place le pointeur de la souris sur l'image, le curseur (la flèche) se transforme en main (ou toute autre icône que le navigateur utilise quand la souris survole un lien).

Nous avons inséré une bordure de 2 pixels autour de cette image pour signaler aux utilisateurs qu'elle peut servir de lien. Cette bordure prend la forme d'un contour bleu clair (comme dans la Figure 7.7) tant que le lien n'a pas été utilisé. Si le lien est utilisé, le contour bleu passe au violet pour signaler aux utilisateurs que le lien a été visité.

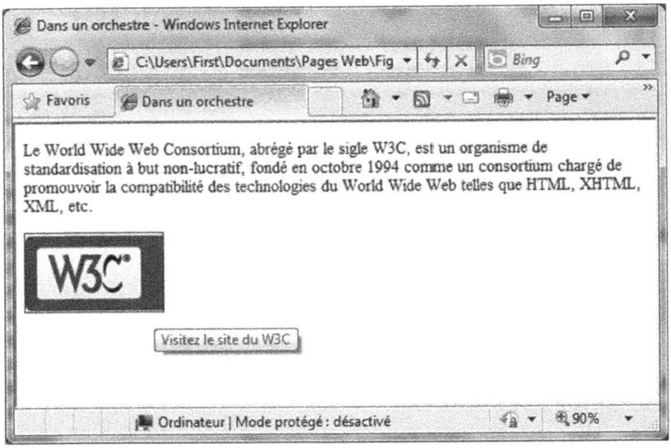

FIGURE 7.7 Combinez des éléments image et ancre pour créer une image-lien.

Un clic sur l'image permet l'accès au site web du W3C. C'est aussi simple que ça !

Notez que vous devez définir la bordure d'une image-lien à 0 si vous voulez que votre navigateur ne l'entoure pas d'une bordure bleue. Toutefois, sans cette bordure, les utilisateurs auront besoin d'un autre indice visuel (ou texte alternatif) pour savoir que l'image est un lien. Veillez à ce que les images qui servent de liens sautent aux yeux de l'utilisateur (avec goût, bien entendu). Dans tous les cas, si la bordure automatique est supprimée, vous devez ajouter une bordure dans l'image ou insérer une légende qui indique que l'image sert de lien.

Créer des cartes d'images

Lorsque vous utilisez un élément <img /> avec un élément ancre pour créer une image servant de lien, vous ne pouvez associer qu'un seul lien à l'image. Pour créer une image plus grande dont certaines parties sont associées à un lien spécifique, il vous faut une *carte d'image*.

Pour créer une carte d'image, vous aurez besoin de deux choses :

- **Une image** contenant des parties distinctes aux yeux des utilisateurs

Par exemple, une image d'un parc avec un terrain de jeu, une zone pour le pique-nique et un lac.

» **Un balisage** pour renvoyer les différentes parties de l'image vers des URL spécifiques.

Les éléments et les attributs

Utilisez l'élément `<img />` pour ajouter la carte d'image dans votre page, comme pour n'importe quelle image. Insérez ensuite l'attribut `usemap` pour signaler au navigateur que des informations relatives à une carte d'image sont associées à l'image. La valeur de l'attribut `usemap` est le nom de votre carte.

Vous pouvez utiliser deux éléments et une collection d'attributs pour définir une carte d'image :

» `<map>` contient la description de la carte. L'élément `<map>` utilise l'attribut `name` pour identifier la carte. La valeur de `name` doit correspondre à la valeur de `usemap` dans l'élément `<img />` qui va avec la carte.

» `<area />` relie des régions de la carte à des URL. L'élément `<area />` accepte les attributs suivants pour définir les spécificités de chaque région de la carte :

- `shape` : Spécifie la forme de la région de l'image servant de lien. Vous pouvez opter pour `rect` (un rectangle), `circle` (un cercle) ou `poly` (un triangle ou polygone).
- `coords` : Définit les coordonnées de la région, selon sa forme.

  Les coordonnées d'un rectangle sont ses angles gauche, droit, haut et bas.

  Les coordonnées d'un cercle sont les coordonnées x et y de son centre ainsi que son rayon.

  Les coordonnées d'un polygone sont une série de coordonnées x et y pour chaque point du polygone.

  Vous pouvez utiliser un éditeur de cartes d'images tel que MapEdit sur `www.boutell.com/mapedit` ou un logiciel de traitement d'images tel que PaintShop Photo Pro sur www.corel.com pour déterminer les coordonnées de l'image. MapEdit les enregistre aussi pour vous.

- href : Spécifie l'URL vers laquelle la région renvoie (URL absolue ou relative).
- alt : Fournit un texte alternatif pour la région de l'image.

Le balisage

Le balisage suivant définit une carte d'image composée de trois régions, nommée NavCarte et associée au fichier image 07fg09-nav.gif :

```
<img src=»07fg09-nav.gif» width=»302» height=»30» usemap=»#NavCarte»
    border=»0» />
<map name=»NavCarte» />
  <area shape=»rect» coords=»0,0,99,30» href=»accueil.html»
     alt=»Accueil»
        title=»Accueil» />

     <area shape=»rect» coords=»102,0,202,30» href=»apropos.html»
        alt=»A propos»
        title=»A propos» />
  <area shape=»rect» coords=»202,0,301,30» href=»produits.html»
        alt=»Produits» title=»Produits» />
</map>
```

La Figure 7.8 montre comment un navigateur affiche ce balisage.

Lorsque la souris passe sur une région de la carte, le curseur se transforme en main (de la même manière qu'il se transforme lorsque l'on survole tout hyperlien). Profitez du texte de titre pour insérer des informations utiles sur le lien et rendre la carte plus accessible aux déficients visuels.

Les cartes d'images sont souvent utilisées pour transformer des cartes géographiques (de pays, de villes, etc.) en cartes interactives. Le didacticiel About.com sur http://webdesign.about.com/od/imagemaps/a/aabg051899a.htm fournit plus d'informations sur la manière de créer des cartes d'images à la main. HTML Goodies propose une vaste collection d'excellents didacticiels

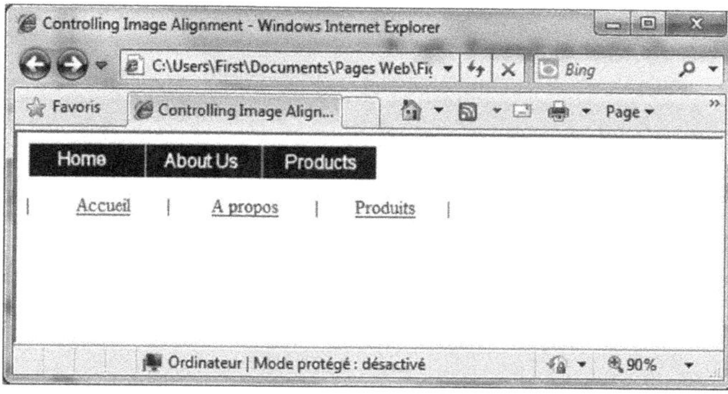

FIGURE 7.8 Les cartes d'images transforment les différentes régions d'une image en zones cliquables.

portant sur les cartes d'images sur `www.htmlgoodies.com/tutorials/image_maps/index.php`.

Créer des cartes d'images à la main peut se révéler fastidieux. Utilisez un logiciel de traitement d'images pour identifier chaque point dans votre carte *puis* créez le balisage correspondant. La plupart des outils (X)HTML intègrent des utilitaires pour vous aider à créer des cartes d'images. Grâce à eux, vous pouvez créer des cartes d'images rapidement tout en commettant un minimum d'erreurs.

Soyez prudent quand vous utilisez des cartes d'images. Si vous créez une aide visuelle (une carte avec des liens vers différents pays, par exemple), l'utilisation d'une carte d'image est pertinente. D'un autre côté, n'utilisez jamais d'image avec des cartes d'images pour votre navigation (vous pourriez mais ne seriez pas satisfait du résultat !). Utilisez toujours (X)HTML et CSS pour la navigation sur votre site Web. Si vous êtes contraint d'utiliser une carte d'image, ajoutez un texte alternatif à la carte pour que les visiteurs visuellement déficients puissent aussi naviguer sur votre site.

La meilleure solution pour la navigation est d'utiliser du texte pour le titre des boutons et de laisser au CSS le soin de bien présenter les boutons.

III

Prendre le contrôle des pages Web et des styles

DANS CETTE PARTIE

Dans cette partie, nous présentons et décrivons les feuilles de styles en cascade (CSS), un langage de balisage puissant souvent utilisé en remplacement de (X)HTML pour gérer l'apparence des pages dans un navigateur Web. (X)HTML peut faire référence à CSS en incluant soit une feuille de styles externe, soit un balisage CSS en ligne au sein du document (X)HTML.

Vous commencerez par vous familiariser avec les diverses fonctionnalités de CSS en jetant un coup d'œil aux différents types de feuilles de styles et en découvrant les règles de gestion de plusieurs feuilles de styles appliquées à une même page Web (c'est là que le terme «cascade» trouve son explication). Bien entendu, vous apprendrez aussi à créer et à utiliser CSS pour la création de dispositions visuelles, le positionnement d'éléments individuels et la gestion des polices. Comme CSS permet aussi de contrôler les couleurs et de modifier la manière dont le texte apparaît dans une page, vous découvrirez également la façon de gérer ces aspects.

Chapitre 8

Balises (X)HTML dépréciées

DANS CE CHAPITRE :

- **Comprendre la dépréciation.**
- **Trouver les balises dépréciées.**
- **Découvrir les éléments dépréciés.**
- **Lister les attributs dépréciés.**
- **Faire place nette.**

Par définition, *déprécier* signifie soit «dévaloriser, dénigrer», soit «considérer quelque chose comme obsolète ou dépassé». En (X)HTML, une balise dépréciée (ce terme est aussi bien appliqué aux éléments qu'aux attributs), aussi déplorable soit-elle, fait référence au second sens du terme ! Quoi qu'il en soit, l'utilisation de balises dépréciées n'est pas recommandée parce que le World Wide Web Consortium (W3C) est convaincu qu'elles ne dureront pas toujours et parce que cela conduit à toutes sortes d'habitudes de codage fades, de mauvais comportements et d'éventuelles peines de prison (on plaisante sur le dernier point !).

Pour comprendre pourquoi les balises sont dépréciées, rappelez-vous du rôle fondamental de (X)HTML et de la manière dont CSS apporte une vision moderne du Web. Tout d'abord, le travail de (X)HTML consiste à capturer et à restituer du contenu, notamment des données graphiques et textuelles.

Les premières implémentations de HTML englobaient une multitude de contrôles de présentation ainsi que des éléments de contenu et des mécanismes de liaison. Avec le temps, les concepteurs Web ont compris qu'il était préférable de séparer contenu et présentation. CSS a fini par effectuer son travail de présentation bien plus efficacement que HTML. Si vous observez les éléments et attributs dépréciés, traités dans ce chapitre, vous verrez que la grande majorité couvre des contrôles de présentation parfaitement gérés par CSS dont certains vestiges historiques d'outils, de technologies et d'approches de conception désormais obsolètes.

Pour sûr, vous allez trouver de nombreux sites qui utilisent des balises dépréciées et pourrez même en trouver dans votre propre travail. Utilisez ces balises à vos risques et périls et accordez-vous une faveur : quand de nouvelles pages viennent en remplacer d'anciennes, prenez le temps et faites l'effort de supprimer ces horribles balises dépréciées de vos pages !

Et maintenant, un mot de notre sponsor !

Si vous observez la spécification HTML 4 du W3C (disponible sur `www.w3.org/TR/REC-html40/conform.html`), vous trouverez les explications suivantes pour différencier les balises dépréciées et obsolètes :

> **Déprécié**
>
> *Un élément ou un attribut déprécié est dépassé par de nouveaux concepts. Les éléments dépréciés sont définis dans le manuel de référence mais ils sont clairement marqués comme dépréciés. Les éléments dépréciés risquent de devenir obsolètes dans les futures versions de HTML.*
>
> *Les agents utilisateurs devraient continuer à supporter les éléments dépréciés pour des raisons de rétrocompatibilité.*
>
> *Les définitions des éléments et des attributs indiquent clairement ceux qui sont dépréciés.*
>
> *Cette spécification contient des exemples qui illustrent comment éviter d'utiliser des éléments dépréciés. Dans la plupart des cas, cela dépend de la gestion par les agents utilisateurs des feuilles de style. Généralement, les auteurs devraient utiliser des feuilles de style pour appliquer des effets de style*

et de mise en forme plutôt que des attributs de présentation HTML. Les attributs de présentation HTML sont dépréciés dès qu'il existe des alternatives sous forme de feuilles de style...

Obsolètes

Un élément ou un attribut obsolète ne présente aucune garantie de support par un agent utilisateur. Les éléments obsolètes ne sont plus définis dans la spécification mais sont listés pour des raisons historiques dans la section des changements du manuel de référence.

Notez que le terme «agent utilisateur» est un terme technique qui désigne tout programme pouvant lire et interpréter les balises (X)HTML. Premièrement, cela fait référence à tout type de navigateur Web même si de nombreux autres programmes lisent les balises (moteur de recherche, validateur, éditeur, etc.). Sachez que la plupart des programmes supportent les balises dépréciées mais qu'il est préférable de les remplacer par (vous l'aurez deviné !) les feuilles de style ou CSS.

Les balises obsolètes sont toujours présentes dans certaines vieilles pages Web poussiéreuses mais elles ne fonctionnent plus dans les navigateurs Web les plus récents. Nous ne les traitons même pas dans ce livre. Pour satisfaire votre curiosité sur ces balises, lisez les anciennes spécifications HTML !

Si vous voulez vous plonger plus sérieusement dans le vaste sujet des balises, lisez la dernière spécification HTML 4.01 sur `www.w3.org/TR/html4/cover.html#minitoc`.

Pour passer directement à la dépréciation, consultez l'annexe A (Appendix A) de la spécification HTML 4.01. Toutefois, le cœur de l'action se déroule dans les sections «Index of Elements» et «Index of Attributes». En fait, il suffit d'extraire les éléments marqués avec un D pour *déprécié* dans ces deux index pour reconstituer la structure des deux sections suivantes.

Éléments dépréciés

Nous vous présentons les éléments dépréciés dans l'ordre alphabétique, dans le Tableau 8.1. Nous précisons également les balises de remplacement ou les techniques alternatives (CSS ?) quand elles existent. Si le type est `paire`, l'élément exige une balise ouvrante et une fermante (par exemple, `<center>chose</center>`). Si le type est `vide`, l'élément n'a besoin que d'une balise (par exemple, `<isindex … />`).

Dans le Tableau 8.1, seuls deux éléments ne sont pas des balises de présentation :

TABLEAU 8.1 **Éléments HTML dépréciés**

Nom	Type	Description	Alternative
applet	paire	Intègre des applets Java	object
basefont	paire	Taille de la police de base	Contrôles CSS pour la police
center	paire	Raccourci pour <div align="center">	Contrôles CSS pour l'alignement du texte
dir	paire	Type de liste de répertoire	<ul> avec mise en forme CSS
font	paire	Définition de la police locale	font-family CSS
isindex	vide	Invite pour une entrée utilisateur	Balise HTML pour les formulaires
menu	paire	Type de liste pour des options de menu	<ul> avec mise en forme CSS
s	paire	Texte barré	text-decoration CSS
strike	paire	Texte barré	text-decoration CSS
u	paire	Texte souligné	text-decoration CSS

- `applet` : La balise `applet` remonte à l'époque où le langage de programmation Java était l'outil principal pour insérer des éléments de code directement dans les pages Web. Aujourd'hui, l'élément `object` permet aux développeurs de travailler avec toutes sortes de langages de programmation, dont Java, avec un seul élément (X)HTML.
- `isindex` : L'élément `isindex` était conçu pour permettre aux utilisateurs d'accéder rapidement à une ligne de saisie de

texte. Aujourd'hui, cet élément a été remplacé par les différents éléments qui s'intègrent dans les formulaires HTML (sujet traité dans le Chapitre 14).

Attributs dépréciés

Seuls 10 éléments sont dépréciés en (X)HTML. Pour ce qui est des attributs, il y en a bien plus. 44 d'entre eux sont présentés dans le Tableau 8.2 (dont 32 sont uniques et les autres se répètent). Certains attributs figurent plus d'une fois dans ce tableau parce qu'ils ont différentes significations quand ils sont associés avec des éléments (X)HTML spécifiques. Nous utilisons le raccourci du W3C pour les valeurs que prennent les attributs et expliquons ces types dans une liste qui suit le tableau. Nous ne spécifions pas les alternatives car CSS remplace la grande majorité des attributs dépréciés.

TABLEAU 8.2 **Attributs HTML dépréciés.**

Nom	Éléments associés	Type	Description
align	caption	%CAlign	Alignement relatif à un tableau
align	applet, iframe, img, input, object	%IAlign	Alignement vertical ou horizontal
align	legend	%LAlign	Contrôle les champs d'un formulaire
align	table	%TAlign	Position du tableau par rapport à la fenêtre
align	hr	LCR	Alignement d'une ligne horizontale
align	div, h1…h6, p	LCRJ	Alignement d'un bloc de texte
align	col, colgroup, tbody, td, tfoot, th, thead, tr	LCRJ	Alignement du texte
alink	body	%Color	Couleur du lien sélectionné

Nom	Éléments associés	Type	Description
alt	applet	%Text	Courte description de la fonction **applet**
archive	applet	CDATA	Liste d'archives java (**.jar**) séparées par une virgule
background	body	%URI	Fichier image pour l'arrière-plan du document
bgcolor	table, tr, td, th	%Color	Couleur d'arrière-plan de l'élément tableau
bgcolor	body	%Color	Couleur d'arrière-plan du document
border	img, object	%Pixels	Largeur de la bordure du lien
clear	br	LRAN	Contrôle du flux de texte après un saut de ligne
code	applet	CDATA	Classe de l'applet Java
codebase	applet	%URI	Emplacement des fichiers de classe, de données et d'archive
color	basefont, font	%Color	Couleur du texte
compact	dir, dl, menu, ol, ul	*self	Espacement réduit entre les mots
face	basefont, font	CDATA	Liste des noms de polices séparés par une virgule
height	td, th	%Length	Hauteur des cellules du tableau
height	applet	%Length	Hauteur initiale de la fenêtre d'applet
hspace	applet, img, object	%Pixels	Gouttière horizontale
language	script	CDATA	Nom du langage de script prédéfini
link	body	%Color	Couleur des liens dans le corps du document

Nom	Éléments associés	Type	Description
name	applet	CDATA	id permettant aux applets de s'identifier
noshade	hr	*self	Désactivation de l'ombre sur la ligne horizontale
nowrap	td, th	*self	Suppression du retour à la ligne dans les cellules du tableau
object	applet	CDATA	Fichier applet sérialisé
prompt	isindex	%Text	Message d'invite pour une entrée
size	hr	%Pixels	Taille de la ligne horizontale
size	font	CDATA	Plusieurs valeurs entières positives pour la taille de la police
size	basefont	CDATA	Taille de la police de base pour tous les éléments de police
start	ol	Number	Valeur initiale d'une liste numérotée
text	body	%Color	Couleur du texte du document
type	li, ol, ul	ListStyle	Style des éléments, des numéros et des puces d'une liste
value	li	Number	Initialisation de la série de nombres d'une liste
version	html	CDATA	Version HTML de la DTD utilisée
vlink	body	%Color	Couleur des liens visités
vspace	applet, img, object	%Pixels	Gouttière verticale
width	hr	%Length	Largeur de la ligne horizontale

Nom	Éléments associés	Type	Description
width	td, th	%Length	Largeur des cellules du tableau
width	applet	%Length	Largeur initiale de la fenêtre d'applet
width	pre	Number	Largeur de la zone de texte préformatée en caractères

La liste suivante décrit les abréviations et les valeurs utilisées pour les différents types d'attributs du Tableau 8.2 :

- `%CAlign` : Alignement des colonnes dans un tableau.
- `CDATA` : Type de données SGML (langage normalisé de balisage généralisé) pour des données de caractère général.
- `%Color` : nom de couleur ou code hexadécimal.
- `%IAlign` : Alignement pour `iframe` : top, middle, bottom, left, right.
- `%LAlign` : Alignement pour les légendes : top, bottom, left, right.
- `LCR` : Left, Center, Right.
- `LCRJ` : Left, Center, Right, Justified.
- `%Length` : Longueur en pixels ou pour-cents ou longueur relative.
- `ListStyle` : Styles des éléments de liste, styles des puces de liste, styles des numéros de liste.
- `LRAN` : Left, Right, All, None.
- `Number` : Chaîne d'un ou plusieurs chiffres (valeurs entre 0 et 9).
- `%Pixels` : Entier représentant la longueur en pixels.
- `*self` : Nom d'attribut répété comme valeur (`compact=»compact»`).
- `%TAlign` : Alignement des cellules d'un tableau : left, center, right, justify, char.

» `%Text` : Données de caractères.

» `%URI` : Uniform Resource Identifier ou URL.

Comment gérer les balises dépréciées ?

La façon la plus simple et courtoise de vous expliquer comment gérer les balises dépréciées dans votre code est la suivante : «Débarrassez-vous-en !» Dans la pratique, les éléments et attributs dépréciés vont être remplacés tout naturellement et en douceur par les feuilles de style en cascade (CSS). Une fois que vous saurez comment positionner des éléments dans une page et comment travailler avec les marges internes et externes, vous pourrez totalement vous passer de la plupart des éléments du Tableau 8.2 et du Tableau 8.1.

Il persiste une question très sérieuse : «Que faire quand un outil d'édition (X)HTML utilise des balises dépréciées ?» Si un outil génère des balises à votre place, sur votre ordre, pour vous aider à concevoir vos pages, nous vous conseillons vivement de trouver et d'utiliser d'autres outils qui n'utilisent pas de balises dépréciées. C'est le seul moyen de vous assurer que vos pages dureront dans le temps.

Dès que vous êtes confronté à une balise dépréciée, vous devez décider de ce que vous allez faire de la balise à supprimer de la page Web en question. Dans la plupart des cas, vous allez simplement supprimer la balise de présentation HTML et la remplacer par un équivalent CSS. Par exemple, supposons que vous voulez justifier le texte d'un paragraphe. Il suffit de supprimer la balise représentée dans l'extrait de code suivant (commenté pour vous aider à bien comprendre) et de la remplacer par la balise insérée dans le second extrait :

```
<!-- Cet extrait utilise la balise dépréciée align=»justify» -->
<p align=»justify»>Ce paragraphe doit contenir assez de texte pour
remplir au moins trois lignes afin de vous montrer les effets de la
justification. En fait, plus il est long mieux c'est. C'est pourquoi,
nous tentons au maximum de tirer en longueur.</p>

<!-- Cet extrait utilise un style en ligne -->
<p style=»text-align: justify; «>Ce paragraphe doit contenir assez
de texte pour remplir au moins trois lignes afin de vous montrer les
```

```
effets de la justification. En fait, plus il est long mieux c'est.
C'est pourquoi, nous tentons au maximum de tirer en longueur.</p>
```

Tous les remplacements de balises dépréciées ne sont pas aussi simples et rapides que celui-ci. Curieusement, tous les remplacements de balises de présentation sont aussi simples mais certaines autres choses n'ont pas vraiment d'équivalence (ou pas encore, sachant que HTML 5 et CSS3 vont y remédier). C'est pourquoi il est primordial de planifier et de réfléchir dès qu'il s'agit de décider que faire pour supprimer des balises dépréciées. Un travail de conception et de retouche est souvent nécessaire pour tout remettre en ordre correctement.

Chapitre 9

S'initier aux feuilles de style en cascade

DANS CE CHAPITRE :

- » **Comprendre CSS.**
- » **Créer des règles de style.**
- » **Lier des règles de style à des pages Web.**
- » **Découvrir les propriétés CSS.**
- » **Comprendre l'héritage et la cascade de style.**

L'objectif des *feuilles de style en cascade* (CSS) est de séparer le style des pages Web de leur structure et de faciliter la maintenance de ces pages. Les éléments de structure d'une page, tels que les titres (<h1> à <h6>) et le corps du texte, n'ont pas d'impact sur la présentation des informations qu'ils contiennent. En leur appliquant des styles, vous pouvez spécifier leur agencement dans la page et préciser de multiples attributs de présentation (comme les polices, les couleurs et l'indentation du texte).

Les feuilles de style vous permettent de contrôler précisément la manière dont les éléments de structure apparaissent dans une page Web. Mieux encore, vous pouvez créer une feuille de style pour tout un site Web afin de garantir la cohérence de la présentation et de la mise en forme de votre contenu page après page. Et voici la cerise sur le gâteau : les feuilles de style sont faciles à créer et encore plus faciles à intégrer dans des pages Web. Avec des feuilles de style, vous pouvez :

- » Ajouter une balise de style aux différents éléments (X) HTML (ce qu'on appelle le *style en ligne*).

- Créer des séries d'instructions de style dans l'en-tête du document (X)HTML (ce qu'on appelle une *feuille de style interne*).
- Faire référence à une feuille de styles indépendante en utilisant un lien ou une autre référence (ce qu'on appelle une *feuille de style externe*) dans votre document (X)HTML.

En bref, il existe plusieurs manières d'ajouter du style à une page Web !

Tandis que de plus en plus de sites passent à (X)HTML, l'objectif est de *déprécier* (rendre obsolètes) toutes les balises HTML de mise en forme, telles que l'élément `<font>`. Un jour, toute la présentation incombera à CSS. Reportez-vous au Chapitre 8 pour en savoir plus sur les balises dépréciées.

Si vous souhaitez contrôler précisément l'affichage de vos pages Web, les feuilles de style constituent «LA» solution :

- Généralement, les feuilles de style vous donnent plus de flexibilité que les balises.
- Les futures versions de HTML et (X)HTML ne contiendront plus de balises de présentation.

La plupart des navigateurs modernes gèrent parfaitement CSS. Cependant, quelques navigateurs plus anciens tels qu'Internet Explorer 4.0 et Netscape Navigator peuvent avoir des difficultés à afficher CSS correctement. Quant aux navigateurs plus anciens, ils en sont incapables. Si vous savez que nombre d'utilisateurs de votre site utilisent encore un ou plusieurs de ces vieux navigateurs, testez vos pages dans ces navigateurs pour vous assurer que vos visiteurs pourront lire vos pages.

Les avantages des feuilles de style

Les possibilités de mise en forme du HTML sont limitées, c'est le moins que l'on puisse dire. Lorsque vous concevez la présentation d'une page en HTML, vous devez vous en tenir aux tableaux, aux polices et à quelques styles en ligne comme le gras et l'italique. Les *feuilles de style* offrent bien plus de possibilités pour mettre en forme les pages Web avec précision. Avec une feuille de style, vous pouvez :

- **Contrôler soigneusement chaque aspect de l'affichage de la page :** Vous spécifiez l'importance de l'espace entre les lignes, l'espacement des caractères, les marges de la page, l'emplacement des images et bien plus encore. Vous pouvez aussi préciser le positionnement des éléments dans vos pages.
- **Appliquer des modifications globalement :** Vous pouvez garantir une mise en forme cohérente sur tout le site Web en appliquant la même feuille de style à chaque page.

  Vous pouvez varier l'apparence de tout un site en modifiant uniquement un document (la feuille de style) plutôt que le balisage dans chaque page. Besoin de modifier l'apparence d'un titre ? Redéfinissez les attributs du style de ce titre dans la feuille de style et enregistrez-la : l'apparence du titre change aussitôt dans toutes les pages sur lesquelles il figure. Imaginez l'opération comme si les pages étaient modifiées progressivement en cascade (d'où le terme) mais ce n'est qu'une métaphore : la cascade est instantanée.
- **Indiquer aux navigateurs comment contrôler l'apparence :** Vous fournissez aux navigateurs plus d'informations sur la manière dont vous souhaitez que vos pages apparaissent que HTML ne vous le permet.
- **Créer des pages dynamiques :** Utilisez JavaScript ou un autre langage de script avec les feuilles de style pour créer du texte ou un autre contenu qui se déplace, qui s'affiche ou qui se masque en réponse aux actions de l'utilisateur.

Ce que CSS peut apporter à une page Web

Les feuilles de style fonctionnent de la manière suivante :

1. **Vous définissez les règles dans une feuille de style qui spécifie la manière dont vous voulez que le contenu décrit par un jeu de balises apparaisse.**

Par exemple, vous pourriez indiquer que chaque premier niveau de titre (<h1>) soit affiché en Garamond violet 24 points sur fond jaune (vous n'oseriez pas, mais vous le pourriez).

2. **Vous liez les règles de style et le balisage.**
3. **Votre navigateur fait le reste.**

La spécification actuelle, CSS2.1, permet de :

- » Définir un type de police, sa taille, sa couleur et ses effets.
- » Déterminer les couleurs et les images d'arrière-plan.
- » Contrôler de nombreux aspects de l'agencement du texte, dont l'alignement et l'espacement.
- » Spécifier les marges et les bordures.
- » Contrôler l'affichage des listes.
- » Définir l'agencement et la présentation des tableaux.
- » Générer automatiquement du contenu pour des éléments de page standard tels que les compteurs et les pieds de page.
- » Contrôler l'affichage du curseur.
- » Définir des feuilles de style orales pour les navigateurs convertissant le texte en paroles.

Ce qu'il est possible de faire avec CSS

Vous disposez d'une collection de propriétés avec lesquelles vous pouvez écrire des règles de style. Vous pouvez contrôler à peu près n'importe quel aspect de l'affichage d'une page, des bordures à la taille des polices en passant par :

- » **Les propriétés d'arrière-plan** qui contrôlent la couleur de l'arrière-plan des blocs de texte et des images. Vous pouvez aussi utiliser ces propriétés pour attribuer une couleur à l'arrière-plan de votre page ou à des éléments individuels comme des lignes horizontales.

CSS3 : FEUILLES DE STYLE NOUVELLE GÉNÉRATION

La future génération de CSS, CSS3, est une *collection de modules* qui gèrent différents aspects de la mise en forme des pages Web, tels que les polices, les couleurs d'arrière-plan, les listes et les couleurs de texte. Les premiers de ces modules sont devenus des standards (officiellement appelés *Recommandations candidates*) vers mi-2004. Toutefois, mi-2010, la plupart des modules de CSS3 n'ont toujours pas le statut de recommandations candidates et seuls quelques navigateurs implémentent les fonctionnalités de CSS3. En clair, vous n'avez pas à vous préoccuper de CSS3, pour l'instant.

Le W3C a dédié une section entière de son site Web au sujet sur `www.w3.org/Style/CSS/current-work`. Vous y trouvez des informations générales sur CSS ainsi que des informations sur le statut de CSS3. Le site renvoie à de bonnes références et à de bons didacticiels sur CSS. Il comprend aussi des informations sur les logiciels qui peuvent vous simplifier la vie pour créer des feuilles de styles.

» **Les propriétés des bordures** qui contrôlent les bordures de la page, des listes, des tableaux, des images et des éléments de blocs (tels que les paragraphes). Vous pouvez spécifier la largeur, la couleur, le style d'une bordure et sa distance par rapport au contenu de l'élément.

» **Les propriétés de classification** qui contrôlent la manière dont les éléments tels que les images se répartissent dans la page par rapport aux autres éléments. Vous pouvez utiliser ces propriétés pour associer des images et des tableaux au texte de votre page.

» **Les propriétés des listes** qui contrôlent la manière dont les listes apparaissent dans votre page. Elles permettent notamment de :

- Gérer les marqueurs de listes.
- Utiliser des images à la place des puces.

» **Les propriétés des marges internes** qui contrôlent les marges de la page et celles qui entourent les éléments de blocs, les tableaux et les images. Ces propriétés permettent de maîtriser totalement l'espace vide dans votre page.

- **Les propriétés des marges externes** qui contrôlent l'espace vide autour de tout élément de bloc dans une page. Combinées aux propriétés des marges et des bordures, elles vous permettent de créer des agencements complexes.
- **Les propriétés de positionnement** qui contrôlent la position des éléments dans la page. Vous pouvez les utiliser pour placer des éléments à des endroits spécifiques dans la page.
- **Les propriétés de taille** qui contrôlent l'espace (en largeur et en hauteur) que votre élément (texte ou image) occupe dans la page. Elles sont particulièrement utiles pour limiter les dimensions des zones de texte et des images.
- **Les propriétés de tableau** qui contrôlent l'agencement des tableaux. Vous pouvez les utiliser pour contrôler l'espacement des cellules et d'autres dispositions spécifiques aux tableaux.
- **Les propriétés de texte** qui contrôlent la manière dont le texte apparaît dans la page. Vous pouvez modifier des propriétés telles que la taille de police, le type de police, la hauteur, la couleur du texte, l'espace entre les lettres et les lignes, l'alignement et les espaces vides. Ces propriétés vous donnent plus de contrôle sur votre texte *via* les feuilles de styles que l'élément HTML `font`.

Des livres et des sites Web entiers détaillent l'usage de chacune des propriétés de ces catégories. Nous vous suggérons ces références :

- *CSS Web Design For Dummies*, signé Richard Mansfield, publié par Wiley Publishing.
- Le guide CSS2 de Westciv sur `www.westciv.com/style_master/academy/css_tutorial/index.html`.

Même si la syntaxe de CSS est plutôt évidente, combiner les styles CSS avec les balises pour peaufiner l'apparence de votre page peut se révéler un peu complexe. Toutefois, pour devenir un gourou de CSS, vous devez simplement :

- » Savoir comment les différentes propriétés fonctionnent.
- » Tester et observer comment les navigateurs gèrent CSS.

  Pratiquer pour apprendre à véhiculer votre message sur le Web en utilisant CSS.

Les unités de mesure des propriétés

De nombreuses propriétés HTML utilisent des unités de mesure. Tout au long du livre, nous vous indiquons les unités de mesure associées aux différentes propriétés. Sachez que les mesures déterminent la taille d'une propriété de deux manières.

Une *unité absolue* correspond à une largeur ou à une hauteur spécifique, exprimée dans l'une de ces unités :

- » **Pouces**, comme `.5in`.
- » **Centimètres**, comme `3cm`.
- » **Millimètres**, comme `4mm`.
- » **Picas**, comme `1pc`.

  Un pica représente 4,24 mm.
- » **Points**, comme `16pt`.

  Un point représente 2,3 mm.
- » **Pixels**, comme `13px` (cela correspond aux points sur votre écran).

Une *unité relative* correspond à la longueur ou la hauteur par rapport à la taille d'un *élément parent* dans le document. Pour une police :

- » `%` : Un pourcentage de la valeur actuelle de `font-size`, comme `100%`.

  Par exemple, vous pouvez fixer la taille de police à `80%` pour tous les paragraphes. Si le corps de votre document fixe une taille de police de 15 points, la taille de police des paragraphes sera de 12 points (80% de 15).

- `ex` : Une valeur relative à la hauteur des caractères de basse casse de la police courante, comme `1.5ex`.
- `em` : Une valeur relative à la taille de la police courante, comme `2em`. Pour certains types de caractères, 1em équivaut à la taille en points (ainsi, 16pt a une taille em de 16pt : vous avez saisi ?).

  `1em` et `100%` correspondent à la taille courante.

Faites attention lorsque vous utilisez ces unités car quelques propriétés n'admettent que certaines d'entre elles, par exemple, des valeurs absolues mais pas de valeurs relatives. Ne vous laissez pas impressionner par ce jargon. Définissez simplement la taille dans une unité qui vous est familière. Si ça ne fonctionne pas, testez-en une autre.

La structure et la syntaxe de CSS

Une feuille de style est composée de *règles de style*. Chaque règle de style compte deux parties :

- **Le sélecteur :** Il spécifie l'élément de balisage auquel la règle de style s'applique.
- **La déclaration :** Elle spécifie comment le contenu de l'élément doit être mis en forme.

Vous utilisez un jeu de marques de ponctuation et de caractères spéciaux pour définir une règle de style. La syntaxe d'une règle de style respecte toujours le modèle suivant :

```
sélecteur {déclaration;}
```

Les déclarations sont toujours suivies d'un point-virgule pour les distinguer facilement. Un seul sélecteur peut contenir une ou plusieurs déclarations, comme nous l'expliquons plus tard dans ce chapitre. De plus, chaque déclaration est divisée en deux sous-éléments :

- **Les propriétés** correspondent aux différentes caractéristiques de l'apparence du texte ou des images (par exemple, la taille d'une police ou la couleur d'arrière-plan).
- **Les valeurs** sont les valeurs que vous souhaitez attribuer aux caractéristiques précédentes (par exemple, une taille de police de 24 points ou une couleur d'arrière-plan jaune).

Dans une déclaration, la propriété est séparée de sa valeur par un double point.

Chaque déclaration se termine par un point-virgule.

```
sélecteur {propriété: valeur;}
```

Par exemple, ces trois règles de style définissent la couleur des titres de premier, deuxième et troisième niveau :

```
h1 {color: teal;}
h2 {color: maroon;}
h3 {color: black;}
```

La spécification CSS recense les propriétés avec lesquelles vous pouvez travailler pour définir vos règles de style et les différentes valeurs qu'elles peuvent prendre. La plupart sont assez explicites (comme `color` ou `border`). Reportez-vous à «Ce qu'il est possible de faire avec CSS», plus tôt dans ce chapitre, pour avoir un aperçu rapide des différentes propriétés de la spécification CSS2.

Les feuilles de style annulent les règles d'affichage internes d'un navigateur. Vos déclarations de style affectent l'apparence finale de la page dans le navigateur de l'utilisateur. Autrement dit, vous pouvez contrôler l'apparence de votre contenu et créer un site cohérent et agréable aux yeux des visiteurs.

Par exemple, les règles de style suivantes spécifient la taille des polices (pourcentage relatif à la police de base) pour les titres de premier, deuxième et troisième niveau :

```
h1 {font-size: 300%;}
h2 {font-size: 200%;}
h3 {font-size: 150%;}
```

La Figure 9.1 montre une page HTML simple contenant trois niveaux de titre (plus un peu de texte dans le corps) sans qu'aucune feuille de style ne soit appliquée. Le navigateur utilise ses paramètres par défaut pour afficher les titres en utilisant différentes tailles de police.

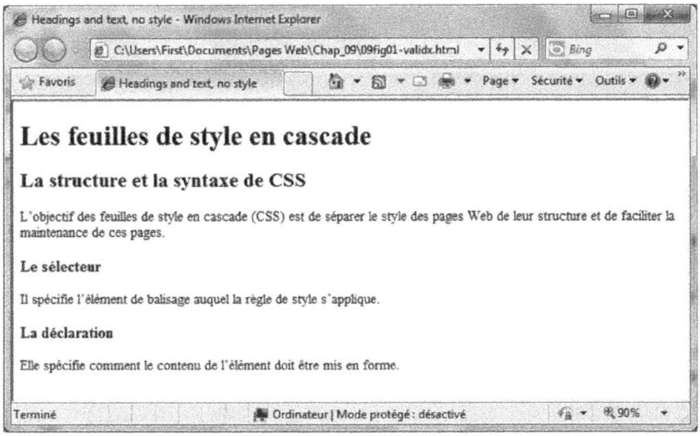

FIGURE 9.1 Une page HTML sans spécifications de styles.

La Figure 9.2 montre la même page Web une fois que la feuille de style est appliquée. Elle est très différente car le texte du corps utilise une police sans empattement, les titres sont colorés, le texte des paragraphes est en italique et la taille des titres est nettement plus imposante qu'avec les paramètres par défaut.

Les utilisateurs peuvent modifier les préférences de leur navigateur pour qu'ils ignorent vos feuilles de style (même si la plupart d'entre eux les utiliseront). Testez vos pages Web en désactivant les feuilles de style pour vous assurer qu'elles restent présentables.

Pour plus d'informations sur la désactivation des feuilles de style, lisez l'article «Reading Web Pages without CSS» sur `www.jimthatcher.com/webcourseb.htm.` les instructions peuvent varier selon votre navigateur, mais vous pouvez aussi utiliser les extensions d'accessibilité pour contrôler l'activation des feuilles de styles).

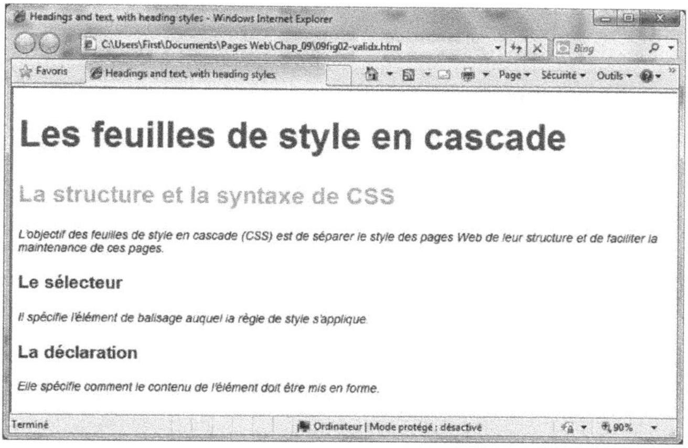

FIGURE 9.2 Une page HTML où les styles sont appliqués.

Les sélecteurs et les déclarations

Nul doute que vous voudrez qu'une règle de style détermine l'affichage de plus d'une propriété pour un même sélecteur. De fait, vous pouvez créer plusieurs règles de style pour ce même sélecteur, chacune avec une déclaration, de la manière suivante :

```
h1 {color: teal;}
h1 {font-family: Arial;}
h1 {font-size: 36px;}
```

Toutefois, une telle liste de règles de style deviendrait vite difficile à gérer. CSS vous permet donc de combiner plusieurs déclarations dans une règle de style *unique* qui affecte plusieurs caractéristiques d'affichage d'un seul sélecteur, comme ceci :

```
h1 {color: teal;
    font-family: Arial;
    font-size: 36px;}
```

Toutes les déclarations pour le sélecteur `h1` se trouvent dans le même ensemble délimité par les accolades (`{}`) et sont séparées par des points-virgules (`;`). Vous pouvez ajouter autant de déclarations que vous le souhaitez dans une règle de style. Veillez simplement à bien marquer la fin de chaque déclaration par un point-virgule.

D'un point de vue strictement technique, les espaces n'ont aucune importance dans les feuilles de style (comme en HTML) mais il est conseillé de normaliser leur usage pour faciliter la lecture et la modification de vos feuilles de style. Une exception à cette règle concerne l'utilisation de plusieurs noms de polices dans la déclaration de `font-family`. Reportez-vous à l'encadré «Les familles de polices» pour plus d'informations.

Vous pouvez aussi appliquer le même jeu de déclarations à toute une série de sélecteurs. Il suffit de séparer les sélecteurs par des virgules. La règle de style suivante applique les déclarations relatives à la couleur du texte, à sa police et à la taille de sa police aux sélecteurs `h1`, `h2` et `h3` :

```
h1, h2, h3 {color: teal;
            font-family: Arial;
            font-size: 300%;}
```

Les exemples de règles de style présentés dans cette section montrent que la syntaxe d'une feuille de style repose beaucoup sur la ponctuation. Lorsqu'une règle de style ne fonctionne pas exactement comme vous l'espériez, vérifiez que vous n'avez pas fait d'erreur de syntaxe en utilisant un point-virgule à la place d'un double point ou une parenthèse à la place d'une accolade. Vérifiez aussi les virgules et les points-virgules ! Les outils de validation aident à détecter ces petites erreurs. Utilisez-les !

LES FAMILLES DE POLICES

Lorsque vous attribuez des valeurs à la propriété `font-family`, vous pouvez fournir une liste de noms de polices séparés par des virgules. Ces noms doivent correspondre à des polices effectivement disponibles sur le navigateur Web de l'utilisateur. Si un nom de police, tel que Times New Roman, comprend des espaces, il doit être délimité par des guillemets.

```
h1 (font-family: Verdana, «Times New Roman», serif;)
```

Le navigateur recherche d'abord la police Verdana et, si elle n'est pas disponible, il recherche la Times New Roman et utilise enfin une police générique sans empattement en dernier recours. Le Chapitre 11 traite des polices avec CSS.

Le service de validation CSS du W3C peut vous aider à détecter les problèmes dans vos feuilles de style sur `http://jigsaw.w3.org/css-validator`.

Travailler avec les classes de style

Parfois, vous aurez besoin de règles de style qui ne s'appliquent qu'à certaines instances d'une balise HTML. Par exemple, si vous souhaitez qu'une règle de style ne s'applique qu'aux paragraphes qui contiennent une information sur le copyright, vous devrez signaler au navigateur que la règle a une portée limitée.

Pour restreindre le champ d'application d'une règle, combinez l'attribut `class` avec la balise. Les exemples suivants montrent le HTML requis pour deux types de paragraphes :

» Un paragraphe standard (sans attribut `class`).

```
<p>Ceci est un paragraphe</p>
```

» Un paragraphe avec l'attribut `class` prenant la valeur `copyright`.

```
<p class=»copyright»>Ceci est un paragraphe relatif au
   copyright</p>
```

Pour créer une règle de style qui ne s'applique qu'au paragraphe relatif au copyright, utilisez un sélecteur de paragraphe suivi de :

» Un point (`.`).

» La valeur de l'attribut `class`, ici `copyright`.

Le résultat devrait ressembler à ceci :

```
p.copyright {font-family: Arial;
             font-size: 12px;
             color: white;
             background: teal;}
```

Cette règle de style spécifie que tous les paragraphes de la classe `copyright` affichent du texte blanc sur un fond turquoise dans une police Arial de taille 12 pixels. La Figure 9.3 montre comment un navigateur applique cette règle de style aux paragraphes de classe `copyright`.

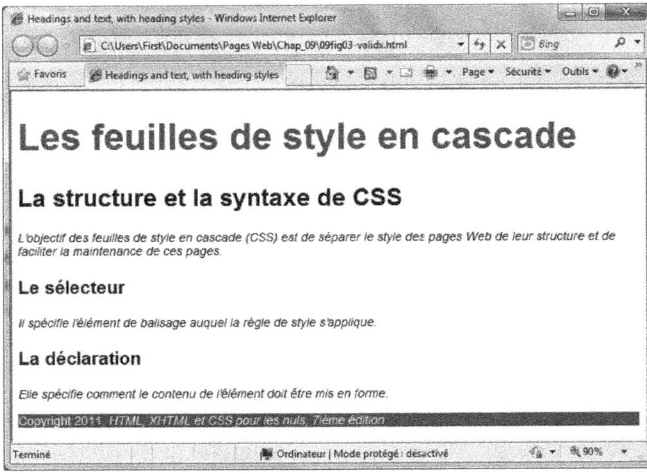

FIGURE 9.3 Les classes permettent de cibler vos règles de style précisément.

Vous pouvez aussi créer des classes de règles de style qui ne sont associées à aucun élément, comme dans l'exemple suivant :

```
.avertissement {font-family: Arial;
                font-size: 14px;
                background: blue;
                color: white;}
```

Vous pouvez utiliser cette classe de style avec n'importe quel élément pourvu que vous ajoutiez `class=»avertissement»` à ce dernier. La Figure 9.4 montre comment un navigateur applique le style d'avertissement au paragraphe et au titre mais pas au bloc de citation :

```
<p>Ceci est un paragraphe sans classe avertissement appliquée.</p>
<blockquote>Ceci est un bloc de citation sans classe définie.
    </blockquote>
<h1 class=»avertissement»>Avertissements</h1>
<p class=»avertissement»>Ceci est un paragraphe avec la classe
   appliquée.</p>
```

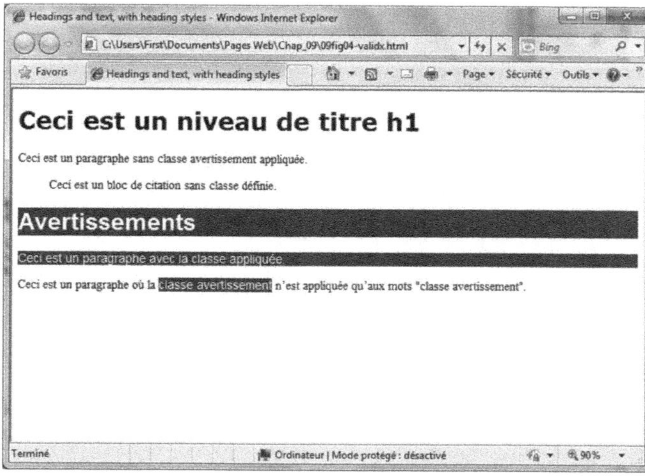

FIGURE 9.4 Vous pouvez utiliser les classes pour créer des règles de style qui fonctionnent avec n'importe quel élément.

Vous pouvez aussi utiliser l'élément `span` pour appliquer des styles sélectivement à du contenu (ou pour créer des conteneurs arbitraires qui démarrent avec `<span>` et se terminent avec `</span>`) :

```
<p>Ceci est un paragraphe où la <span class=»avertissement»>classe
avertissement</span> n'est appliquée qu'aux mots «classe avertisse-
ment».</p>
```

Travailler avec des id de style

Vous pouvez aussi utiliser l'attribut id=»nom» avec la balise de style pour créer des règles qui s'appliquent seulement à certaines instances d'éléments de balisage. Imaginons que vous vouliez définir un style qui s'applique seulement au premier paragraphe de chaque page Web pour qu'il soit traité différemment des autres paragraphes qui ont eux aussi leurs propres paramètres de style.

Pour ce faire, créez un sélecteur ID dans vos définitions de style (soit dans l'en-tête du document (X)HTML dans une feuille de style interne, soit dans une feuille de style CSS externe), comme suit :

```
#premier {font-weight: bold;
          text-indent: -0.25in;}
```

Ainsi, dès que vous écrivez du code pour une page Web, vous marquez chaque premier paragraphe du (X)HTML de la manière suivante :

```
<p id=»premier»>Le premier paragraphe va être indenté de
   0,25 pouce et la police s'affichera en gras.</p>
<p>Les paragraphes suivants utiliseront le style que vous avez
  défini. Si vous ne définissez pas de style, ils adopteront
  les paramètres par défaut.</p>
```

La Figure 9.5 montre l'apparence de la page Web quand vous utilisez des sélecteurs ID pour appliquer les définitions CSS. Les sélecteurs ID sont pratiques car ils peuvent s'associer à tous types de balisage (ils ne sont pas liés à un seul élément comme les définitions de classe) et ils s'appliquent seulement quand ils sont utilisés. Très pratiques !

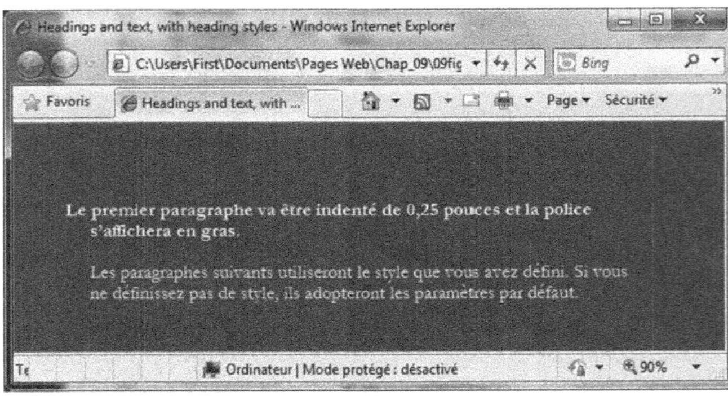

FIGURE 9.5 Les sélecteurs ID s'appliquent à tous types de balises.

L'héritage des styles

L'un des principes de base de HTML (et du balisage en général) est l'imbrication des balises :

- » Tout document HTML valide est imbriqué entre les balises `<html>` et `</html>`.
- » Tout ce que le navigateur affiche dans sa fenêtre est imbriqué entre les balises `<body>` et `</body>` (et ce n'est que le début).

GARE À L'HÉRITAGE !

Tenez compte des effets de l'héritage lorsque vous élaborez des feuilles de style complexes qui contrôlent l'apparence du moindre aspect d'une page. Par exemple, si vous indiquez une largeur de marge dans une règle de style s'appliquant au corps de la page, toutes les marges de tous les autres éléments de la page seront basées sur ce modèle. Si vous savez comment vos règles de style collaborent, vous pouvez utiliser l'héritage pour minimiser la répétition de règles de style et offrir à votre page un affichage cohérent.

Ce chapitre présente la syntaxe basique de CSS mais vous pouvez affiner vos règles de style en mobilisant des techniques avancées. Pour une présentation exhaustive de la syntaxe des règles de style CSS, référez-vous au didacticiel «CSS Structure and Rules» du Web Design Group sur `www.htmlhelp.com/reference/css/structure.html`.

La spécification CSS tient compte de cette possibilité d'imbriquer des éléments en vous garantissant que les styles associés à l'élément parent affectent l'élément enfant. Ce mécanisme est nommé *héritage*.

Note au maquettiste : Encadré conseil

Lorsque vous assignez un style à un élément, le même style est appliqué à tous les éléments imbriqués dans cet élément. Par exemple, une règle de style appliquée à l'élément `body` qui définit la couleur d'arrière-plan, la couleur du texte, la taille de la police, le type de police et les marges ressemble à ceci :

```
body {background: teal;
      color: white;
      font-size: 18px;
      font-family: Garamond;
      margin-left: 72px;
      margin-right: 72px;
      margin-top: 72px;}
```

Si vous souhaitez appliquer des règles de style à l'ensemble du document, appliquez-les à l'élément `body`. Ainsi, il est beaucoup plus facile de modifier la police dans toute la page. Autrement, vous devrez la modifier pour chaque élément, l'un après l'autre.

Lorsque vous reliez le document HTML suivant à la règle de style précédente, qui s'applique à l'élément `body`, la mise en forme est héritée par tous les éléments subordonnés.

```
<body>
  <p>Ce paragraphe hérite des styles de la page.</p>
  <h1>Tout comme ce titre</h1>
  <ul>
      <li>Tout comme cette liste</li>
      <li>Elément</li>
      <li>Elément</li>
   </ul>
</body>
```

Utiliser différents types de feuilles de style

Lorsque vous avez terminé de créer vos règles de style, vous pouvez les relier à votre page HTML par l'un de ces moyens :

- **Insérez des informations de style dans votre document.** Vous pouvez soit :
  - Utiliser l'élément `<style>` pour créer une feuille de style à l'intérieur de la page Web.

    C'est une *feuille de style interne*.
  - Utiliser l'attribut `style` pour ajouter des informations de style directement dans la balise.

    C'est un *style en ligne*.
- **Utilisez une feuille de style externe.** Vous pouvez soit :
  - Utiliser la balise `<link>` pour relier votre page Web à la feuille de style externe.
  - Utiliser l'instruction CSS `@import` pour *importer* une feuille de style externe dans une page Web.

Les feuilles de style internes

Une feuille de style interne réside dans votre page Web. Ajoutez simplement les règles de style à l'élément `<style>` dans l'en-tête du document. Vous pouvez insérer autant de règles de style que vous le souhaitez dans une feuille de style interne (voir Listing 9.1).

LISTING 9.1 **Ajouter une feuille de style interne dans un document HTML**

```
<!DOCTYPE html PUBLIC «-//W3C//DTD XHTML 1.0 Transitional//EN»
        «http://www.w3.org/TR/xhtml1/DTD/xhtml1-transitional.dtd»>
<html xmlns=»http://www.w3.org/1999/xhtml»>
<head>
  <title>Exemple de feuille de style interne</title>
  <style type="text/css">
    body {background: black;
          color: white;
          font-size: 16px;
          font-family: Garamond;
          margin-left: 72px;
          margin-right: 72px;
          margin-top: 72px;}

    h1, h2, h3 {color: teal;
                font-family: Arial;
                font-size: 36px;}

    p.copyright {font-family: Arial;
                 font-size: 12px;
                 font-color: white;
                 background: black;}

    .avertissement {font-family: Arial;
                    font-size: 16px;
                    font-color: orange;}
  </style>
</head>
<body>

<!-- Le contenu du document se trouve ici -->

</body>
</html>
```

L'avantage d'une feuille de style interne, c'est son côté pratique : vos règles de style se trouvent dans la même page que votre balisage, si bien que vous pouvez modifier les deux rapidement. Toutefois, si vous souhaitez que les mêmes règles de style contrôlent l'apparence de plus d'une page HTML, sortez ces styles des pages Web pour les loger dans une feuille de style externe.

UTILISEZ LES STYLES EN LIGNE AVEC PRUDENCE

Vous pouvez assigner des règles de style à des éléments, en particulier dans un document HTML. De telles règles de style *en ligne* figurent dans l'élément de la manière suivante :

```
<p style=»color: green;»>Texte
vert.</p>
```

L'ajout de règles de style dans un élément n'est pas la meilleure solution. Nous vous recommandons de choisir entre des feuilles de style internes ou externes (de préférence) regroupant vos règles de style plutôt que d'affecter des règles de style à des éléments individuels dans votre document. Voici pourquoi :

» Vos règles de style sont dispersées dans la page et donc difficiles à trouver.

» Vous devez placer toute une règle dans l'attribut `style`, ce qui rend difficile l'écriture de règles complexes.

» Vous perdez tout le bénéfice des sélecteurs et la possibilité de réutiliser vos règles de style dans des feuilles de style externes.

Les feuilles de style externes

Une feuille de style externe regroupe toutes vos règles de style dans un document texte séparé auquel vous pouvez faire référence depuis n'importe quel fichier HTML sur votre site. Ce document texte présente l'inconvénient de constituer un fichier supplémentaire que vous devez gérer mais il s'agit aussi d'une feuille de style externe qui facilite grandement la maintenance du site. En effet, si les pages de votre site utilisent toutes la même feuille de style, vous pouvez modifier la mise en forme de toutes les pages en intervenant une seule fois dans la feuille de style.

Nous vous recommandons d'utiliser des feuilles de style externes sur vos sites.

Faire référence à la feuille de style

Pour faire référence à une feuille de style externe, utilisez l'élément `link` dans l'en-tête de la page Web, comme ceci :

```
<html>
<head>
  <title>Exemple de feuille de style externe</title>
  <link rel=»stylesheet» type=»text/css» href=»styles.css» />
<head>
<body>

<!-- Le contenu de votre document se trouve ici -->

</body>
</html>
```

L'attribut `href` dans l'élément `<link>` peut être :

- » Un lien relatif (une feuille de style sur votre propre site).
- » Un lien absolu (une feuille de style qui ne réside pas sur votre propre site).

  Vous ne devriez pas utiliser une feuille de style qui ne réside pas sur votre site si vous voulez garder le contrôle de l'apparence de votre site.

Pour ajouter rapidement un style à votre page Web (ou voir comment les navigateurs gèrent différents styles), utilisez une URL absolue pour faire référence à l'une des feuilles de style du W3C. Pour en savoir plus, reportez-vous à `www.w3.org/StyleSheets/Core`.

Le Chapitre 6 présente les différences entre liens absolus et liens relatifs.

Importer la feuille de style

L'instruction `@import` commande au navigateur de charger une feuille de style externe et d'utiliser ses styles. Vous l'utilisez dans l'élément `<style>` avant toute règle de style individuelle, comme ceci :

```
<style>
  @import "http://www.site.edu/stylesheet.css»;
</style>
```

Les règles de style d'une feuille de style importée prévalent sur toute autre règle définie avant l'instruction `@import`. Par conséquent, si vous référencez plusieurs feuilles de style à l'aide de plus d'une instruction `@import` dans votre page, les règles appliquées seront celles de la dernière feuille de style externe importée.

Comprendre la cascade

Plusieurs feuilles de style peuvent influencer les éléments d'une page en conjuguant leurs effets. C'est un peu comme l'héritage des styles dans une page Web. C'est la partie *cascade* de CSS.

Voici un exemple issu du monde réel : un site Web du département d'anglais d'une université. Ce département fait partie de la section des sciences humaines, qui n'est que l'une des unités de l'université. Chacune de ces entités (l'université, la section et le département d'anglais) dispose de sa propre feuille de style.

1. La feuille de style de l'université fournit les règles de style pour toutes les pages du site.
2. La feuille de style de la section reprend la feuille de style de l'université (en utilisant l'instruction @import) et ajoute plus de règles de style afin de personnaliser le site Web de la section.
3. Le département d'anglais fait référence à la feuille de style de la section.

   Ainsi, les pages du département disposent de leurs propres règles de style et héritent des règles définies dans les feuilles de style de la section et de l'université.

Que se passe-t-il quand plusieurs feuilles de style définissent des règles pour un même élément ? Par exemple, si les trois feuilles de style évoquées ci-dessus définissent une règle spécifique pour l'élément `h1` ? Dans ce cas, c'est la règle la plus proche de la page ou de l'élément qui gagne :

» Si une règle `h1` existe dans la feuille de style du département, elle prévaut sur celles des feuilles de style de la section et de l'université.

» Si une page du département applique une règle de style à `h1` dans une balise `<style>`, c'est cette règle qui s'applique.

Chapitre 10

Utiliser des feuilles de style en cascade

DANS CE CHAPITRE :

- **Comprendre comment utiliser CSS.**
- **Positionner des objets dans une page.**
- **Créer des règles de police.**
- **Créer des feuilles de style pour l'impression.**
- **Comprendre les feuilles de style orales.**

Il est facile de comprendre la structure et la syntaxe de CSS. Il faut un peu plus de temps et d'efforts pour assimiler les propriétés qui s'appliquent aux documents (X)HTML. Toutefois, l'apprentissage devient vraiment intéressant quand on découvre comment utiliser CSS pour donner du punch à une page Web jusqu'alors platement ordinaire. Ce chapitre explique donc comment mettre à l'œuvre CSS plutôt que de se focaliser sur sa structure et les détails de son fonctionnement.

Si vous avez besoin de vous rafraîchir la mémoire au sujet des règles de style CSS et des propriétés, référez-vous au Chapitre 9 (description générale de CSS et de son fonctionnement). Vous pourrez ensuite retourner dans ce chapitre et mettre CSS en action.

Maintenant, il est temps de réaliser une page et de lui donner du style !

Pour utiliser CSS efficacement, suivez ces directives :

- Lorsque vous testez l'apparence d'une page, utilisez les styles internes afin de pouvoir la modifier comme vous le désirez (ce chapitre utilise des feuilles de style internes mais le Chapitre 9 traite des feuilles de style internes et externes plus en détail).

» Lorsque l'apparence de votre page de test vous satisfait, déplacez tous ces styles internes dans une feuille externe puis appliquez-la à toutes les pages concernées de votre site.

Gérer l'agencement et le positionnement

Vous pouvez utiliser CSS pour agencer vos pages de sorte que les images et les blocs de texte :

» Apparaissent exactement où vous le souhaitez.

» Occupent parfaitement l'espace que vous leur allouez.

Une fois que vous avez créé vos styles dans un document, vous pouvez créer une feuille de style externe pour appliquer les mêmes styles à n'importe quelle page.

Le Listing 10.1 montre une page Web sans styles définis. Cette page basique est illustrée dans la Figure 10.1.

LISTING 10.1 **Une page toute bête**

```
<!DOCTYPE html PUBLIC «-//W3C//DTD XHTML 1.0 Transitional//EN»
         «http://www.w3.org/TR/xhtml1/DTD/xhtml1-transitional.dtd»>
<html xmlns=»http://www.w3.org/1999/xhtml» lang=»fr» xml:lang=»fr»>
<head>
  <title>La page de Pixel</title>
  <meta http-equiv=»Content-Type» content=»text/html;
       charset=ISO-8859-1» />
</head>
 <body>
  <h1>Je suis Pixel le chat. Bienvenue sur ma page.</h1>
  <div id=»navBar»>
     <p>Liens intéressants :</p>
       <p><a href=»http://www.google.fr/»>Google</a></p>
       <p><a href=»http://www.amazon.fr/»>Amazon</a></p>
       <p><a href=»http://www.yahoo.fr/»>Yahoo!</a></p>
  </div>
  <img src=»/images/pixel1.jpg» alt=»Le Chat» width=»320»
           height=»240»
```

```
      id=»leChat» />
  </body>
</html>
```

La création de liens pour vos pages Web est un sujet abordé dans le Chapitre 6. Vous y trouvez tout ce qu'il faut savoir sur la création de liens. Pour en savoir plus sur les feuilles de style en cascade et le dynamisme qu'elles peuvent apporter au contenu de votre site Web, reportez-vous au Chapitre 9.

Le chat est très beau mais la page ne met en aucun cas ses qualités en valeur. L'ajout de quelques styles peut considérablement améliorer la présentation de cette page. Voici comment !

FIGURE 10.1 Cette page sans aucun style ne met pas en valeur les qualités de ce chat.

L'agencement visuel

Plutôt que les liens apparaissent au-dessus de l'image, comme dans la Figure 10.1, nous voulons les afficher sur la gauche, l'endroit traditionnellement réservé aux outils de navigation.

Le balisage suivant fait flotter le texte sur la gauche de l'image (voir la Figure 10.2) :

```
<style type=»text/css»>
  #navBar {
    background-color: #CCC;
    border-bottom: #999;
    border-left: #999;
    border-width: 0 0 thin thin;
    border-style: none none groove groove;
    display: block;
    float: left;
    margin: 0 0 0 10px;
    padding: 0 10px 0 10px;
    width: 150px;
    line-height: 0.2em;
  }
</style>
```

FIGURE 10.2 La barre de navigation, désormais placée à gauche de l'image, ressemble plus à une barre de navigation classique.

Dans les règles précédentes, nous :

» Ajoutons l'élément `<style>`.

» Définissons l'id `navBar` dans l'élément <style>.

» Utilisons l'id `navBar` pour dire au contenu qu'il doit flotter à gauche de l'image, ce qui le fait apparaître dans la même partie de la page sur la gauche plutôt qu'au-dessus de l'image.

Cette règle indique que tout ce qui se trouve sur la page et qui appartient à l'id `navBar` (comme le montre la Figure 10.2) doit s'afficher avec :

» Un arrière-plan gris clair.

» Une fine bordure en relief en bas et à gauche, en gris sombre.

» Pas de bordure en haut, ni à droite.

» Un bloc qui flotte sur la gauche (de sorte que tout le reste de la page passe à droite, comme l'image dans la Figure 10.2).

» Une marge de gauche de 10 pixels (px).

» Une marge intérieure de 10 pixels en haut et en bas.

» Une zone de navigation de 100 pixels de large.

Vous aurez aussi remarqué que nous avons attribué la valeur `0.2em` à `line-height`. Ainsi, les lignes du menu sont compactes, sans trop d'espace entre les différents éléments.

Notez que certaines propriétés de la déclaration, nommées *propriétés raccourcies*, prennent plusieurs valeurs, telles que `margin` et `padding`. Les propriétés raccourcies adoptent les valeurs de plusieurs propriétés CSS (telles que `margin-height`, `margin-width` et ainsi de suite). Référez-vous à nos ressources en ligne pour une liste complète. Ces valeurs correspondent aux paramètres pour le haut, la droite, le bas et la gauche de la zone de navigation. `margin` crée un espace vide tout autour de la zone et `padding` définit l'espace entre les bords de la zone et son contenu. Voici les règles qui expliquent comment associer les valeurs aux propriétés qui gèrent les marges internes, les bordures, la marge interne, etc. :

» Si tous les côtés ont la même valeur, une seule valeur suffit.

» Si un seul des côtés est différent des autres, il faut spécifier une valeur pour chacun des côtés. Vous pouvez passer l'une ou l'autre de ces valeurs à zéro. Cela garantit que l'affichage des pages est le même quel que soit le navigateur (et la version du navigateur).

Le positionnement

CSS offre plusieurs possibilités pour spécifier précisément où un élément doit apparaître dans la page. Ces contrôles utilisent divers types de positionnement basés sur les relations entre la zone d'un élément et la zone de son parent pour aider les concepteurs de pages à placer les éléments où ils le souhaitent. Les types de propriétés impliquées sont présentés dans les sections suivantes.

Emplacement

Vous pouvez contrôler la position horizontale et la position verticale d'une image. Toutefois, lorsque vous recourez au positionnement absolu d'un élément de la page, vous devez indiquer où cet élément doit se placer par rapport à l'angle supérieur gauche de la fenêtre du navigateur. Ainsi, plutôt qu'elle soit dessinée automatiquement à la droite de la barre de navigation, vous pouvez placer une image en bas et à gauche, comme dans la Figure 10.3. Cependant, les éléments avec une position absolue s'infiltrent toujours dans le niveau supérieur quand les éléments se chevauchent, ce qui explique pourquoi la photo de Pixel s'affiche au-dessus. Nous modifions cet ordre par défaut plus tard dans ce chapitre.

```
#leChat {position: absolute; top: 120px; left: 107px;}
```

Vous vous demandez sans doute pourquoi la règle `navBar` (définie dans la section «L'agencement visuel») et la règle `leChat` (dans l'extrait de code qui précède la Figure 10.3) commencent par un dièse. C'est parce que le dièse s'applique à l'attribut `id`. Vous pouvez utiliser un point pour débuter une règle de classe et elle s'appliquera à toutes les instances de cette classe, où

FIGURE 10.3 L'image est plus captivante à cet endroit.

quelle se trouve dans la page. Vous pouvez donc appliquer les attributs `class` et `id` à des éléments spécifiques, à la différence près que `class` peut être utilisé plusieurs fois. En revanche, l'attribut `id` ne peut apparaître qu'une seule fois sur une page. En effet, deux éléments ne peuvent pas avoir le même attribut `id` : vous ne pouvez donc pas avoir deux éléments dans votre page dont l'attribut `id` est `leChat`. La différence est qu'un attribut `class` permet de faire référence à toutes les instances d'un élément (X)HTML avec une seule référence tandis qu'un attribut `id` peut adresser une seule instance d'un élément.

Surperposition

Deux objets *peuvent* se voir assigner la même position dans une page Web. Même si cela peut sembler problématique, la superposition peut créer des effets intéressants, comme le montrent la barre de navigation et la photo dans le code et la Figure qui suivent. Lorsque cela survient, le navigateur doit décider de l'ordre d'affichage : quel objet placer dessus et quel objet placer dessous ?

La propriété `z-index`, ajoutée à toute autre règle, vous permet de spécifier l'ordre dans lequel vous souhaitez que les objets s'empilent les uns sur les autres lorsqu'ils occupent la même position sur la page :

- » Un petit nombre éloigne l'objet dans 'arrière-plan.
- » Un grand nombre approche l'objet du premier plan.
- » La valeur par défaut pour `z-index` est `auto`, ce qui signifie que l'objet se trouve au même niveau que son parent.

Attribuer à `leChat` une valeur de –1 pour la propriété `z-index` permet de placer l'élément dans l'arrière-plan de la page (comme le montre la Figure 10.4), derrière tous les éléments pour lesquels `z-index` n'est pas défini (voir le code HTML de la Figure 10.4 sur le site associé au livre).

```
#leChat {position: absolute; top: 120px; left: 107px; z-index: -1;}
```

FIGURE 10.4 L'image est placée derrière la barre de navigation.

Modifier les polices pour améliorer l'aspect visuel et la lisibilité

Vous pouvez rendre une page plus intéressante en remplaçant ses vieilles polices ennuyeuses. Commencez par déterminer une police pour le corps du document en même temps que vous définissez d'autres règles de style par défaut, comme la couleur de l'arrière-plan et celle du texte.

Le texte du corps

Voici un exemple qui spécifie le style pour le texte dans un élément `body` :

```
body {font-family: verdana, geneva, arial, helvetica, sans-serif;
      font-size: 1em; line-height: 1.33em; background-color: white;
      color: teal;}
```

Comme l'élément `body` contient tout le contenu de la page Web, cela affecte tout le reste de la page. La règle précédente commande au navigateur d'afficher tout le texte qui Figure dans l'élément `body` de la manière suivante :

» Le texte est affiché en utilisant une des polices listées. Nous avons commencé par citer Verdana, car c'est notre premier choix et que les navigateurs vont tester la disponibilité des polices dans l'ordre où elles sont citées. Notez qu'une police générique, dans ce cas la police `sans-serif`, apparaît presque toujours en dernier dans une telle liste car le navigateur peut presque toujours fournir cette police.

Vous pouvez lister plus d'une police. Le navigateur prend la première police de votre liste qui est disponible dans le navigateur. Par exemple, le navigateur recherche les polices de notre liste dans cet ordre :

1. Verdana.
2. Geneva.
3. Arial.
4. Helvetica.

5. La police par défaut sans empattement du navigateur.

» Une hauteur de ligne de 1.33 em.

La Figure 10.5 montre que :

» Toutes les modifications s'appliquent à la page entière, dont la barre de navigation.

» La propriété `font-family` est différente dans le titre `h1`.

  Comme les en-têtes ont des propriétés `font-size` et `line-height` par défaut, il faut une autre règle pour les modifier.

FIGURE 10.5 Les polices sont plus jolies mais elles pourraient encore être peaufinées.

Les titres

Si nous assignons explicitement des propriétés de style à l'élément `h1`, le résultat produit à l'écran sera plus prévisible. Voici un exemple de jeu de styles :

```
h1 {font-family: «trebuchet ms», verdana, geneva, arial, helvetica,
    sans-serif;
    font-size: 2em; line-height: w.167em;}
```

La Figure 10.6 montre le titre de premier niveau avec le type et la taille de police que nous voulons : Trebuchet MS 2em avec une hauteur de ligne de $2^{1/6}$em. Si nous ne disposions pas de Trebuchet MS sur notre système, le titre serait apparu en Verdana.

FIGURE 10.6 Déclarer une règle pour `h1` permet de l'afficher exactement comme nous le souhaitons.

Lorsque le nom d'une police comprend des espaces (comme `trebuchet ms` ou `times new roman`), le nom complet doit être mis entre guillemets (voir le Chapitre 11 pour plus d'informations).

Les hyperliens

Nous pensons que le soulignement des hyperliens (ce qui est le cas par défaut) encombre légèrement le menu. Fort heureusement, nous pouvons désactiver le soulignement avec CSS mais souhaitons que les hyperliens continuent de ressembler à des hyperliens. C'est pourquoi nous indiquons à CSS :

» D'afficher les liens en gras.

» De faire apparaître le soulignage quand le curseur passe sur le lien.

» D'afficher les liens dans une couleur spécifique.

Les règles de style suivantes définissent la manière dont un navigateur doit afficher les hyperliens :

```
a {text-decoration: none; font-weight: bold}
a:link {color: blue}
a:visited {color: #93C}
a:hover {text-decoration: underline}
```

Que se passe-t-il ici ? Au départ, nous commençons par définir deux règles pour la balise `<a>` qui s'appliquent à tous les liens de la page :

» **La déclaration** `text-decoration` **définit sa valeur à** `none`**.**

  Cela permet de supprimer le soulignement de tous les liens.

» **La déclaration** `font-weight` **a la valeur** `bold`**.**

  Cela permet d'afficher tous les liens de la page en gras.

Les autres règles dans le code précédent sont des *sélecteurs de pseudo-classes*. Elles servent à modifier l'apparence des liens dans leurs différents états (pour plus d'informations sur les pseudo-classes, reportez-vous au Chapitre 11). Ici, nous modifions la couleur lorsque le lien a été visité et nous activons le soulignement lorsque le pointeur de la souris survole le texte du lien. Cela permet d'identifier les liens quand le pointeur s'en approche. La Figure 10.7 montre comment la page apparaît lorsque les règles de style précédentes sont appliquées.

Externaliser les feuilles de styles

Lorsque la page finale vous satisfait, vous pouvez couper et coller votre feuille de style interne testée et approuvée dans une feuille de style externe. L'utilisation de feuilles de style externes présente les avantages suivants :

FIGURE 10.7 La version finale de notre page.

- Toute page du site peut utiliser l'intégralité de la feuille de style sous réserve d'ajouter une petite ligne de code dans chaque page.
- Les modifications peuvent s'effectuer à l'échelle du site, avec un seul changement dans la feuille de style externe.

Suivez ces étapes pour créer une feuille de style externe à partir d'une feuille de style interne testée et approuvée :

1. **Copiez tout le texte qui se trouve entre les balises** `<style>` **et** `</style>`**.**
2. **Collez ce texte dans un nouveau document.**

   Ce texte devrait uniquement contenir le balisage CSS, sans balisage HTML.
3. **Ajoutez l'extension** `.css` **au nom du document (par exemple,** `mesStyles.css`**) lorsque vous l'enregistrez.**

   L'extension permet de savoir qu'il s'agit d'un fichier CSS au premier coup d'œil.

Maintenant, vous disposez d'une feuille de style externe. Il est temps de relier votre fichier HTML à cette feuille de style. Pour cela, vous disposez de deux solutions :

- **Utilisez la balise** `<link>`**.**

  Tous les navigateurs qui gèrent CSS comprennent la balise `<link>`.

- **Utilisez la balise** `<style>` **avec le mot-clé** `@import`**.**

  Seuls les navigateurs les plus récents comprennent la combinaison `<style>` et `@import`.

Référez-vous au Chapitre 9 pour en savoir plus sur ces deux méthodes.

Utiliser CSS avec différents médias

Vous pouvez préciser la manière dont vos pages Web gèrent différents *types de médias.*

Le Tableau 10.1 recense tous les types de médias et leur utilisation.

TABLEAU 10.1 Les types de médias reconnus.

Type de média	Description
`all`	Adapté à tous les périphériques
`aural`	Pour les synthétiseurs vocaux
`braille`	Pour les périphériques tactiles en braille
`embossed`	Pour les imprimantes en braille
`handheld`	Pour les périphériques portables (qui ont un petit écran, un écran monochrome et une bande passante limitée)
`print`	Pour les supports paginés opaques et les documents visualisés à l'écran en mode aperçu avant impression
`projection`	Pour les présentations projetées telles que les transparents
`screen`	Pour les écrans d'ordinateurs en couleur

Type de média	Description
`tty`	Pour les médias qui utilisent une grille de caractères à taille fixe, tels que les terminaux, les périphériques portables aux capacités d'affichage réduites
`tv`	Pour les périphériques de type télévision (à faible résolution, au nombre de couleurs, au défilement et au son limités)

CSS peut apporter des modifications pour personnaliser la manière dont une même page :

- » S'affiche sur un écran d'ordinateur.
- » S'imprime sur papier.
- » Sonne lorsqu'elle est lue.

Les styles des médias visuels

Le Tableau 10.2 recense les propriétés CSS les plus utilisées dans une page Web. Le contenu en ligne de ce livre contient de brèves descriptions des propriétés CSS, des balises (X)HTML et des attributs les plus utilisés.

TABLEAU 10.2 **Les styles média visuels.**

Propriété	Valeurs	Valeur par défaut	Description
`back-ground-co-lor`	N'importe quelle couleur, par nom ou code hexadécimal	`transparent`	Couleur d'arrière-plan de l'élément associé
`background-image`	URL	`none`	URL d'une image à afficher en arrière-plan de l'élément
`color`	N'importe quelle couleur, par nom ou code hexadécimal	À vous de choisir !	Couleur du texte de premier plan
`font-family`	Toute police `cur-sive` `fantasy` `monospace` `sans-serif` `serif`	À vous de choisir !	Police du contenu de l'élément associé

Propriété	Valeurs	Valeur par défaut	Description

`font-size`	Nombre + unité
	`xx-small`
	`x-small`
	`small smaller`
	`medium large`
	`larger`
	`x-large`
	`xx-large`
	`% Length` (px, em, cm)
		`medium`	Taille de la police du contenu de l'élément associé

`font-weight`	`normal bold`
	`bolder`
	`lighter 100`
	`200 300 400`
	`500 600 700`
	`800 900`
		`normal 400 équivaut à normal 700 équivaut à bold`	Epaisseur (normal à gras) de la police affichée

`line-height`	`normal` nombre + unité `% Length` (px, em, cm)	`normal`	Espacement vertical entre des lignes du texte

`text-align`	`left`
	`right`
	`center`
	`justify`
		À vous de voir !	Alignement du texte dans la page

`text-decoration`	`none`
	`underline`
	`overline`
	`line-through`
	`blink`
		`none`	Effets du texte

`list-style-image`	URL	`none`	URL d'une image à utiliser comme puce de liste
`list-style-position`	`inside` `outside`	`outside`	Retour du texte avant ou après les puces

Propriété	Valeurs	Valeur par défaut	Description
`list-style-type`	`disc circle square decimal decimal-leading-zero lower-alpha upper-alpha none armenian georgian lower-greek lower-latin lower-roman upper-latin upper-roman`	`disc`	Type de puces dans les listes
`display`	`block inline none`	`inline`	Format d'une section défi-nie d'un élément bloc
`top`	Nombre et unité `auto`	`auto`	Pour les objets en position absolue, définit le bord supérieur de l'élément sur/sous le bord supérieur de l'élément contenant. Pour les objets en position relative, définit le bord supérieur de l'élément sur/sous sa position habituelle
`right`	Pourcentage Nombre + unité `auto`	`auto`	Pour les objets en position absolue, définit le bord droit de l'élément par rapport au bord droit de l'élément contenant. Pour les objets en position relative, définit le bord droit de l'élément par rapport au bord droit de sa position habituelle

Propriété	Valeurs	Valeur par défaut	Description
`bottom`	Pourcentage Nombre + unité `auto`	`auto`	Pour les objets en position absolue, définit le bord inférieur de l'élément sous le bord inférieur de l'élément contenant. Pour les objets en position relative, définit le bord inférieur de l'élément sous sa position habituelle
`left`	Pourcentage Nombre + unité `auto`	`auto`	Pour les objets en position absolue, définit le bord gauche de l'élément par rapport au bord gauche ou droit de l'élément contenant. Pour les objets en position relative, définit le bord gauche de l'élément sur/sous sa position habituelle

`position`	`static`
	`absolute`
	`relative`
	`fixed`
		`static`	Méthode utilisée pour positionner un élément par rapport à un référentiel

`visibility`	`collapse`
	`visible`
	`hidden`
	`inherit`
		`inherit`	Indique si un objet sera affiché dans la page

`z-index`	`Nombre` `auto`	`auto`	Ordre de superposition des objets (-1 place l'objet complètement en arrière-plan)

`border-style`	`none`
	`dotted`
	`dashed`
	`solid`
	`double`
	`groove`
	`ridge`
	`inset`
	`outset`
		Non définie	Style de la bordure d'un objet. Peut être décomposé en `border-top-style`, `border-right-style`, `border-bottom-style` et `border-left-style`

Propriété	Valeurs	Valeur par défaut	Description

`border-width`	`thin`
	`medium`
	`thick`
	Nombre
		Non définie	Largeur de la bordure d'un objet. Peut être décomposé en **`border-top-width`**, **`border-right-width`**, **`border-bottom-width`** et **`border-left-width`**

`border-color`	N'importe quelle couleur, par nom ou code hexadécimal `transparent`	Non définie	Couleur de la bordure d'un objet. Peut être décomposé en **`border-top-color`**, **`border-right-color`**, **`border-bottom-color`** et **`border-left-color`**

`border`	`border-width`
	`border-style`
	`border-color`
		Non définie	Regroupe les propriétés de la bordure d'un objet. Peut être décomposé en **`border-top`**, **`border-right`**, **`border-bottom`** et **`border-left`**

`float`	`left`
	`right`
	`none`
		`none`	Spécifie si l'objet doit flotter d'un côté ou de l'autre du document

`height`	Nombre + unité `auto`	`auto`	Hauteur affichée de l'objet
`width`	Nombre + unité `auto`	`auto`	Largeur affichée de l'objet
`margin`	Nombre + unité `auto`	Non définie	Marges extérieures de l'objet. Peut être décomposé en **`margin-top`**, **`margin-right`**, **`margin-bottom`** et **`margin-left`**
`padding`	Nombre + unité `auto`	Non définie	Espace vide affiché autour de l'objet. Peut être décomposé en **`padding-top`**, **`padding-right`**, **`padding-bottom`** et **`padding-left`**

Propriété	Valeurs	Valeur par défaut	Description

`cursor`	`auto`
	`crosshair`
	`default`
	`pointer`
	`move`
	`text`
	`help`
	`URL`
	`e-resize`
	`ne-resize`
	`nw-resize`
	`progress`
	`s-resize`
	`se-resize`
	`sw-resize`
	`w-resize`
	`inherit`
		`auto`	Apparence du curseur dans la fenêtre du navigateur

Certains navigateurs ne gèrent pas les propriétés CSS. Si vous utilisez des fonctionnalités CSS, testez vos pages dans les navigateurs que vos visiteurs sont susceptibles d'utiliser. Utilisez les propriétés CSS qui fonctionnent dans la majorité des navigateurs et ignorez les autres.

Si vous voulez toujours avoir sur vous un guide CSS complet, stockez-le sur votre iPod ! Le podGuide gratuit de Westciv est un dossier de petits fichiers texte. Téléchargez l'archive et suivez les instructions pour savoir comment l'installer. Vous disposerez ainsi d'une documentation complète sous la main à tout instant (vous pourrez aussi gagner le prix du «Plus grand geek CSS du monde»). Le podGuide est disponible sur `www.westciv.com/news/podguide.html`.

Les styles des médias paginés

CSS peut personnaliser l'apparence d'une page à l'impression. Voici quelques recommandations :

» **Remplacez les polices sans empattement par des polices à empattement.**

Les polices à empattement sont plus faciles à lire que les polices sans empattement.

» **Insérez des publicités qui :**

- Font sens lorsqu'elles ne sont pas animées.
- Sont utiles sans que l'on ait besoin de cliquer dessus.

En général, les styles des médias paginés permettent de vous assurer que le texte sera bien présenté lorsqu'il sera imprimé ou affiché dans un navigateur Web. Les styles des médias paginés servent aussi à masquer du contenu inapproprié lors de l'impression (les bannières, les publicités, etc.) afin de limiter le gaspillage de papier et de ne pas irriter l'utilisateur. Le Tableau 10.3 détaille les propriétés CSS des médias paginés à utiliser pour aider les utilisateurs à imprimer au mieux vos pages Web.

L'exemple du Listing 10.2 utilise ces options pour les styles des médias paginés :

» Affichage du texte en noir sur un arrière-plan blanc.

TABLEAU 10.3 Les styles des médias paginés.

Propriété	Valeurs	Valeur par défaut	Description
`orphans`	Nombre	2	Nombre minimum de lignes d'un paragraphe à insérer en bas d'une page quand le paragraphe est coupé

`page-break-before`	`auto`
	`always`
	`avoid`
	`left`
	`right`
		`auto`	Gestion du saut de page avant un élément

`page-break-inside`	`auto` `avoid`	`auto`	Gestion du saut de page dans un élément
`widows`	Nombre	2	Nombre minimum de lignes d'un paragraphe à insérer en haut d'une page quand le paragraphe est coupé

» Remplacement des polices sans empattement par des polices à empattement.

LISTING 10.2 **Ajout d'une feuille de style pour l'impression.**

```
<!DOCTYPE html PUBLIC «-//W3C//DTD XHTML 1.0 Transitional//EN»
         «http://www.w3.org/TR/xhtml1/DTD/xhtml1-transitional.dtd»>
<html xmlns=»http://www.w3.org/1999/xhtml» lang=»fr» xml:lang=»fr»>
<head>
<title>Voici ma page</title>
<meta http-equiv=»Content-Type» content=»text/html;
                  charset=ISO-8859-1» />
<style type=»text/css»>
    body {background-color: black; color: white; font-family:
           sans-serif;}

    @media print {
     body {background-color: white; color: black; font-family: serif}
   }
</style>
</head>
<body>
    Cette page prend une apparence très différente lorsqu'elle est
         imprimée.
</body>
</html>
```

Si vous vous demandez pourquoi aucune des propriétés du Tableau 10.3 n'a été utilisée et pourquoi d'autres l'ont été, la raison est simple : leurs valeurs par défaut convenaient parfaitement à cet exemple. Or, ce n'est pas parce que certaines propriétés peuvent être modifiées que vous ne pouvez pas en modifier d'autres par ailleurs ; vous pouvez faire les deux.

LES STYLES DE SYNTHÈSE VOCALE

Les navigateurs et les styles à synthèse vocale ne sont pas seulement destinés aux déficients visuels. Ils sont aussi utiles aux utilisateurs du Web qui :

- Ont des difficultés à lire.
- Ont besoin d'informations en conduisant.

L'exemple suivant recommande l'utilisation d'une synthèse vocale avec des voix masculines et féminines pour bien faire la distinction :

```
<style>
    @media aural {
        p.alexandre {voice-family:
male;}
        p.marianne {voice-family:
female;}
    }
</style>
```

Il se peut que vous ne soyez jamais amené à intégrer des styles de synthèse vocale dans votre page. Toutefois, sachez que les synthétiseurs par défaut devraient bien fonctionner si :

- Votre page contient essentiellement du texte.
- Vous ne vous souciez pas trop de l'intonation, si bien qu'une voix d'homme ou de femme fera l'affaire.

Cela dit, vous pouvez trouver une liste complète des propriétés des styles de synthèse vocale sur le site Web qui accompagne ce livre.

Chapitre 11

Créer avec des couleurs et des polices

DANS CE CHAPITRE :

» **Utiliser CSS pour définir la mise en forme du texte.**

» **Travailler avec les couleurs de page et d'arrière-plan.**

» **Modifier l'affichage des polices.**

» **Appliquer des traitements supplémentaires au texte.**

Avant que les feuilles de style n'existent, les concepteurs Web devaient s'appuyer sur le balisage HTML pour contrôler les arrière-plans, les couleurs, les polices et les tailles de texte dans les pages Web. Avec les feuilles de style, ils peuvent désormais séparer l'information sur le style du contenu, ce qui signifie qu'ils peuvent utiliser CSS pour contrôler la police, la couleur et d'autres styles.

Pourquoi se gêner ? C'est simple. Lorsque vous utilisez CSS, vous bénéficiez des avantages suivants :

» Un meilleur contrôle lorsque vous modifiez ou actualisez des informations relatives à la présentation.

» Les documents HTML ne sont plus encombrés de balises `<font>`.

» Plus d'options pour mettre en forme le texte, comme la définition de la hauteur de ligne, l'épaisseur de la police, l'alignement du texte, la conversion du texte en majuscules ou en minuscules.

(X)HTML comprend toujours des éléments de mise en forme, tels que <tt>, <i>, <big>, <b> et <small>. Toutefois, les autres éléments de mise en forme tels que <font> sont *dépréciés*. Cela signifie qu'il n'est plus recommandé de les utiliser (même s'ils fonctionnent toujours et que la plupart des navigateurs les reconnaîtront). Nous pensons que vous ne devriez plus les utiliser mais c'est à vous de voir. Pour en savoir plus sur les éléments de mise en forme dépréciés, consultez le Chapitre 8.

Les valeurs des couleurs

(X)HTML définit les couleurs de deux manières :

» Par *nom* : vous faites votre choix dans une liste limitée.

» Par *code* : plus difficile de s'en souvenir mais le choix est plus vaste.

Les noms des couleurs

La spécification du HTML comprend 16 noms de couleurs que vous pouvez utiliser pour définir des couleurs dans votre page. Le Tableau 11.1 recense ces couleurs. Les nombres qui commencent par un caractère dièse (#) sont en notation *hexadécimale*, un mélange de lettres de A à F (pour 10 à 15) et de chiffres de 0 à 9.

Vous pouvez sans risque utiliser les noms des couleurs dans votre balisage CSS car les navigateurs savent toujours les interpréter. Vous pouvez aussi comparer les couleurs à l'écran et sur papier pour constater à quel point l'impression et l'affichage peuvent avoir un rendu différent. Il se peut que la balance des couleurs de votre écran soit mal configurée ou que la couleur proposée par l'imprimante ne soit pas la bonne. Ce n'est pas aussi simple qu'on peut l'imaginer !

Visitez `www.htmlhelp.com/reference/html40/values.html#color` pour voir comment votre navigateur affiche ces couleurs. Si vous le pouvez, visualisez cette page sur deux ou trois ordinateurs différents pour voir comment un navigateur, un système d'ex-

TABLEAU 11.1 **Les noms des couleurs en (X)HTML**

Nom de la couleur	Code RGB
Black	#000000
Silver	#C0C0C0
Gray	#808080
White	#FFFFF
Maroon	#800000
Red	#FF0000
Purple	#800080
Fuchsia	#FF00FF
Green	#008000
Lime	#00FF00
Olive	#808000
Yellow	#FFFF00
Navy	#000080
Blue	#0000FF
Teal	#008080
Aqua	#00FFFF

ploitation, une carte graphique et un écran différents peuvent altérer l'affichage d'une couleur.

Cette déclaration de style CSS indique que tout le texte figurant dans les balises `<p>` doit apparaître en bleu (*blue*) :

```
p {color: blue;}
```

Si vous cherchez les couleurs chartreuse ou saumon, vous n'avez pas de chance car cette liste n'est pas une boîte à crayons très fournie.

Cependant, vous pouvez aussi trouver les codes hexadécimaux des couleurs adaptées au Web ainsi que des échantillons de couleurs sur www.dummies.com/cheatsheet/html. Même si elles n'ont pas de nom, ces couleurs sont *adaptées au Web* car elles ont un bon rendu sur la plupart des écrans et des imprimantes.

Les codes des couleurs

Les codes des couleurs permettent d'utiliser n'importe quelle couleur (y compris le saumon) dans votre page Web.

Les codes hexadécimaux

Lorsque vous utilisez le code hexadécimal pour définir une couleur, vous devriez toujours le préfixer du caractère dièse (#). Autrement, elle risque de ne pas s'afficher correctement dans certains navigateurs.

Cette déclaration de style CSS indique que tout le texte figurant dans des balises <p> doit apparaître en bleu :

```
p {color: #0000FF;}
```

Les valeurs RGB

Vous pouvez utiliser des valeurs RGB à deux chiffres pour définir une couleur. Ces valeurs ne se rencontrent pas aussi souvent que les valeurs hexadécimales mais elles n'en sont pas moins efficaces :

- `rgb (r, g, b)` : `r`, `g` et `b` sont des entiers compris entre 0 et 255 qui représentent respectivement le rouge (red), le vert (green) et le bleu (blue).
- `rgb (r%, g%, b%)` : `r%`, `g%` et `b%` représentent respectivement les pourcentages de rouge, vert et bleu.

Les définitions des couleurs

Vous pouvez définir une couleur précise pour chaque texte de la page Web, de même que vous pouvez définir une couleur

TROUVER LE CODE HEX DE N'IMPORTE QUELLE COULEUR

Vous ne pouvez pas simplement agiter votre baguette magique et faire surgir le code hex d'une couleur. Pour cela, vous devez recourir à d'autres moyens moins magiques. Ainsi, les convertisseurs de couleurs appliquent une formule précise pour transformer le code standard RGB en code hexadécimal. Mais comme vous avez mieux à faire que perdre votre temps avec des codes hex, vous disposez d'autres options pour trouver le code de votre couleur, qu'elle apparaisse ou non dans la liste des couleurs utilisables pour le Web figurant sur la notice de rappel associée à ce livre (`www.dummies.com/cheatsheet/html`). Dans les deux cas, inutile de sortir votre calculatrice.

- **Sur le Web :** Quelques bonnes sources pour retrouver les codes hex des couleurs :

  `www.colorschemer.com/online.html`

  `http://www.webmonkey.com/2010/color_charts`

  Il vous suffit de rechercher la couleur que vous souhaitez puis de saisir dans votre HTML le code hex qui y est associé.

- **Avec un éditeur d'images :** De nombreuses applications de traitement d'images, telles qu'Adobe Photoshop ou Adobe Fireworks, affichent le code hexadécimal de toutes les couleurs. Même le sélectionneur de couleurs de Word affiche les codes hex des couleurs d'une image. Si vous disposez d'une image que vous appréciez et que vous souhaitez utiliser comme source de couleurs pour votre page Web, ouvrez-la dans votre éditeur favori et trouvez les codes hex.

d'arrière-plan pour la page Web entière ou seulement pour une portion de cette page.

CSS utilise les propriétés suivantes pour définir une couleur :

- `color` définit la couleur de la police et sert aussi à définir des couleurs pour les liens dans leurs différents états (`link`, `active`, `focus`, `visited` et `hover` ; tous ces états sont décrits plus loin dans ce chapitre, dans la section «Les liens»).
- `background` ou `background-color` définit les couleurs d'arrière-plan pour la page entière ou pour un élément en par-

ticulier (par exemple, la couleur d'arrière-plan pour tous les titres de premier niveau, comme lorsque vous surlignez quelque chose dans un document Word).

Le texte

Vous pouvez modifier la couleur du texte dans votre page Web en trois étapes :

1. **Déterminez le sélecteur.**

   Par exemple, la couleur s'appliquera-t-elle à tous les titres de premier niveau, à tous les paragraphes ou à un paragraphe en particulier ?

2. **Utilisez la propriété `color`.**
3. **Identifiez le nom ou la valeur hexadécimale de la couleur.**

La syntaxe de base pour la déclaration d'un style est la suivante :

```
sélecteur {color: valeur;}
```

Voici une liste de déclarations de style qui utilisent la propriété `color` pour attribuer la couleur du texte à l'élément `body` (et donc à tous les éléments HTML subordonnés qui se trouvent dans le corps du document, sauf si d'autres spécifications annulent cette sélection comme avec l'élément `h1`) :

```
body {color: olive; font-family: Verdana, sans-serif;
      background-color: #FFFFFF; font-size: 85%;}
hr {text-align: center;}
.navBar {font-size: 75%; text-align: center;}
h1 {color: #808000;}
p.chapitrenav {text-align: center;}
.footer {font-size: 80%;}
```

Dans les règles CSS précédentes, la couleur de tout le texte de la page est définie en utilisant le sélecteur `body`. La couleur est appliquée à tout le texte contenu dans le corps du document, à moins qu'elle soit définie autrement. Par exemple, la couleur du premier niveau de titre est déterminée comme étant un vert forêt, spécifié en notation hexadécimale.

Les liens

Les *pseudo-classes* permettent de définir des règles de style fondées sur des informations qui ne figurent pas dans l'arborescence du document.

Les cinq pseudo-classes les plus connues sont celles que vous pouvez utiliser pour modifier l'apparence des hyperliens :

- `:link` définit la mise en forme des liens qui n'ont pas encore été visités.
- `:visited` définit la mise en forme des liens qui ont été visités.
- `:focus` définit la mise en forme des liens qui sont sélectionnés avec le clavier (par exemple, avec la touche Tabulation) et qui sont sur le point d'être activés avec la touche Entrée.
- `:hover` définit la mise en forme des liens que le curseur de la souris survole.
- `:active` définit la mise en forme des liens qui sont sélectionnés (sur lesquels on clique avec la souris ou que l'on active en utilisant la touche Entrée).

Le nom d'une pseudo-classe est précédé d'un double point (`:`).

Les pseudo-classes peuvent être utilisées avec :

- Les éléments (tels que l'élément <a> qui définit les hyperliens).
- Les classes.
- Les identifiants.

Par exemple, pour définir les règles de style pour les liens visités et non visités, utilisez la syntaxe suivante :

- Ceci spécifie la couleur de tout hyperlien pointant vers une URL qui n'a pas encore été visitée à l'aide d'un code hex signifiant que la couleur est le rouge :

  ```
  a:link {color: #FF0000;}
  ```

» Ceci spécifie que l'hyperlien qui pointe une URL visitée apparaît dans la couleur nommée `green` (vert) :

```
a:visited {color: green;}
```

» Ceci spécifie que tous les liens qui n'ont pas été visités et dont la classe est `interne` doivent apparaître dans une couleur dont le nom est `yellow` (jaune). Référez-vous au Chapitre 9 pour un rappel sur les classes CSS) :

```
a.interne:link {color: yellow;}
```

Les liens peuvent se trouver dans plusieurs états simultanément. Par exemple, un lien peut être visité et survolé. Définissez toujours les règles de style dans cet ordre : `:link`, `:visited`, `:visible`, `:focus`, `:hover`, `:active`.

CSS applique *la dernière règle lue* pour afficher votre page. Dans notre cas, si vous donnez les sélecteurs des pseudo-classes dans le mauvais ordre, vos résultats ne seront pas conformes à vos attentes. Par exemple, si `visited` suit `hover` et que les deux règles s'appliquent simultanément, la règle `hover` s'applique seulement aux liens qui n'ont pas encore été visités.

Les règles de style CSS suivantes affichent les liens du document qui n'ont pas encore été visités en vert olive et ceux qui ont été visités en jaune :

```
body {color: #808000; font-family: Verdana, sans-serif; font-size:
     85%;}
a:link {color: olive;}
a:visited {color: yellow;}
```

La spécification de CSS précise que `:link` et `:visited` sont mutuellement exclusifs et que c'est au navigateur de déterminer quand il convient de changer l'état d'un lien (visité ou pas visité). Par exemple, un navigateur peut décider qu'un lien n'est plus visité lorsque vous supprimez les données relatives à l'historique de votre navigation.

Les arrière-plans

Suivez ces étapes pour modifier la couleur de tout ou partie de l'arrière-plan de votre page Web :

1. **Déterminez le sélecteur.**

   Par exemple, la couleur s'appliquera-t-elle à tout l'arrière-plan ou seulement à une partie ?

2. **Utilisez la propriété** `background-color` **ou** `background`.
3. **Identifiez le nom ou le code hex de la couleur souhaitée.**

La syntaxe de base pour une telle déclaration est la suivante :

```
sélecteur {background-color: valeur;}
```

Dans la liste suivante, la première déclaration de style utilise la propriété `background-color` pour définir du vert clair en code hexadécimal :

```
body {color: #808000; font-family: Verdana, sans-serif;
      background-color: #EAF3DA; font-size: 85%;}
```

Vous pouvez appliquer une couleur d'arrière-plan à un bloc de texte (par exemple, un paragraphe) tout comme vous pouvez définir une couleur d'arrière-plan pour la page entière.

Utilisez `background` comme raccourci pour déterminer les différentes propriétés de l'arrière-plan ou `background-color` pour définir seulement la couleur, comme ceci :

```
sélecteur {background: valeur valeur valeur;}
```

Référez-vous au Chapitre 9 ou à la section «The Shorthand Property» du didacticiel «Mulder's Stylesheets Tutorial» de Webmonkey pour plus d'informations à ce sujet sur `www.webmonkey.com/2010/02/mulders_stylesheets_tutorial`.

Les polices

Vous pouvez définir les propriétés d'une police pour les divers éléments HTML avec :

- » Les différentes propriétés CSS, telles que `font-family`, `line-height` et `font-size`.

» Un groupe de propriétés de police avec la propriété raccourcie `font`.

La famille de police

Pour définir la police (un jeu de caractères identifié par un nom et souvent protégé avec un copyright, comme Times Roman, Arial ou Helvetica), utilisez la propriété CSS `font-family` :

1. **Identifiez le sélecteur pour la déclaration de style.**

   Par exemple, le sélecteur `p` définit une famille de police pour toutes les balises `<p>`.

2. **Ajoutez le nom de la propriété `font-family`.**

3. **Définissez une valeur pour la propriété (le nom de la famille de police).**

   Utilisez des guillemets simples ou doubles pour délimiter un nom de famille de police s'il contient un ou plusieurs espaces.

Pour mettre en forme les premiers niveaux de titre en utilisant la police Verdana, utilisez une déclaration de style telle que la suivante :

```
h1 {font-family: Verdana, Helvetica, sans-serif;}
```

Dans la déclaration précédente, deux familles de police supplémentaires figurent pour le cas où le navigateur ne gérerait pas la famille de police Verdana.

Nous vous recommandons d'inclure ces familles de police dans vos déclarations de style :

» Au moins l'une de ces familles de police communes :

- Arial : ABCDEFGHIJKLMNOPQRSTUVWXYZ abcdefghijklmnopqrstuvwxyz.
- Helvetica : ABCDEFGHIJKLMNOPQRSTUVWXYZ abcdefghijklmnopqrstuvwxyz.
- Times New Roman : ABCDEFGHIJKLMNOPQRSTUVWXYZ abcdefghijklmnopqrstuvwxyz.

- Verdana : ABCDEFGHIJKLMNOPQRSTUVWXYZ abcdefghijklmnopqrstuvwxyz.

» Au moins l'une des familles de police génériques :

- Serif : ABCDEFGHIJKLMNOPQRSTUVWXYZ abcdefghijklmnopqrstuvwxyz.
- Sans serif : ABCDEFGHIJKLMNOPQRSTUVWXYZ abcdefghijklmnopqrstuvwxyz.
- *Cursive : ABCDEFGHIJKLMNOPQRSTUVWXYZ abcdefghijklmnopqrstuvwxyz.*
- Fantasy : ABCDEFGHIJKLMNOPQRSTUVWXYZ abcdefghijklmnopqrstuvwxyz.
- `Monospace : ABCDEFGHIJKLMNOPQRSTUVWXYZ abcdefghijklmnopqrstuvwxyz.`

Différents éléments peuvent être mis en forme à l'aide de plusieurs familles de police. Ces règles définissent une famille de police différente pour les hyperliens (voir la Figure 11.1) :

```
body {color: #808000; font-family: Arial, sans-serif; font-size:
      85%;}
hr {text-align: center;}
a {font-family: Courier, «Courier New», monospace;}
```

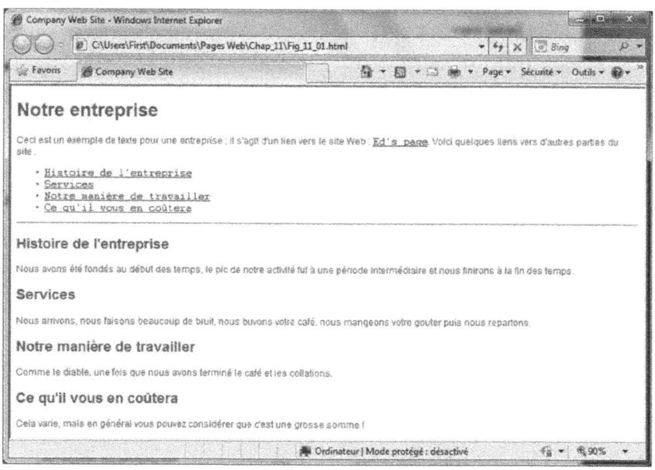

FIGURE 11.1 La famille de police pour les hyperliens diffère de celle du reste du texte.

La taille

Les propriétés suivantes permettent de contrôler les tailles de votre texte.

La taille de la police

La déclaration de style pour spécifier la taille du texte est :

```
sélecteur {font-size: valeur;}
```

La `valeur` de la déclaration peut être :

» **Une valeur exprimée dans l'une des unités de mesure standard (recensées dans le Chapitre 9).**

» **L'un de ces mots-clés prédéfinis :**

`xx-small`, `x-small`, `small`, `medium`, `large`, `x-large`, ou `xx-large`.

Les règles recensées dans les sous-sections suivantes définissent :

TAILLE DE POLICE AVEC CSS

Outre les noms de taille de police (`xx-small`, `x-small`, `small`, `medium`, `large`, `x-large` ou `xx-large`), vous pouvez aussi affecter la taille de police en utilisant les unités de mesure CSS suivantes : px (pixels), pt (points) ou em (la hauteur m de la police utilisée, quelle qu'elle soit). Les pixels dépendent de la taille de chaque pixel de votre écran et varient trop d'un écran à l'autre pour être fiables. Les points sont une unité de mesure infime qui demande trop de tests pour trouver la bonne. Ceci explique certainement pourquoi em est l'unité la plus utilisée pour déterminer la taille de police en CSS et pourquoi cette méthode est considérée comme la meilleure pour exprimer la taille des polices dans les feuilles de style. Opter pour em ne vous dispense pas d'effectuer des tests mais il est plus simple et plus rapide de déterminer une taille par rapport à votre police de base. Pour plus d'informations sur l'utilisation de ces unités sous la forme `font-size: 2em` (pour doubler la taille de la police) ou `font-size: 0.8em` (pour réduire une police de 80% par rapport à la police de référence), reportez-vous au Chapitre 9.

» Une taille de police relative pour tout le texte.

» Une taille de police absolue pour tous les titres de premier niveau.

```
body {color: #808000; font-family: Arial, sans-serif; font-size:
     85%;}
h1 {font-family: «trebuchet ms», verdana, geneva, arial, helvetica,
sans-serif; font-size: 2em; line-height: 2.5em; color: teal;}
```

Le résultat est représenté dans la Figure 11.2.

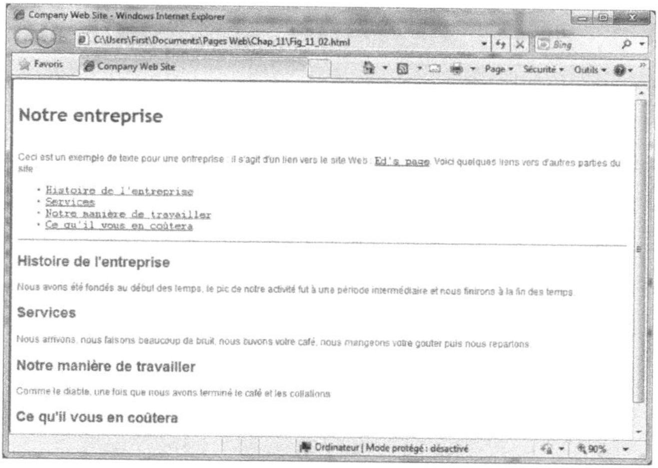

FIGURE 11.2 Les titres de premier niveau sont en 24 points ; la taille de police pour le reste du texte est relative.

La hauteur de ligne

La *hauteur de ligne* d'un paragraphe correspond à l'espace qui sépare les lignes du paragraphe.

La hauteur de ligne correspond à l'espacement des lignes dans un traitement de texte.

Pour modifier l'espacement entre les lignes d'un paragraphe, utilisez la propriété `line-height` :

```
sélecteur {line-height: valeur;}
```

La valeur de la propriété `line-height` peut être indifféremment :

- Une valeur exprimée dans l'une des unités de mesure standard (recensées dans le Chapitre 9).
- Un nombre que multiplie la taille de police de l'élément, comme `1.5`

Nous assignons une classe `citation` au premier paragraphe tout au long de ce chapitre pour que vous puissiez observer les modifications. Cela nous permettra d'appliquer ces styles au premier paragraphe en utilisant

```
<p class=»citation»>
```

dans le document HTML.

Les règles de style suivantes mettent le premier paragraphe en italique, l'indentent et augmentent la hauteur de ligne pour améliorer la lisibilité (voir la Figure 11.3) :

```
body {color: #808000; font-family: Arial, sans-serif; font-size:
      85%;}
      h1 {font-family: «trebuchet ms», verdana, geneva, arial,
          helvetica, sans-serif;
      font-size: 2em; line-height: 2.5em; color: teal;}
      .citation {font-style: italic; text-indent: 2em; line-height:
              150%;}
```

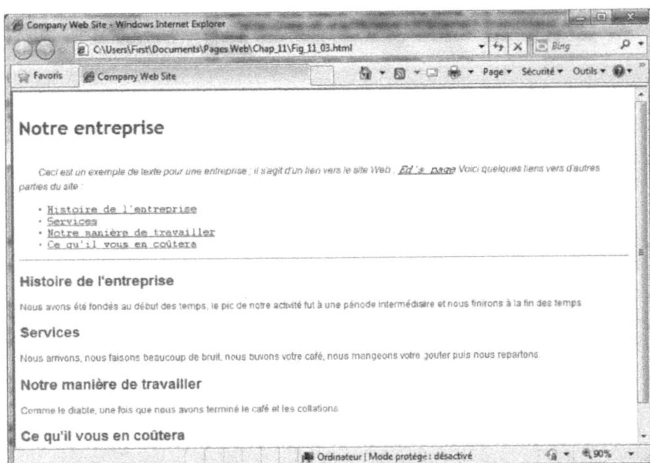

FIGURE 11.3 Tous les éléments qui appartiennent à la classe `citation` sont mis en forme de la même manière.

L'espacement des caractères

Vous pouvez *augmenter* ou *réduire* l'espace entre les lettres ou les mots en utilisant ces propriétés :

- » `word-spacing` : La déclaration de style pour `word-spacing` est :

```
sélecteur {word-spacing: valeur;}
```

- » `letter-spacing` : La déclaration de style pour `letter-spacing` est :

```
sélecteur {letter-spacing: valeur;}
```

La valeur de ces propriétés d'espacement doit être une longueur définie dans l'une des unités de mesure standard (recensées dans le Chapitre 9).

Le code suivant augmente l'espacement entre les lettres (crénage) du premier paragraphe (voir la Figure 11.4) :

```
body {color: #808000; font-family: Arial, sans-serif; font-size:
      85%;}
      h1 {font-family: «trebuchet ms», verdana, geneva, arial,
          helvetica, sans-serif;
      font-size: 2em; line-height: 2.5em; color: teal;}
      .citation {font-style: italic; text-indent: 10pt; line-height:
                150%;
               letter-spacing: 0.2em;}
```

Positionner les blocs de texte

Les propriétés d'alignement permettent de contrôler la manière dont les bords des blocs de texte s'alignent les uns par rapport aux autres.

L'alignement du texte

L'alignement détermine si les bords gauche et droit d'un bloc texte sont :

- » **Alignés :** Ils commencent ou se terminent ensemble.

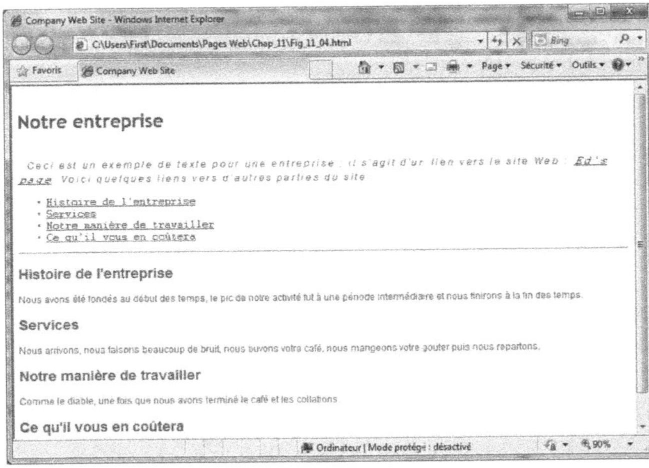

FIGURE 11.4 Le crénage peut être plus important ou moins important que l'espacement normal de la police.

» **Décalés :** Ils commencent ou se terminent à différents endroits.

La syntaxe pour l'alignement du texte

L'alignement est défini à l'aide de la propriété `text-align`. La déclaration de style pour aligner le texte est la suivante :

```
sélecteur {text-align: valeur;}
```

La propriété `text-align` doit prendre pour valeur l'un des mots-clés suivants :

» `left` aligne le texte à gauche. Le côté droit du bloc de texte est décalé.

» `right` aligne le texte à droite. Le côté gauche du bloc de texte est décalé.

» `center` centre le texte au milieu de la fenêtre. Les deux côtés du bloc de texte sont décalés.

» `justify` aligne le texte à gauche et à droite. L'espacement du texte de chaque ligne est ajusté pour que les deux côtés du bloc de texte soient alignés.

> Justifier le texte affecte l'espacement des mots ou des lettres dans le paragraphe. Testez le résultat avant de montrer vos pages Web au monde entier.

Le balisage pour l'alignement du texte

L'exemple suivant définit l'alignement du titre de premier niveau et du premier paragraphe (voir la Figure 11.5) :

```
body {color: #808000; font-family: Verdana, sans-serif; font-size:
      85%;}
h1 {color: teal; font-family: «Trebuchet MS», Verdana, Geneva,
    Arial, Helvetica,
    sans-serif;
    font-size: 2em; line-height: 2.5em; color: teal; text-align:
       center}
.citation {font-style: italic; text-indent: 2em; text-align: left;}
```

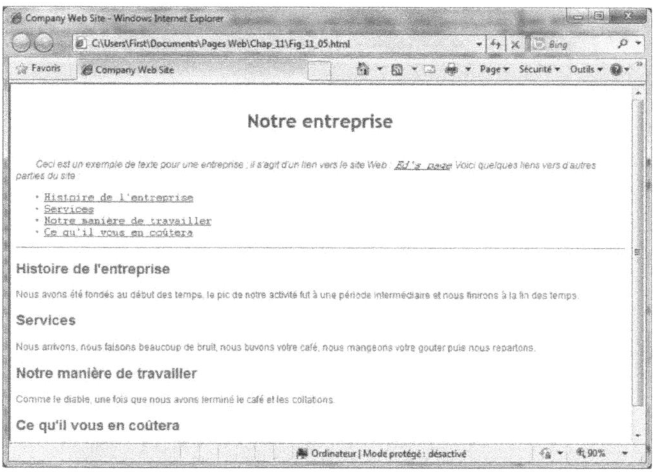

FIGURE 11.5 Le titre de premier niveau est centré tandis que le premier paragraphe est indenté et aligné à gauche.

Indenter du texte

Vous pouvez définir la quantité d'espace qui devrait précéder la première ligne d'un paragraphe en utilisant la propriété `text-indent`.

La syntaxe pour indenter du texte

La déclaration de style utilisée pour indenter du texte est :

```
sélecteur {text-indent: valeur;}
```

`valeur` doit être exprimée dans l'une des unités de mesure standard de longueur (voir le Chapitre 9).

Le balisage pour indenter du texte

Comme nous l'avons vu dans ce chapitre, la propriété `text-indent` de la classe `citation` a une valeur de 2em.

```
body {color: #808000; font-family: Verdana, sans-serif; font-size:
     85%;}
.citation {font-style: italic; text-indent: 2em;}
```

Les décorations du texte

CSS vous permet de décorer votre texte en le mettant en gras, en italique, en le soulignant, le surlignant, le barrant et même en le faisant clignoter (lorsque les navigateurs le permettent).

Mettre en gras

Le gras est l'un des effets les plus utilisés par les typographes. Pour mettre du texte en gras en HTML, utilisez la balise `<b>`. Toutefois, CSS vous offre un contrôle plus précis de l'épaisseur de la police d'un texte en gras.

La syntaxe pour mettre en gras

Cette déclaration de style utilise la propriété `font-weight` :

```
sélecteur {font-weight: valeur;}
```

La valeur de `font-weight` peut être l'une des suivantes :

- `bold` : Affiche le texte en gras.
- `bolder` : Une valeur relative qui affiche le texte plus gras que l'élément parent.

- » `lighter` : Une valeur relative qui affiche le texte moins gras que l'élément parent.
- » `normal` : Supprime le gras.
- » L'une de ces valeurs entières : `100` (la plus légère), `200`, `300`, `400` (normal), `500`, `600`, `700` (gras standard), `800`, `900` (la plus foncée).

Le balisage pour mettre en gras

L'exemple suivant met les hyperliens en gras (voir la Figure 11.6), désactive le soulignement et change la couleur en vert lorsque le lien est visité (nous avons appliqué ce traitement au premier lien de la liste pour que vous puissiez en observer l'effet) :

```
body {color: black; font-family: Arial, sans-serif; font-size: 85%;}
a {font-weight: bold;}
a:link {color: olive; text-decoration: underline;}
a:visited {color: green; text-decoration: none;}
```

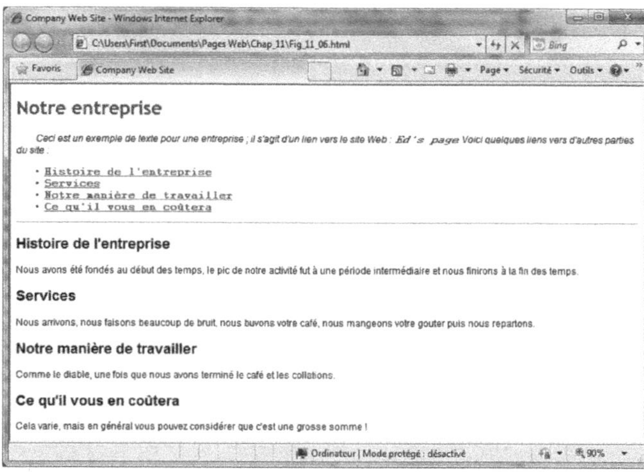

FIGURE 11.6 Tous les hyperliens sont en gras.

Mettre en italique

L'italique est généralement utilisé pour les citations ou pour mettre le texte en évidence. Pour appliquer l'italique en HTML, utilisez la balise <i>. Toutefois, CSS offre un contrôle plus précis du style de police grâce à la propriété `font-style`.

La syntaxe pour mettre en italique

Cette déclaration de style utilise la propriété `font-style` :

```
sélecteur {font-style: valeur;}
```

La valeur de la propriété `font-style` peut être l'une des suivantes :

- » `italic` : Affiche le texte en *italique* (une police spécifique inclinée vers la droite).
- » `oblique` : Affiche le texte en *oblique* (une version inclinée de la police, très rarement utilisée).
- » `normal` : Supprime l'italique ou l'oblique.

Le balisage pour mettre en italique

L'exemple suivant assigne un style de police italique au titre de premier niveau :

```
body {color: #808000; font-family: Verdana, sans-serif; font-size:
     85%;}
h1 {color: teal; font-family: «MS Trebuchet», Arial, Helvetica,
    sans-serif;
    text-transform: uppercase; font-style: italic; font-weight: 800;
    font-size: 2em; line-height: 30pt; text-align: center;}
```

Modifier la casse

La propriété `text-transform` permet de modifier la casse dans votre document.

La syntaxe pour modifier la casse

Cette déclaration de style utilise la propriété `text-transform` :

```
sélecteur {text-transform: valeur;}
```

La propriété `text-transform` peut prendre l'une de ces valeurs :

- » `capitalize` : Passe en majuscule le premier caractère de chaque mot.
- » `uppercase` : Passe en majuscules tous les caractères du texte de l'élément spécifié.
- » `lowercase` : Passe en minuscules tous les caractères du texte de l'élément spécifié.
- » `none` : Conserve la casse de l'élément parent.

Le balisage pour modifier la casse

L'exemple suivant affiche le titre de premier niveau en majuscules (voir la Figure 11.7) :

```
body {color: black; font-family: Arial, sans-serif; font-size: 85%;}
    a {font-weight: bold;}
    a:link {color: olive; text-decoration: underline;}
    a:visited {color: green; text-decoration: none;}
    h1 {font-family: «Trebuchet MS», verdana, geneva, arial,
        helvetica, sans-serif;
```

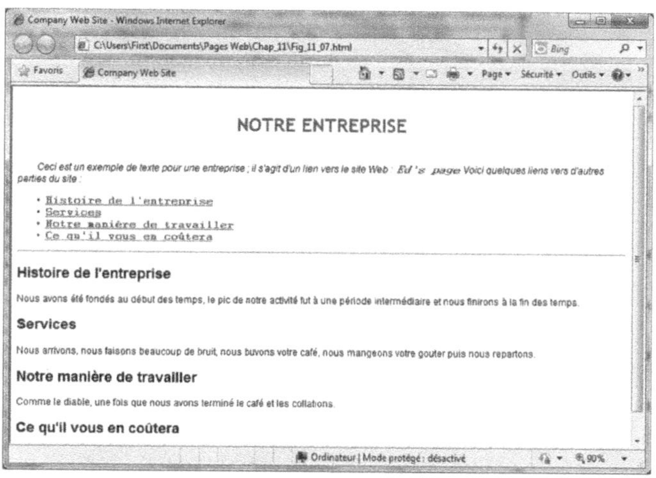

FIGURE 11.7 Le titre de premier niveau est affiché en majuscules.

```
font-size: 2em; line-height: 2.5em; color: teal; text-transform:
        uppercase;
text-align: center}
```

Un peu de fantaisie avec la propriété text-decoration

La propriété `text-decoration` permet une mise en forme un peu plus fantaisiste du texte. Elle n'est pas souvent utilisée.

La syntaxe pour la décoration du texte

Cette déclaration de style utilise la propriété `text-decoration` :

```
sélecteur {text-decoration: valeur;}
```

La valeur de la propriété `text-decoration` peut être l'une des suivantes :

- » `underline` : Souligne le texte.
- » `overline` : Affiche le texte avec une ligne au-dessus.
- » `line-through` : Affiche le texte rayé.
- » `blink` : Fait clignoter le texte.

  Etes-vous *certain* de vouloir faire clignoter votre texte ?

  - `blink` n'est pas reconnu pas tous les navigateurs.
  - `blink` peut se révéler terriblement ennuyeux.
- » `none` : Supprime toute décoration du texte.

Le balisage pour la décoration du texte

L'exemple suivant modifie le lien lorsque la souris le survole. Dans ce cas, le soulignement du lien est désactivé :

```
body {color: #808000; font-family: Verdana, sans-serif; font-size:
     85%;}
a:link {color: olive; text-decoration: underline;}
a:visited {color: olive; text-decoration: underline;}
a:hover {color: olive; text-decoration: none;}
```

La propriété générale font

De nombreuses propriétés de police peuvent être résumées en une seule déclaration à l'aide de la propriété raccourcie `font`. Avec elle, vous pouvez définir une combinaison de propriétés de police :

```
sélecteur {font: valeur valeur valeur;}
```

La valeur de la propriété `font` est une liste de valeurs qui correspond à diverses propriétés de police :

» Les valeurs suivantes doivent être définies dans cet ordre précis sans forcément être consécutives :

- `font-size` (obligatoire)
- `line-height` (optionnelle)
- `font-family` (obligatoire)

  La liste des valeurs de `font-family` doit se terminer par un point-virgule.

Utilisez des virgules pour séparer plusieurs noms de familles de police. Par exemple, vous pouvez utiliser la déclaration de style suivante pour créer un style spécifique pour le texte de paragraphe qui précise font-size, line-height et font-family dans cet ordre :

```
P {font: 1.5em bold 150% Arial, Helvetica, sans-serif;]
```

» Les valeurs suivantes sont optionnelles et peuvent apparaître dans n'importe quel ordre dans la déclaration. Les valeurs sont séparées par des espaces :

- `font-style`
- `font-variant`
- `font-weight`

Par exemple, vous pouvez utiliser la déclaration de style suivante pour créer un style spécifique pour le titre de premier niveau qui mélange les valeurs optionnelles avec les valeurs obligatoires (font-style et font-weight avant line-height et font-family, sans font-size ni font-variant) :

```
h1 {font: italic bold 150% Arial, Helvetica, sans-serif;}
```

IV

Intégrer des scripts avec (X)HTML

DANS CETTE PARTIE

Dans cette partie du livre, nous présentons et décrivons les types de langages de script qui fonctionnent dans les pages Web et explorons JavaScript, de loin le plus populaire de tous les langages de script utilisés pour le Web. Les langages de script permettent de transformer des pages Web statiques en documents actifs et dynamiques qui sollicitent des actions de l'utilisateur et y répondent.

Vous plongez dans l'univers des formulaires pour comprendre comment solliciter (et gérer) les saisies des utilisateurs. Le chapitre suivant vous montre comment intégrer des services et informations de tiers comme Flickr, Twitter, Google Maps et YouTube pour rendre vos pages plus dynamiques et intéressantes.

Le chapitre qui suit vous indique plusieurs possibilités pour mettre JavaScript au travail dans vos pages Web. Vous vous initiez aux techniques et concepts fondamentaux pour créer du HTML dynamique (parfois appelé DHTML) et utiliser des scripts côté client et du code préfabriqué afin de réaliser des tâches basiques comme afficher la date et l'heure, compter le nombre de visiteurs du site ou collecter des statistiques. Cette partie s'achève sur un aperçu des systèmes de gestion de contenu (SGC) basés sur le Web, notamment WordPress, Joomla! et Drupal.

Chapitre 12

Le top 20 des propriétés CSS

DANS CE CHAPITRE :

- **Plonger dans les arrière-plans et les bordures.**
- **Manipuler les polices, l'espacement et le positionnement.**
- **Gérer la couleur du texte et la hauteur de ligne.**
- **Lier avec des pseudo-classes.**
- **Tirer profit des ressources CSS en ligne.**

Comme vous avez pu le voir dans les Chapitres 9 à 11, le balisage CSS offre d'énormes possibilités pour gérer et contrôler le comportement des pages Web dans les navigateurs. Dans ce chapitre, nous nous penchons sur 20 propriétés CSS que vous êtes susceptible de rencontrer et d'utiliser, même sur des pages Web simples. Bien évidemment, cet aperçu ne satisfera pas les pros du Web ou ceux qui aspirent à le devenir. C'est pourquoi ce chapitre vous propose aussi une série de références CSS hors pair dans lesquelles vous pourrez puiser plus de détails et vous initier à d'autres propriétés.

Eric A. Meyer a non seulement rédigé la préface de ce livre mais il est également l'auteur de nombreux bijoux concernant CSS. Nous vous conseillons vivement de consulter sa bibliographie, notamment *Smashing CSS: Professional Techniques for Modern Layout* (Wiley).

Les propriétés d'arrière-plan

En tant que concept CSS, *background* se réfère à plusieurs propriétés (6 en tout) introduites avec CSS1.0 pour gérer, dans une page Web, le plan situé derrière les éléments sur un écran. Le Tableau 12.1 recense toutes les propriétés d'arrière-plan et est suivi d'exemples et de détails pour deux des propriétés. Pour en savoir plus sur les propriétés d'arrière-plan et les autres balises CSS, reportez-vous à la section «Meilleures ressources CSS» proposée en fin de chapitre.

TABLEAU 12.1 Propriétés d'arrière-plan.

Propriété	Description
`background`	Raccourci pour toutes les propriétés d'arrière-plan
`background-attachment`	Détermine si l'image d'arrière-plan reste fixe ou défile avec la page
`background-color`	Définit la couleur d'arrière-plan de l'élément associé
`background-image`	Fournit une image d'arrière-plan pour l'élément associé comme l'URL
`background-position`	Définit la position initiale de l'image d'arrière-plan
`background-repeat`	Détermine comment l'image d'arrière-plan se répète sur la page

background-color

La propriété `background-color` vous permet de définir une couleur unie pour l'arrière-plan d'un élément, y compris les propriétés associées aux marges externes et aux bordures. Les couleurs peuvent être affectées par nom, comme décrit et illustré sur `www.dummies.com/cheatsheet/html` (aqua, black, blue, fuchsia, etc.) ou par code hex. Le sujet (nom et code hex des couleurs) est traité dans le Chapitre 11.

Dans le code de la page Web illustrée dans la Figure 12.1, nous optons pour la couleur olive (`#808000`) pour le texte de l'élément `body`. Nous définissons ensuite une règle de style basique pour le titre de premier niveau par défaut (`h1`) affiché en haut avec du gris en arrière-plan (`background color`) et du texte noir. Le deuxième titre utilise une instance de classe nommée `alt-h1` pour définir des marges internes larges, des marges externes et des bordures afin de créer une vaste zone d'arrière-plan couleur argent autour du texte et une indentation à gauche.

background-image

Utilisez la propriété `background-image` pour définir une image plutôt qu'une couleur unie comme arrière-plan d'un élément. Nous prenons le code de la Figure 12.1, mettons `alt-h1` en italique et remplaçons `background-color: silver;` par `background-image: url(texture.jpg);`, où une texture photo est l'arrière-plan (voir la Figure 12.2).

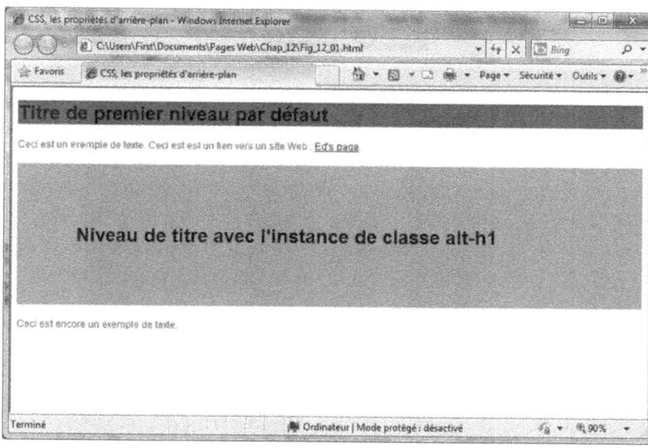

FIGURE 12.1 Une règle de style générale définit l'apparence de `h1`, affinée par l'instance `alt-h1`.

Quand vous utilisez une image comme arrière-plan, les textures répétitives ou les images abstraites sont les mieux adaptées, notamment si vous voulez que les utilisateurs puissent lire le texte en avant-plan.

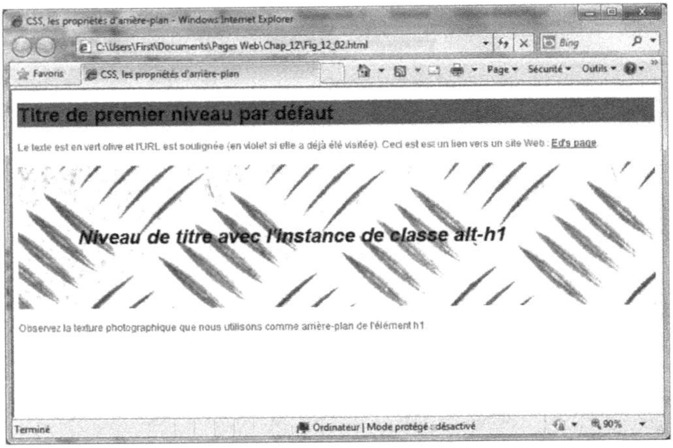

FIGURE 12.2 Cette fois, l'instance `alt-h1` utilise une photo comme arrière-plan.

Les propriétés des bordures et contours

Les bordures et les contours définissent les limites et rendent les bords visibles autour d'un élément. Vous allez découvrir toutes sortes de contrôles pour les bords, aussi bien pour la couleur, le style et la largeur. Pour bien comprendre le jargon, sachez qu'une *bordure* se trouve à l'intérieur des limites d'un objet tandis qu'un *contour* inclut ces limites. Le Tableau 12.2 énumère les différentes propriétés des bordures et contours et en propose une description.

TABLEAU 12.2 Propriétés des bordures et des contours.

Propriété	Description
`border`	Raccourci pour toutes les propriétés de bordures
`border-bottom`	Définit toutes les propriétés de la bordure inférieure
`border-bottom-color`	Définit la couleur de la bordure inférieure
`border-bottom-style`	Définit le style de la bordure inférieure
`border-bottom-width`	Définit la largeur de la bordure inférieure
`border-color`	Définit la couleur des quatre bordures

Propriété	Description
`border-left-color`	Définit la couleur de la bordure gauche
`border-left-style`	Définit le style de la bordure gauche
`border-left-width`	Définit la largeur de la bordure gauche
`border-right`	Définit toutes les propriétés de la bordure droite
`border-right-color`	Définit la couleur de la bordure droite
`border-right-style`	Définit le style de la bordure droite
`border-right-width`	Définit la largeur de la bordure droite
`border-style`	Définit le style des quatre bordures
`border-top`	Définit toutes les propriétés de la bordure supérieure
`border-top-color`	Définit la couleur de la bordure supérieure
`border-top-style`	Définit le style de la bordure supérieure
`border-top-width`	Définit la largeur de la bordure supérieure
`border-width`	Définit la largeur des quatre bordures
`outline`	Définit toutes les propriétés du contour
`outline-color`	Définit la couleur du contour
`outline-style`	Définit le style du contour
`outline-width`	Définit la largeur du contour

border

Pour CSS, `border` est une *propriété raccourcie*, c'est-à-dire qu'elle combine la largeur, le style et la couleur dans une seule déclaration. Chacun de ces trois composants s'applique à la bordure supérieure, droite, inférieure et gauche d'un bloc d'élément, dans cet ordre. Pour retenir l'ordre, pensez à TRBL ou *trouble* pour top (bordure supérieure), right (droite), bottom (inférieure) et left (gauche).

Cette propriété CSS permet de définir pas moins de 12 propriétés subordonnées en même temps. Dans l'exemple illustré dans la Figure 12.3, nous encadrons les paragraphes de fines lignes pointillées violettes en spécifiant la largeur (thin), la couleur (purple) et le style (dashed) dans une seule déclaration. Même s'il est possible de contrôler les paramètres de chacune de ces caractéristiques par bordure (dans l'ordre TRBL), il est rare de le faire.

Libre à vous d'explorer les autres propriétés des bordures et contours. Accordez-vous un peu de temps pour les connaître et les utiliser.

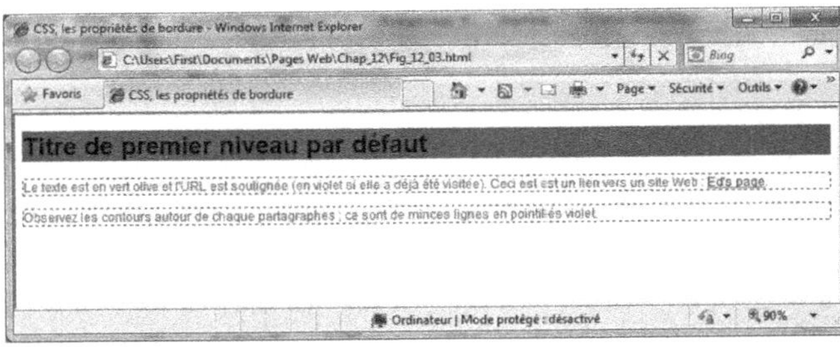

FIGURE 12.3 Les paragraphes de cette page présentent un fin contour pointillé violet.

Les dimensions

Les *propriétés de dimensions* spécifient des informations sur la taille (la hauteur et la largeur) pour contrôler l'endroit où les éléments sont placés sur une page Web. Outre la hauteur et la largeur basiques, il est également possible de définir des valeurs maximum et minimum pour de telles propriétés. Parfois appelées propriétés «min-max», elles sont utiles pour veiller à ce que les zones d'affichage soient toujours au moins aussi grandes qu'une certaine valeur minimum pour s'assurer que les informations visuelles ne se perdent pas. Les propriétés min-max peuvent être particulièrement pratiques quand du texte ou des images doivent flotter sur une page. Testez aussi les propriétés CSS `overflow`, `overflow-clip`, `clip` et `visibility` abordées plus loin dans ce chapitre et dans le Chapitre 20 pour voir comment gérer les flottements impairs, inattendus ou indésirables. Le Tableau 12.3 propose une liste de propriétés de dimensions.

TABLEAU 12.3 **Propriétés de dimensions.**

Propriété	Description
`height`	Définit la hauteur de l'élément
`max-height`	Définit la hauteur maximale de l'élément
`max-width`	Définit la largeur maximale de l'élément
`min-height`	Définit la hauteur minimale de l'élément
`min-width`	Définit la largeur minimale de l'élément
`width`	Définit la largeur de l'élément

height et width

Nous traitons la hauteur et la largeur dans un seul exemple, dans lequel l'élément image (`img`) est dimensionné de sorte à occuper 10% d'un paragraphe pour chacune de ces propriétés. Ceci redimensionne l'image pour qu'elle n'occupe pas plus de 10% de la dimension horizontale de la fenêtre du navigateur tandis que la hauteur est conservée pour préserver le rapport hauteur/largeur initial (voir la Figure 12.4). La hauteur et la largeur peuvent aussi être spécifiées en utilisant diverses unités de mesure absolues (pixels, points, picas, em, etc.). Les valeurs min-max veillent à ce que l'élément ne soit jamais trop petit ou trop grand.

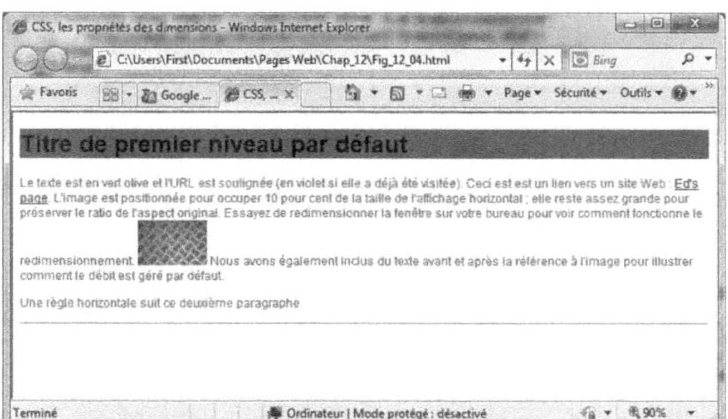

FIGURE 12.4 Utilisez les propriétés `height` et `width` pour définir la taille de l'élément et conserver le rapport hauteur/largeur.

Ces propriétés sont très expressives dans un éditeur et quand vous redimensionnez votre fenêtre de navigateur, ce qui permet de bien comprendre comment tout cela fonctionne.

Les polices et propriétés de police

CSS vous permet non seulement de gérer une multitude de propriétés de police mais aussi d'associer des polices à des éléments (X)HTML spécifiques et même de définir des séries arbitraires de polices à utiliser pour ces éléments.

Si vous faites référence à une police dont le nom contient des espaces, placez ce nom entre guillemets pour que le navigateur l'identifie et l'utilise si elle est disponible.

Comme vous pouvez le voir dans le Tableau 12.4, la propriété raccourcie `font` couvre un bon nombre de valeurs. Utilisez-la avec précaution et maîtrise !

TABLEAU 12.4 Propriétés de police.

Propriété	Description
`font`	Raccourci pour toutes les propriétés de police
`font-family`	Définit la famille de police (générique ou par nom)
`font-size`	Définit la taille de la police (exprimée dans l'une des unités de mesure standard)
`font-style`	Définit le style de la police (`normal`, `italic`, `oblique`)
`font-variant`	Active ou désactive les petites capitales (`small-caps`, `normal`)
`font-weight`	Définit l'épaisseur du trait de la police (`bold`, `bolder`, `lighter`, `100-900`)

font-family

Utilisez la propriété `font-family` pour sélectionner les polices par nom dans la collection de polices installées par vos utilisateurs. En CSS, vous pouvez affecter à cette propriété plusieurs valeurs séparées par des virgules. Le navigateur utilisera la première police disponible qu'il trouve, en commençant par la spécification la plus à gauche. Terminez toujours une chaîne de spécifications de polices par le nom d'une police générique comme `serif` ou `sans-serif` pour être sûr que n'importe quel système local pourra toujours utiliser une sélection par défaut si toutes les autres sont endommagées (ou absentes). Dans la Figure 12.5, nous avons sélectionné Arial comme police pour le titre de premier niveau et Lucida Console comme police pour le corps (paragraphe) mais y avons ajouté d'autres polices, notamment Arial Black, Book Antiqua, Tahoma, Times New Roman, Comic Sans et Cooper Black.

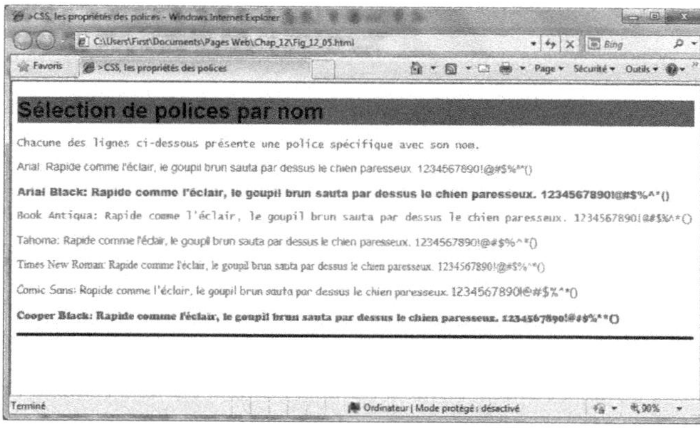

FIGURE 12.5 Les polices affichées incluent Cooper et Arial ainsi que d'autres polices avec et sans empattement.

font-weight

La propriété `font-weight` détermine l'épaisseur du trait de la police affichée sur la page. Dans l'exemple de la Figure 12.6, nous identifions toutes les propriétés `font-weight` nommées ainsi que toutes les valeurs numériques reconnaissables de `font-weight`. Notez qu'il n'y a pas d'énorme différence entre `bold` et `bolder` et que les valeurs numériques ne présentent pas de gradations uniformes. La plupart des concepteurs estiment que le gras est assez gras et que les valeurs 200 à 500 et 600 à 900 sont interchangeables. Ils utilisent souvent la version black des polices (comme Arial Black ou Cooper Black) qui contraste mieux avec

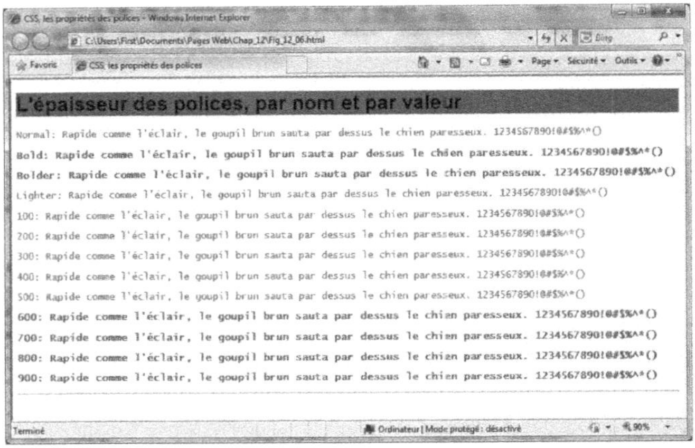

FIGURE 12.6 Même si les épaisseurs de trait sont nombreuses, il n'y a pas d'énorme différence sur l'écran.

la version ordinaire (Arial ou Cooper) pour créer des variations ou effets plus marqués.

font-size

La propriété `font-size` gère la taille de la police sur l'écran. Pour imposer une petite taille de police, utilisez les points (pt) sachant que la plupart des paragraphes standard utilisent des polices de 10pt à 12pt. Les polices plus petites que 6pt sont difficiles à lire sur l'écran. Dimensionner des polices entièrement en em peut vite être ingérable (Figure 12.7).

Les propriétés d'espacement : marges internes et externes

Les *marges internes* définissent l'espace autour des bords des éléments de blocs que les couleurs d'arrière-plan ne remplissent pas. Les *marges externes* définissent l'espace autour des bords d'un élément de bloc que les couleurs d'arrière-plan remplissent. Le Tableau 12.5 présente ces propriétés. Même si nous traitons ces deux propriétés raccourcies et leurs propriétés subordonnées séparément dans le texte qui suit le tableau, nous les combinons dans un seul exemple dans la Figure 12.8

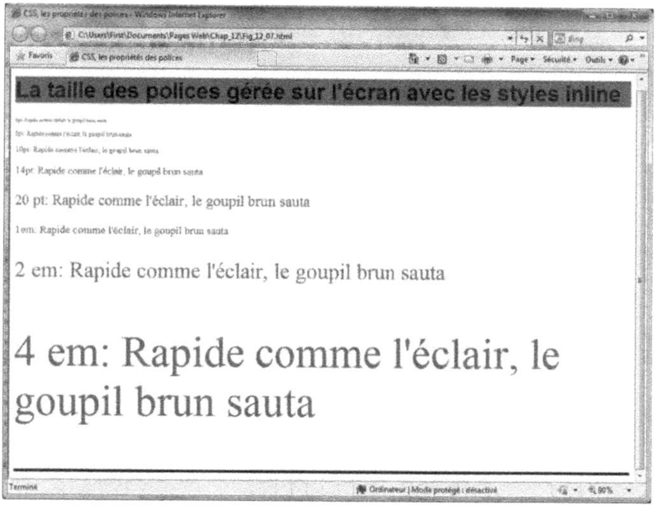

FIGURE 12.7 La taille de police doit être assez grande pour être lisible et assez petite pour ne pas encombrer la page.

TABLEAU 12.5 **Propriétés de marges internes et externes.**

Propriété	Description
`margin`	Raccourci pour toutes les propriétés des marges internes (TRBL)
`margin-bottom`	Définit la marge interne inférieure de l'élément
`margin-left`	Définit la marge interne gauche de l'élément
`margin-right`	Définit la marge interne droite de l'élément
`margin-top`	Définit la marge interne supérieure de l'élément
`padding`	Raccourci pour toutes les propriétés des marges externes (TRBL)
`padding-bottom`	Définit la marge externe inférieure de l'élément
`padding-left`	Définit la marge externe gauche de l'élément
`padding-right`	Définit la marge externe droite de l'élément
`padding-top`	Définit la marge externe supérieure de l'élément

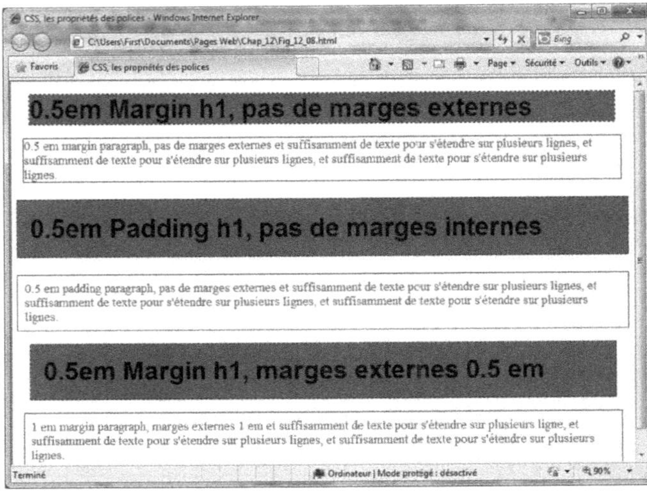

FIGURE 12.8 Les marges internes et externes à l'œuvre, séparément et ensemble.

pour mieux les comparer et montrer comment elles collaborent. Nous ajoutons aussi des bordures pour préciser leur emplacement autour du bloc d'élément.

margin

Tout comme `padding`, `margin` est une propriété raccourcie dont les valeurs concernent les bords TRBL (top, right, bottom et left soit supérieur, droit, inférieur et gauche), dans cet ordre. Si vous affectez une seule valeur à `margin`, elle s'applique indifféremment aux quatre bords. Par exemple, `margin: 0.5em;` est identique à `margin-top: 0.5em; margin-right: 0.5em; margin-bottom: 0.5em; margin-left: 0.5em;`.

padding

Tout comme `margin`, `padding` est une propriété raccourcie dont les valeurs concernent les bords TRBL, dans cet ordre. Si vous affectez une seule valeur à `padding`, elle s'applique indifféremment aux quatre bords. Par exemple, `padding: 0.5em;` est identique à `padding-top: 0.5em; padding-right: 0.5em; padding-bottom: 0.5em; padding-left: 0.5em;`.

Une observation précise de la Figure montre que les marges externes étendent le bloc de texte autour de l'élément, y compris l'arrière-plan. En revanche, utiliser `margin` éloigne les bords du bloc de texte de la limite du bloc de texte parent de telle sorte que le contenu est indenté tout autour. La combinaison des deux (voir les deux derniers éléments de la Figure 12.8) étend l'arrière-plan autour des éléments (marges externes) et déplace les bords pour ajuster les marges.

Le positionnement

Les *contrôles de positionnement* (voir Tableau 12.6) définissent l'emplacement des éléments sur la page, les relations entre les éléments et le flottement du texte autour des différents éléments. Les propriétés TRBL (top, right, bottom, left) entrent en jeu ici, sachant que les éléments peuvent être positionnés de manière *absolue* (avec référence à l'origine ou au coin supérieur gauche de la page) ou *relative* (avec référence à n'importe quel élément alentour).

TABLEAU 12.6 Propriétés de positionnement.

Propriété	Description
`bottom`	Définit la limite de la marge inférieure du bloc positionné
`clear`	Fixe les limites de l'élément sur d'autres éléments flottants
`clip`	Fixe un élément positionné de manière absolue
`cursor`	Indique le type de curseur à afficher
`display`	Indique le type de bloc qu'un élément doit générer
`float`	Active ou désactive le flottement d'un bloc
`left`	Définit la limite de la marge gauche du bloc positionné
`overflow`	Contrôle comment le contenu couvre un bloc d'élément
`over-flow-clip`	Contrôle comment le contenu couvre un bloc d'élément
`position`	Indique le type de positionnement d'un élément

Propriété	Description
`right`	Définit la limite de la marge droite du bloc positionné
`top`	Définit la limite de la marge supérieure du bloc positionné
`visibility`	Active ou désactive la visibilité de l'élément
`z-index`	Affecte l'ordre de superposition d'un élément (numérique)

float

Utilisez `float` pour spécifier comment le texte flotte autour d'un élément. Le flottement existe depuis que différents navigateurs Web proposent des «extensions» HTML non normalisées pour permettre aux concepteurs Web de faire «flotter» des images à gauche ou à droite d'une page Web. CSS fournit cette norme et l'applique de la même manière aux blocs de texte (paragraphes ou listes) et aux images. `float` peut prendre les valeurs `left`, `right` ou `none` (valeur par défaut), comme le montre la Figure 12.9.

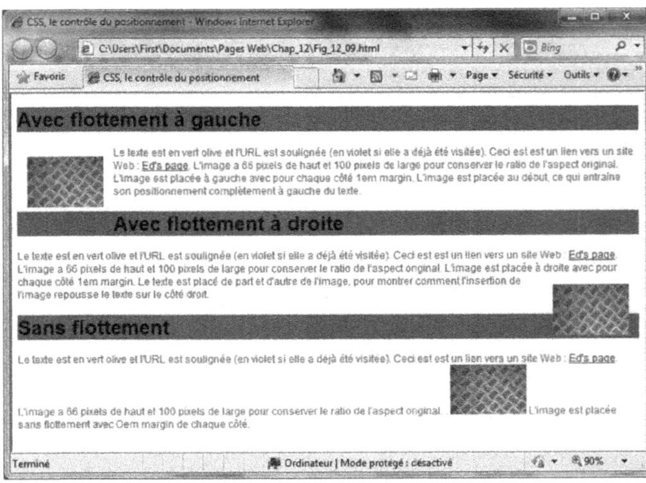

FIGURE 12.9 Les paramètres de flottement facilitent le déplacement d'éléments dans des blocs de texte et prouvent l'importance des autres outils de positionnement.

Notez, dans la Figure 12.9, que le flottement à gauche et à droite pousse l'arrière-plan des titres `h1` vers le haut. Nous vous expliquons comment corriger ce comportement dans la section «clear». Cela prouve que la gestion du flottement a son importance (notamment quand des éléments `img` sont placés dans des paragraphes). Notre dernier paragraphe sans flottement montre comment une image peut venir se coller n'importe où dans une page. Ce n'est pas une position idéale même si elle ne couvre aucun autre élément de la page.

z-index

Quand vous placez plusieurs éléments sur une page (comme nous l'avons fait dans le Chapitre 10 avec un menu et une image), certains éléments peuvent se superposer et créer des effets intéressants. La propriété `z-index` ajoute une troisième dimension au positionnement avec des lignes de profondeur et des coordonnées 3D (x, y et z). Sur une page Web, la valeur `z-index` est purement relative. Elle est utilisée pour gérer l'ordre d'affichage, sachant que plus la valeur est élevée, plus l'élément occupe l'avant-plan et plus la valeur est basse, plus l'élément est proche de l'arrière-plan. En d'autres termes, quand vous dessinez des blocs dans lesquels se trouvent des éléments, un navigateur donne priorité à ceux dont la valeur est élevée si plusieurs blocs dont la valeur est moindre occupent le même espace. Dans le Chapitre 10, nous vous montrons comment utiliser `z-index` avec un menu et une image et vous expliquons, dans le code de la Figure 10.4, qu'un élément avec une valeur `z-index` négative passe derrière tous les éléments avec une valeur `z-index` positive. Reportez-vous-y pour une rapide illustration !

Utilisez la propriété `z-index` avec prudence et assurez-vous qu'elle est définie pour votre menu CSS (ou tout autre élément avec des propriétés dynamiques qui pourrait se superposer à un objet imbriqué quand vous appelez une fonction). En outre, une propriété `z-index` non définie peut causer des problèmes d'affichage si vous utilisez CSS avec Flash. En effet, Flash contient souvent une propriété `z-index` par défaut dans son script, qui peut créer des conflits.

clear

Les concepteurs utilisent `clear` pour éviter le problème illustré dans la Figure 19.2 (les images flottent dans les arrière-plans de titre des deuxième et troisième paragraphes). `clear` peut prendre ces valeurs : `left`, `right`, `both` et `none` (valeur par défaut). Puisque l'image se superpose et que le texte flotte de gauche à droite, l'ajout de `clear: right;` au balisage de l'image résout le problème, comme le montre la Figure 12.10.

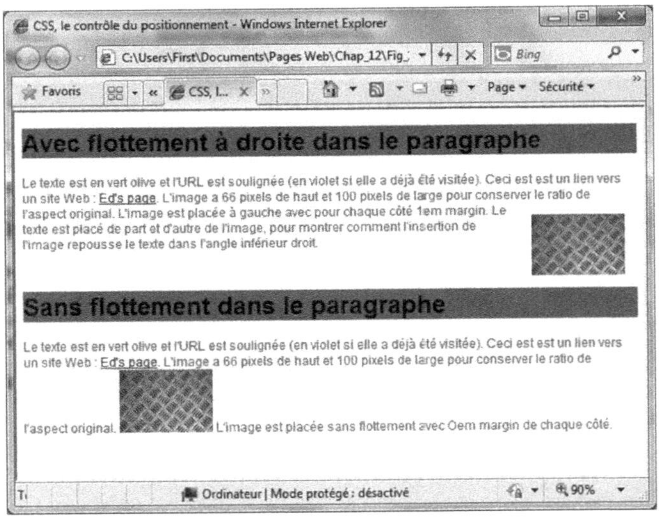

FIGURE 12.10 Utilisez `clear` pour imposer une marge autour de l'élément.

cursor

L'utilisation de la propriété `cursor` modifie l'apparence du curseur de la souris dans un navigateur Web quand il survole des éléments spécifiques. Des valeurs numériques peuvent être affectées à cette propriété alors testez-en plusieurs pour voir à quoi elles correspondent dans différents navigateurs et déterminer quand il est approprié de les utiliser. La Figure 12.11 utilise quatre images de textures avec chacune un curseur différent (difficile d'illustrer une action dynamique dans un livre, c'est pourquoi nous avons réalisé un collage de plusieurs captures).

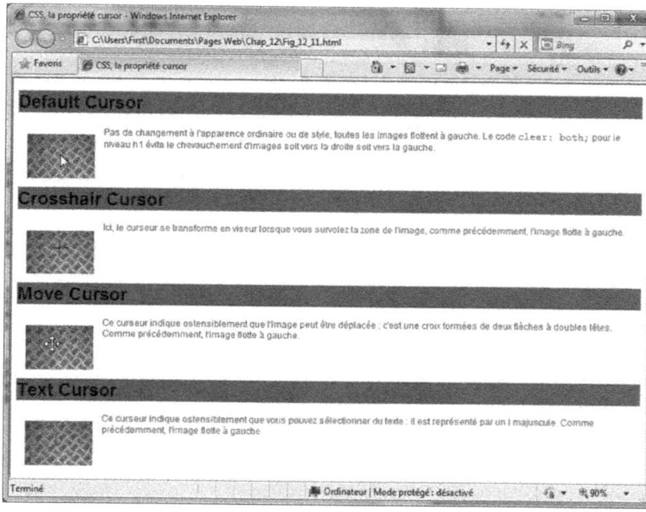

FIGURE 12.11 Cet assortiment de captures illustre différents types de curseurs.

CSS supporte 17 types de curseurs différents. Prenez le temps de tester les différentes valeurs pouvant être affectées à la propriété `cursor`.

Le texte

Certains considèrent les propriétés de texte comme les éléments les plus importants de la collection CSS. Quoi qu'il en soit, nous vous recommandons de consulter le Tableau 12.7 pour découvrir les propriétés CSS disponibles pour contrôler l'apparence et le comportement du texte affiché. Vous allez être surpris et ravi, du moins nous l'espérons.

color

Utilisez `color` pour déterminer la couleur du texte dans les éléments. Les couleurs peuvent être affectées avec leur nom ou leur code hex (visitez `www.dummies.com/cheatsheet/html` pour consulter la liste des noms et valeurs). Cette propriété est abordée dans les Chapitres 9 à 11, c'est pourquoi nous ne vous proposons pas d'exemple.

TABLEAU 12.7 Propriétés de texte.

Propriété	Description
`color`	Définit la couleur du texte (nom ou code hex)
`direction`	Spécifie la direction du texte/écriture (`ltr` ou `rtl`)
`letter-spacing`	Gère l'espace entre les caractères du texte
`line-height`	Définit la hauteur des lignes
`text-align`	Définit l'alignement horizontal (`left`, `right`, `justify`, `center`)
`text-decoration`	Spécifie la décoration ajoutée au texte
`text-indent`	Définit l'indentation de la première ligne d'un bloc de texte
`text-shadow`	Définit l'effet d'ombre appliqué au texte
`text-transform`	Contrôle la casse du texte
`vertical-align`	Définit l'alignement vertical
`white-space`	Gère l'espace entre les mots du texte
`word-spacing`	Gère l'espace entre les mots du texte

line-height

La propriété `line-height` définit la hauteur des blocs en ligne (ceux alloués pour chaque ligne de texte) dans tout type de bloc de texte. Utilisez `line-height` pour augmenter ou réduire l'espace entre les lignes de texte, comme dans l'exemple de la Figure 12.12.

Les pseudo-classes

En CSS, les pseudo-classes paraissent étranges de prime abord puis deviennent vite familières car elles modifient les éléments (X)HTML. Ceci explique pourquoi le Tableau 12.8 liste les noms des pseudo-classes précédés d'un double point (il agit comme un délimiteur avec l'élément qu'il modifie et signale la présence d'une pseudo-classe CSS). Généralement, les pseudo-

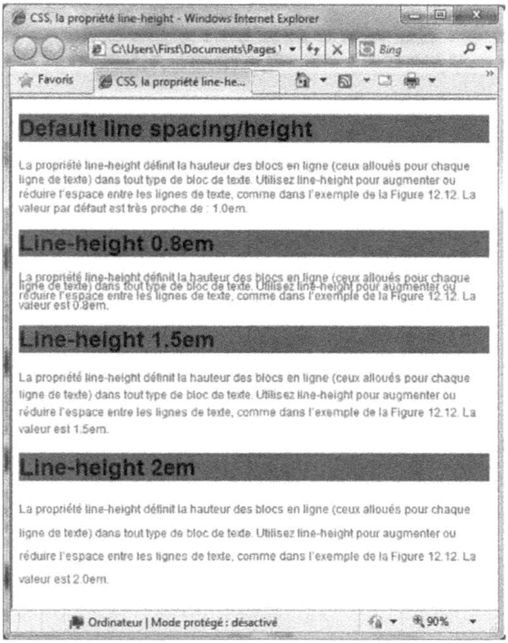

FIGURE 12.12 Les différentes hauteurs de ligne montrent les effets de cette propriété.

classes servent à rendre le contenu de pages Web plus dynamique et interactif, comme vous allez le découvrir quand vous serez à l'aise pour les utiliser.

Les pseuso-classes les plus utilisées s'appliquent aux liens (X)HTML. Dans l'exemple de la section suivante, nous combinons `:hover`, `:link` et `:visited` pour vous montrer comment ça fonctionne (et à quoi ça ressemble).

:hover, :link et :visited

Les pseudo-classes `:hover`, `:link` et `:visited` s'appliquent toutes à des hyperliens.

- `:hover` entre en action quand le curseur de la souris pointe un hyperlien.
- `:link` applique un style à un hyperlien qui n'a pas encore été visité.

TABLEAU 12.8 Pseudo-classes CSS.

Propriété	Description
`:active`	Applique un style à l'élément activé
`:after`	Insère du contenu après un élément
`:before`	Insère du contenu avant un élément
`:first-child`	Applique un style au premier élément enfant dans un autre élément
`:first-letter`	Applique un style au premier caractère dans une chaîne de texte
`:first-line`	Applique un style à la première ligne dans une chaîne de texte
`:focus`	Applique un style à l'élément sélectionné avec le clavier
`:hover`	Applique un style à l'élément pointé par la souris
`:lang`	Applique un style à tout élément avec un attribut de langage spécifique
`:link`	Applique un style aux liens non visités
`:visited`	Applique un style aux liens visités

» `:visited` applique un style à un hyperlien qui a déjà été visité.

Tous ces comportements sont bien visibles dans le code créé pour la Figure 12.13.

Dans notre exemple, nous modifions `font-variant` en petites capitales pour les liens visités et utilisons la décoration de texte `linethrough` (barré). Les liens non visités utilisent une police plus grande et sont soulignés. Quand vous survolez un lien, il se met en gras et se colore en rouge tandis que le curseur prend la forme d'une main.

Les meilleures ressources CSS

La série suivante de sites Web vous propose d'excellentes références concernant CSS et son utilisation sur des pages Web bien conçues. La première référence de W3Schools.com est absolu-

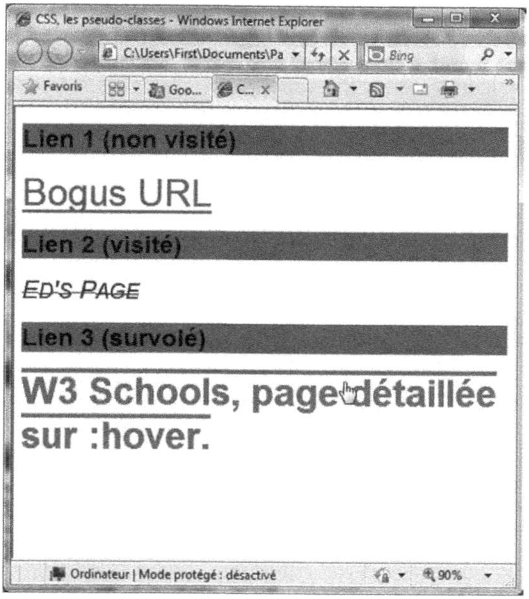

FIGURE 12.13 Les pseudo-classes relatives aux liens modifient l'apparence des hyperliens en réponse à un état de visite et à l'activité de la souris.

ment géniale et fournit une grande partie de la matière première sur laquelle se basent les Tableaux 12.1 à 12.8.

W3Schools.com

`www.w3schools.com/css/css_reference.asp`

Cette excellente ressource en ligne propose des définitions CSS et leur utilisation, les pages associées, les navigateurs supportés, les exemples, et offre même la possibilité de «tester soi-même» dans un environnement contrôlé sur `www.w3schools.com/css/tryit.asp?filename=trycss_background`.

Firebug

`http://getfirebug.com`

Il s'agit du meilleur navigateur pour déboguer et déterminer pourquoi vos pages CSS ou HTML ne réagissent pas comme vous le souhaitez. Grâce à Firebug, vous pouvez sélectionner des éléments sur une page et vérifier quelles propriétés CSS y sont affectées, fichier par fichier (si vous avez plusieurs feuilles de style) ou même ligne par ligne, dans le document source. Vous pouvez aussi utiliser cet outil pour ajouter ou ignorer temporairement des déclarations CSS, ce qui facilite le test et le débogage de votre balisage CSS.

La réinitialisation d'Eric Meyer

`http://meyerweb.com/eric/tools/css/reset/reset.css`

Cette URL offre un bel exemple de *feuille de style de réinitialisation*. Une *feuille de style de réinitialisation* vise à réduire les incohérences des paramètres des navigateurs, notamment les hauteurs de ligne par défaut, les marges, les tailles de police dans les titres, etc. Les raisons d'une réinitialisation sont abordées dans l'article «Reset Reloaded» posté en mai 2007 sur le blog de Meyer (`http://meyerweb.com/eric/thoughts/2007/05/01/reset-reloaded`). Les feuilles de style de réinitialisation apparaissent relativement souvent dans le cadre de CSS et celle de Meyer, «`meyerweb reset`», a été intégrée dans la page d'accueil de Blueprint (`www.blueprintcss.org`), entre autres. Les feuilles de style de réinitialisation sont dignes d'intérêt et méritent d'être appliquées à vos propres efforts de conception Web. Si vous cliquez sur le lien précédent, vous découvrirez une partie du texte de la feuille de style reset.css.

Spoon Browser Sandbox

`www.spoon.net/browsers`

Malheureusement, l'affichage de CSS varie parfois dans différents navigateurs. Utilisez ce site pour vous éviter de concevoir ce que vous pensez être le site du siècle et découvrir finalement qu'il ne ressemble à rien dans un navigateur que vous n'avez pas testé. Pour l'instant, Spoon Browser Sandbox est uniquement compatible avec un PC mais il vous permet, à distance, de lancer des navigateurs Web qui ne sont pas installés sur votre ordinateur. Utilisez ce site pour voir à quoi vos pages ressemblent dans les différentes versions d'Internet Explorer, Firefox, Opera, Chrome et Safari.

Le service de validation CSS du W3C

`http://jigsaw.w3.org/css-validator`

Testez vos documents CSS et (X)HTML avec feuilles de style à l'aide de cet outil en ligne gratuit. Orientez-le vers des pages Web publiquement accessibles, chargez les fichiers à valider ou saisissez directement le code dans un bloc de texte pour en tester le contenu.

Le manuel du développeur Web

`www.alvit.de/handbook`

Ce site en fait presque trop, proposant un énorme répertoire de liens CSS et de liens généraux relatifs à la conception Web. De nombreuses sections sur CSS contiennent des articles, des présentations et des galeries, des outils et des services, des spécifications, etc. Accordez-vous du temps pour fouiller dans tout ça ; il y a vraiment beaucoup de matière à se mettre sous la dent !

YSlow

`https://addons.mozilla.org/en-US/firefox/addon/5369`

Basé sur une série de règles utilisées dans des pages Web haute performance, YSlow analyse les pages Web et propose des solutions pour améliorer leur performance. YSlow est un module Firefox pour l'outil de développement Web Firebug. Il note les pages Web en utilisant l'une des trois séries de règles prédéfinies ou une série de règles définies par l'utilisateur. En outre, YSlow émet aussi des suggestions pour améliorer la performance de la page, analyse les composants de la page, affiche les statistiques de la page et fournit des outils d'analyse de performance comme Smush.it et JSLint.

Chapitre 13

Ajouter du script dans les pages Web

DANS CE CHAPITRE :

- » **Découvrir ce que JavaScript peut faire pour les pages Web.**
- » **Agencer le contenu.**
- » **Ouvrir de nouvelles fenêtres.**
- » **Vérifier les saisies utilisateur.**
- » **Découvrir d'autres possibilités de JavaScript.**

Lorsqu'ils sont utilisés avec votre balisage HTML, les scripts (de petits programmes que vous pouvez ajouter dans vos pages Web) permettent à vos pages Web de réagir aux actions de l'utilisateur. Ainsi, vous pouvez créer des effets interactifs et dynamiques que vous rencontrez sur le Web, tels que des images qui changent automatiquement lorsque l'utilisateur place le pointeur de sa souris dessus, des fenêtres de navigateur qui s'ouvrent lorsqu'une page se charge et des barres de navigation animées ou interactives.

Comme les scripts sont des mini-programmes, ils sont souvent écrits dans un langage de programmation nommé JavaScript. Si vous n'avez jamais entendu ce terme, JavaScript peut résonner à vos oreilles comme le scénario d'un film publicitaire pour du café. En fait, c'est un langage de script intégré dans tous les navigateurs Web populaires.

Fort heureusement, grâce à l'invention du «copier-coller» digne du prix Nobel, vous n'avez pas besoin d'être un gourou de la technologie pour ajouter des scripts à vos sites Web. Le Web comprend de nombreux sites proposant des scripts prêts à être utilisés que vous pouvez copier et coller gratuitement dans votre page Web (le Chapitre 14 recense les meilleurs sites JavaScript).

Nombre d'excellents éditeurs de pages Web (tels que Adobe Dreamweaver et AdobeFireworks) disposent d'outils intégrés pour vous aider à créer des scripts, même si vous ne connaissez rien à la programmation.

Dans ce chapitre, vous découvrirez comment les scripts fonctionnent en disséquant trois exemples écrits en JavaScript. Si vous portez un intérêt plus poussé à JavaScript et son fonctionnement, nous vous conseillons l'excellent *JavaScript pour les Nuls*, signé Emily Vander Veer.

Ce que JavaScript peut faire pour les pages Web

Ajouter des scripts à votre site Web, c'est un peu comme ces émissions de télé-réalité qui transforment l'apparence d'une maison ou d'une personne en quelque chose de complètement nouveau et merveilleux. Avec JavaScript, vous pouvez transformer une page Web toute bête en une page originale, interactive et dynamique, qui mettra vos visiteurs en joie pour les années à venir (ok, nous exagérons peut-être un peu mais vous voyez l'idée).

Par exemple, si vous visitez le site US pourlesnuls (`www.dummies.com`) et que vous cliquez sur le bouton Search sans saisir de mot-clé pour spécifier votre recherche, le navigateur affiche une boîte d'avertissement pour vous en informer, comme dans la Figure 13.1.

Ici, un petit script vérifie si vous avez saisi un mot-clé avant de traiter votre requête :

- Si vous entrez un mot-clé, l'avertissement ne s'affiche pas.
- Si vous n'entrez pas de mot-clé, le script dans la page affiche la boîte de dialogue d'avertissement.

FIGURE 13.1 Aucun mot-clé n'a été saisi.

Le script rend la page *dynamique*, ce qui signifie qu'il ajoute des fonctionnalités programmées à la page pour lui permettre de répondre aux actions de l'utilisateur (par exemple, remplir un formulaire ou déplacer le pointeur de la souris sur une image). Lorsque vous ajoutez des scripts à votre page, celle-ci interagit avec les utilisateurs et modifie son affichage ou son comportement en réponse à leurs actions.

L'URL de la page ne change pas et aucune autre fenêtre de navigation ne s'ouvre quand vous ne saisissez pas de mot-clé pour votre recherche. La page répond à vos actions sans envoyer de requête au serveur Web pour lui demander une nouvelle page. C'est pourquoi la page est dite *dynamique*.

Si vous tentiez de mettre en œuvre ce dispositif de contrôle sans utiliser de script (c'est-à-dire sans recourir aux fonctionnalités dynamiques de la page Web), le navigateur devrait envoyer une séquence avec les données saisies par l'utilisateur au serveur Web. Le serveur retournerait alors une page d'avertissement signalant à l'utilisateur qu'il n'a pas saisi de mot-clé. Tout ce travail se déroulerait donc sur le serveur Web et non dans le navigateur. L'opération serait plus lente (car la requête devrait d'abord parvenir au serveur puis le serveur devrait transmettre la page d'avertissement au navigateur) et paraîtrait donc moins fluide à l'utilisateur. Il vaut mieux utiliser un bouton dans la page et afficher une alerte immédiatement à l'attention de l'utilisateur.

Dans les sections suivantes, nous présentons trois utilisations courantes de JavaScript dans des pages Web.

Ne vous souciez pas des détails du code JavaScript dans les exemples qui vont suivre. Concentrez-vous sur la manière dont les scripts JavaScript peuvent être collés dans votre page Web pour trouver leur place parmi vos balises HTML.

JAVASCRIPT, CE N'EST PAS JAVA

Vers la fin des années 1990, les créateurs du langage de script JavaScript voulurent surfer sur l'immense popularité du langage de programmation Java, c'est pourquoi ils le baptisèrent d'un nom accrocheur, JavaScript. Une telle décision ne pouvait que générer beaucoup de confusion du fait du rapport entre les deux noms. Pour clarifier la situation, précisons que le langage de programmation Java *n'est pas* un langage de script pour le Web. Java descend des langages de programmation C et C++. Les programmeurs peuvent créer des applications Java qui fonctionnent indifféremment sur Windows, Macintosh, Linux et d'autres plateformes :

» Du côté client, Java est utilisé pour créer des *applets* (petits programmes qui se téléchargent sur le Net et qui fonctionnent dans le navigateur). Comme Java est conçu pour fonctionner sur toutes les plateformes, ces applets devraient aussi fonctionner sur tout navigateur supportant Java.

» Du côté serveur, Java est utilisé pour créer de nombreuses applications basées sur le Web.

Utiliser JavaScript pour agencer le contenu dynamiquement

JavaScript peut être utilisé avec CSS (dont il est question dans les Chapitres 9 à 12) pour modifier l'apparence du contenu d'une page en réponse à une action de l'utilisateur. Voici un exemple : deux auteurs partagent un blog nommé Backup Bain (www.backupbrain.com). L'un des auteurs préfère une police sans empattement de petite taille tandis que l'autre trouve qu'une police à empattement, de grande taille, est plus facile à lire. Le blog dispose donc de boutons permettant de modifier l'apparence du site en fonction des préférences de chacun. Bien entendu, les visiteurs du site peuvent aussi utiliser les boutons pour basculer d'un type de police à un autre et le site se souvient de leur choix pour restaurer leurs préférences en créant un *cookie* (un petit fichier de préférences créé sur l'ordinateur du visiteur). La Figure 13.2 montre les deux versions de la page.

JavaScript et CSS créent cet effet en alternant entre deux feuilles de style :

- » La feuille de style sans empattement, `sansStyle.css`.
- » La feuille de style avec empattement, `avecStyle.css`.

Le Listing 13.1 montre le code source d'un exemple de page qui contient le mécanisme d'alternance illustré dans la Figure 13.2.

- » Lorsque l'utilisateur clique sur le bouton Sans, le script `StyleSwitcher.js` référencé dans l'élément `<head>` s'exécute, change de feuille de style et active `sansStyle.css` (`.js` est l'extension utilisée pour les fichiers JavaScript, comme dans la valeur `src` de l'élément `script` dans le Listing 13.1).
- » Lorsque l'utilisateur clique sur le bouton Avec, le même script change de feuille de style et active `avecStyle.css`.

LISTING 13.1 **Changement de style.**

```
<!DOCTYPE html PUBLIC «-//W3C//DTD XHTML 1.0 Transitional//EN»
        «http://www.w3.org/TR/xhtml1/DTD/xhtml1-transitional.dtd»>
<html xmlns=»http://www.w3.org/1999/xhtml» lang=»en» xml:lang=»en»>
<head>
    <title>Alternateur de style</title>
    <meta http-equiv=»Content-Type» content=»text/html;
         charset=ISO-8859-1» />
    <link href=»simpleStyle.css» rel=»stylesheet» rev=»stylesheet» />
    <link href=»sansStyle.css» rel=»stylesheet» rev=»stylesheet»
        title=»default» />
    <link href=»avecStyle.css» rel=»alternate stylesheet»
        rev=»alternate stylesheet» title=»serif» />
```

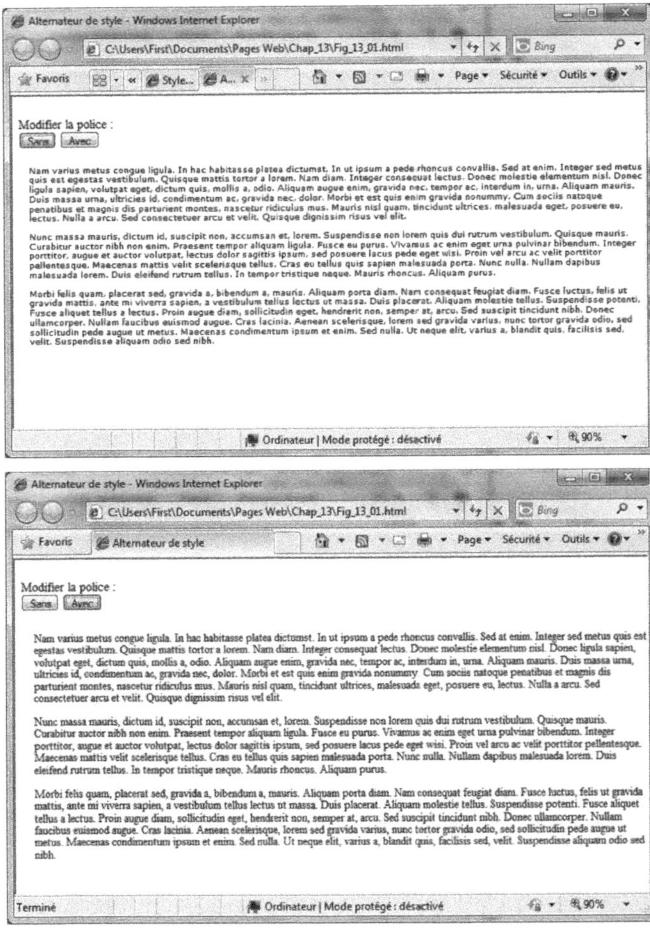

FIGURE 13.2 L'affichage du texte change.

```
    <style type=»text/css» media=»all»>@import url(«complexStyle.
        css»);</style>
    <script src=»StyleSwitcher.js» language=»javascript1.5»
        type=»text/javascript»></script>
</head>
<body>
<div class=»navBar»>
<br />Modifier la police :
<form action=»none»>
    <input type=»button» class=»typeBtn» value=»Sans»
       onclick=»setActiveStylesheet('default')» />
```

```
    <input type=»button» class=»typeBtn2» value=»Avec»
      onclick=»setActiveStylesheet('serif')» />
</form>
</div>

<div class=»content» id=»headContent»>
<p>Remplacez ce paragraphe par votre propre contenu.</p>
</div>
</body>
</html>
```

Pour plus d'informations sur le fonctionnement de cet exemple, rendez-vous sur `www.javascriptworld.com/js5e/scripts/chap16/ex6/index.html`.

Cet exemple repose sur plusieurs fichiers (HTML, CSS et JavaScript). Vous pouvez télécharger tous ces fichiers sur `www.javascriptworld.com/js5e/scripts/index.html`.

Les fichiers relatifs à l'alternance de police se trouvent dans le Chapitre 16.

Travailler avec les fenêtres du navigateur

JavaScript peut demander à votre navigateur d'ouvrir et de fermer des fenêtres.

Vous avez certainement déjà été confronté à une version exaspérante de cette technique : les fenêtres publicitaires qui apparaissent lorsque vous tentez de quitter un site. Cette technique peut aussi être utilisée pour faire le bien. Par exemple, elle peut vous permettre de *prévisualiser* un ensemble de gros fichiers d'images sous la forme de versions miniatures. Lorsque vous cliquez sur une miniature, vous déclenchez des actions telles que :

- Ouvrir une fenêtre pour y afficher une version plus grande de l'image.
- Ouvrir une page contenant un lien sous forme de texte qui ouvre une fenêtre avec une illustration de ce texte, comme dans la Figure 13.3.

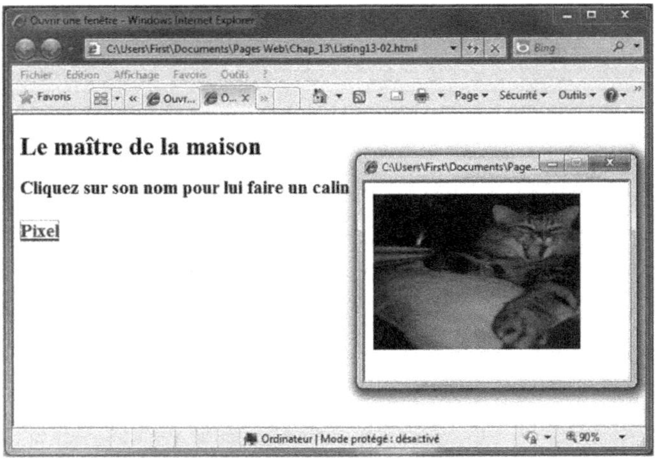

FIGURE 13.3 Lorsque vous cliquez sur le lien, une fenêtre s'affiche avec une image.

Le code requis pour ce genre de fenêtre *pop-up* est assez évident à comprendre, comme le montre le Listing 13.2 avec l'appel de la fonction `window.open`.

LISTING 13.2 **Les fenêtres pop-up.**

```
<!DOCTYPE html PUBLIC «-//W3C//DTD XHTML 1.0 Transitional//EN»
        «http://www.w3.org/TR/xhtml1/DTD/xhtml1-transitional.dtd»>
<html xmlns=»http://www.w3.org/1999/xhtml»>
<head>
    <title>Ouvrir une fenêtre</title>
    <script language=»Javascript» type=»text/javascript»>

    function newWindow() {
        catWindow = window.open("images/pixel2.jpg", "catWin",
          "width=330,height=250")
    }
    </script>
</head>
<body bgcolor=»#FFFFFF»>
    <h1>Le maître de la maison</h1>
    <h2>Cliquez sur son nom pour lui faire un câlin<br /><br />
    <a href=»javascript:newWindow()»>Pixel</a></h2>
</body>
</html>
```

Les fenêtres pop-up ne sont plus recommandées et doivent être utilisées avec précaution. Une surutilisation de fenêtres pop-up peut vous coûter cher. De nombreux sites Web contiennent ce type de fenêtres pour afficher des publicités, si bien que les utilisateurs y sont devenus insensibles (voire hostiles) et qu'ils les ignorent tout simplement (ou installent un logiciel qui en empêche l'affichage). De plus, certains navigateurs Web comme Firefox, Safari et Internet Explorer bloquent automatiquement les fenêtres pop-up. Avant d'ajouter une fenêtre pop-up à votre site, demandez-vous si c'est absolument nécessaire. Si tel est le cas, prévenez vos visiteurs que vous utilisez des fenêtres pop-up pour qu'ils autorisent leur navigateur Web à les afficher.

Solliciter et vérifier des saisies de l'utilisateur

JavaScript est très souvent utilisé pour vérifier que les utilisateurs ont rempli tous les champs obligatoires d'un formulaire avant que le navigateur n'en soumette le contenu au programme de traitement des saisies qui se trouve sur le serveur Web. Dans le Listing 13.3, l'élément `<script>` de la page HTML contient une fonction de validation de formulaire, `checkSubmit`. Cette fonction est appelée via l'attribut `onsubmit` de l'élément `<form>`.

LISTING 13.3 **Validation de formulaire.**

```
<!DOCTYPE html PUBLIC «-//W3C//DTD XHTML 1.0 Transitional//EN»
        «http://www.w3.org/TR/xhtml1/DTD/xhtml1-transitional.dtd»>
<html xmlns=»http://www.w3.org/1999/xhtml» lang=»fr» xml:lang=»fr»>
<head>
  <title>Valider un formulaire</title>
  <meta http-equiv=»Content-Type» content=»text/html;
          charset=ISO-8859-1» />
  <script type=»text/javascript» language=»javascript»>
    function checkSubmit ( thisForm ) {
      if ( thisForm.FirstName.value == '' ) {
            alert('Veuillez saisir votre prénom.');
            return false;
      }

      if ( thisForm.LastName.value == '' ) {
            alert('Veuillez saisir votre nom.');
```

```
            return false;
        }

        return true;
      }
</script>
</head>

<body>
  <form method=»post» action=»/cgi-bin/form_processor.cgi»
        onsubmit=»return checkSubmit(this);»>
  <p>
   Prénom : <input type=»text» name=»FirstName» /><br />
   Nom : <input type=»text» name=»LastName» /><br />
      <input type=»submit» />
  </p>
  </form>
</body>
</html>
```

Ce script accomplit une des deux opérations suivantes si l'un des champs de saisie n'est pas rempli au moment où l'utilisateur clique sur le bouton Envoyer :

- Il indique au navigateur d'afficher un avertissement pour signaler à l'utilisateur qu'il a oublié de remplir le champ.
- Il renvoie la valeur `false` au navigateur, ce qui l'empêche de soumettre le contenu du formulaire à l'application qui traite le formulaire.

Si les champs sont correctement remplis, le script n'affiche pas d'alerte et renvoie la valeur `true`, ce qui signale au navigateur que le contenu du formulaire peut être envoyé au serveur Web. La Figure 13.4 montre comment le navigateur affiche une alerte si le prénom n'est pas saisi.

Cet exemple vérifie simplement si les utilisateurs ont rempli les champs du formulaire mais vous pouvez créer des scripts plus élaborés qui contrôlent des formats de données complexes (comme la présence du caractère `@` dans une adresse e-mail ou la présence exclusive de chiffres dans un numéro de téléphone).

Lorsque vous créez un formulaire qui comprend des champs obligatoires, nous vous recommandons de toujours inclure un

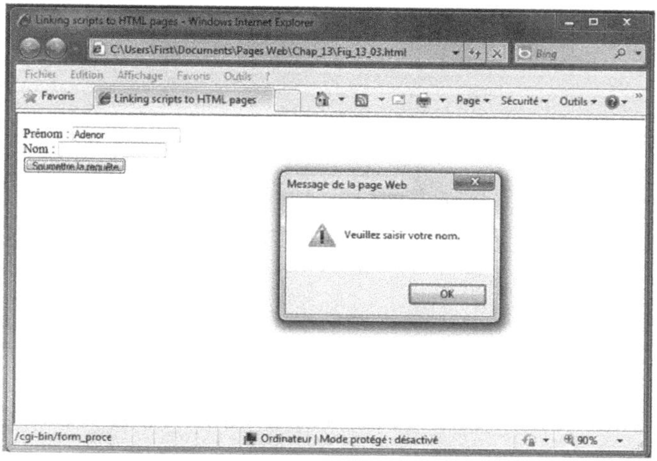

FIGURE 13.4 JavaScript est souvent utilisé pour valider des données saisies dans un formulaire.

script JavaScript pour contrôler les données manquantes avant de soumettre le contenu du formulaire au serveur. Les visiteurs peuvent être frustrés s'ils prennent le temps de remplir un formulaire pour apprendre par la suite qu'ils doivent cliquer sur le bouton Page précédente et tout ressaisir à cause d'une information oubliée. Quand vous utilisez JavaScript, le script détecte les informations manquantes avant que le formulaire ne disparaisse, si bien que les utilisateurs peuvent rapidement modifier leur saisie et tenter une nouvelle fois de soumettre le formulaire.

Mais attendez... ce n'est pas tout !

Vous pouvez faire bien plus avec JavaScript. La liste suivante recense quelques utilisations fréquentes de ce langage de script :

- Détecter si l'utilisateur a installé une certaine extension sur son navigateur pour gérer du contenu multimédia.
- Créer une galerie d'images.
- Rediriger automatiquement l'utilisateur sur une page Web différente.

- » Ajouter de la logique conditionnelle à votre page, de sorte que des actions ne sont déclenchées que si l'utilisateur en effectue certaines autres.
- » Créer, positionner et faire défiler de nouvelles fenêtres de navigation.
- » Créer des barres de navigation et modifier dynamiquement les menus dans ces barres.
- » Afficher automatiquement la date et l'heure dans votre page.
- » Combiner JavaScript et CSS pour animer des éléments de la page.

JavaScript est utilisé de manière innovante dans *Gmail*, le service de messagerie gratuit de Google que vous trouverez sur `www.gmail.com`.

Gmail utilise JavaScript pour gérer toute l'interface utilisateur, ce qui le rend bien plus réactif aux actions de l'utilisateur que la plupart des services de messagerie disponibles sur le Web. Gmail utilise JavaScript pour limiter au strict minimum les informations que la page doit demander au serveur. En laissant

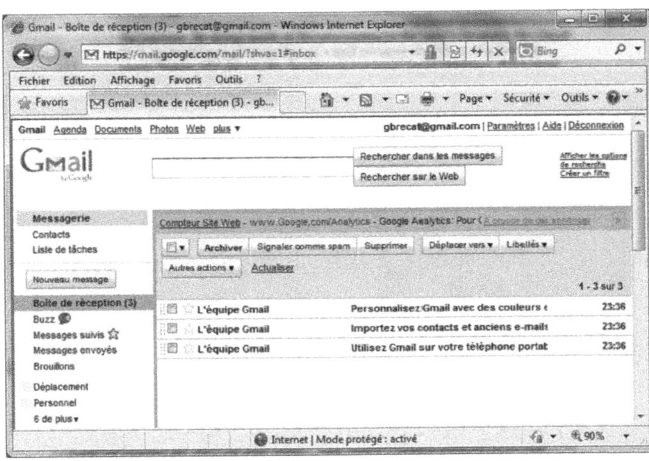

FIGURE 13.5 L'interface de Gmail est optimisée par JavaScript.

le navigateur assurer la plupart du traitement de l'information, Gmail ressemble beaucoup à un programme de messagerie qui s'exécute sur votre ordinateur. La Figure 13.5 montre l'interface de Gmail optimisée par JavaScript. C'est un excellent exemple de la puissance de JavaScript.

LE SCRIPT SUR LE SERVEUR

JavaScript est un langage de script qui fonctionne dans le navigateur mais il existe d'autres langages de script qui fonctionnent côté serveur, tels que Perl, ASP (Active Server Pages), PHP, Python, .NET, et d'autres. Les programmes écrits dans ces langages résident sur le serveur et sont interrogés par la page Web, généralement lorsque l'utilisateur soumet un formulaire qu'il a rempli. Les gens qui écrivent ces pages Web peuvent inclure de petits morceaux de code qui transmettent des informations de la page HTML au programme sur le serveur Web. Lorsqu'il est appelé, le programme s'exécute puis renvoie un résultat à l'utilisateur.

Amazon (`www.amazon.com`) exécute une application Web de commerce électronique qui fonctionne essentiellement côté serveur et utilise des scripts de serveur. Les pages Web affichées par le navigateur quand vous visitez Amazon résultent du traitement des scripts côté serveur qui se fait avant même que la page n'atteigne votre navigateur. Pour plus d'informations sur JavaScript et ses possibilités, consultez *JavaScript pour les Nuls*, signé Emily A. Vander Veer.

Chapitre 14

Travailler avec des formulaires

DANS CE CHAPITRE :

- **Utiliser des formulaires dans des pages Web.**
- **Créer des formulaires.**
- **Travailler avec les données d'un formulaire.**
- **Concevoir des formulaires faciles à utiliser.**
- **Simplifier les formulaires avec un cadre de formulaire.**

La plupart du code HTML que vous écrivez vous sert à afficher du contenu et des informations pour vos utilisateurs. Toutefois, il se peut que vous souhaitiez qu'une page Web collecte des informations auprès des utilisateurs plutôt que de simplement leur présenter des informations statiques. Les *balises de formulaire* HTML vous fournissent une liste d'éléments et d'attributs qui permettent de créer des formulaires pour effectuer cette collecte.

Ce chapitre traite des nombreuses utilisations des formulaires. Il vous montre aussi comment utiliser les balises pour créer le bon formulaire permettant de demander des informations à vos utilisateurs. Il passe en revue les options dont vous disposez pour traiter l'information ainsi collectée, il donne quelques conseils pour créer des formulaires faciles à utiliser qui aident vos utilisateurs à fournir l'information que vous recherchez.

Les utilisations des formulaires

Le Web contient des millions de formulaires mais tous utilisent le même jeu de balises. Les formulaires Web peuvent être courts ou longs, simples ou complexes et peuvent être utilisés à des fins très diverses. Toutefois, ils se rangent toujours dans l'une ou l'autre de ces catégories :

- **Les formulaires de recherche** qui permettent à l'utilisateur d'effectuer une recherche sur un site ou le Web.
- **Les formulaires de collecte de données** qui permettent de fournir des informations sur des sujets tels que le shopping en ligne, le support technique, les préférences du site, la personnalisation.

Avant de créer un formulaire, vous devez déterminer le type de données que vos utilisateurs sont susceptibles de rechercher sur votre site ou le type de données que vous souhaitez leur demander. Vos données déterminent les éléments de formulaire que vous utilisez et comment vous les assemblez dans une page.

Les formulaires de recherche

Les formulaires de recherche vous permettent de fournir des informations aux visiteurs.

Les formulaires de recherche suivants proviennent de nos amis du fisc américain (IRS). La différence entre ces formulaires réside dans les données dont le site de l'IRS a besoin pour conduire sa recherche :

- La page d'accueil de l'IRS (voir la Figure 14.1) est un formulaire de recherche simple qui aide les visiteurs à rechercher des informations générales sur les impôts, les services en ligne, le paiement, les démarches administratives, etc. Ce type de formulaire peut produire des dizaines de réponses pertinentes. Les visiteurs peuvent à la fois :
  - Sélectionner la meilleure option.
  - Consulter plusieurs options.

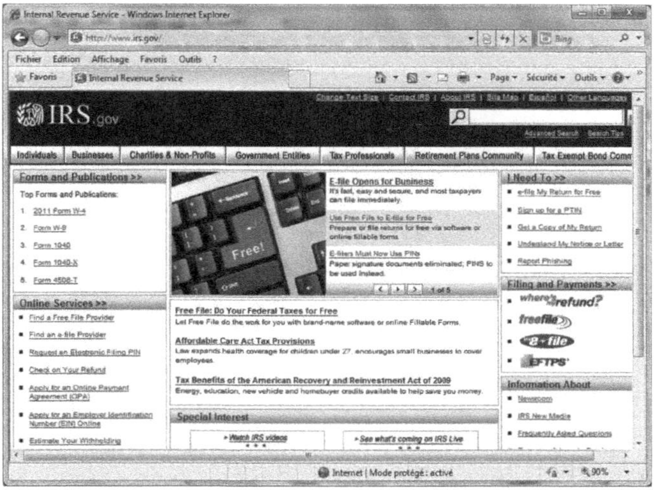

FIGURE 14.1 La page d'accueil de l'IRS offre un accès facile aux formulaires, aux publications et aux informations.

» Un formulaire de recherche plus complexe, comme celui représenté dans la Figure 14.2, ne produit qu'une seule réponse. Il recherche dans les données du service public le solde d'impôt sur le revenu de l'utilisateur. La page demande des informations précises car le service public ne veut pas que vous puissiez consulter le dossier de quelqu'un d'autre, c'est pourquoi ce formulaire :
  - Trouve les données dont les visiteurs ont besoin.
  - Dissimule les données que les visiteurs ne doivent pas pouvoir consulter.

Il est possible de conduire des recherches de toute nature, si bien que les formulaires sont eux aussi particulièrement variés. Une simple recherche par mot-clé peut suffire mais vous pouvez tout aussi bien employer une méthode de recherche plus sophistiquée.

Les formulaires de collecte de données

Les formulaires de collecte de données récupèrent des informations que vous voulez enregistrer ou traiter. Lorsque vous créez un formulaire qui collecte des informations, ce sont les

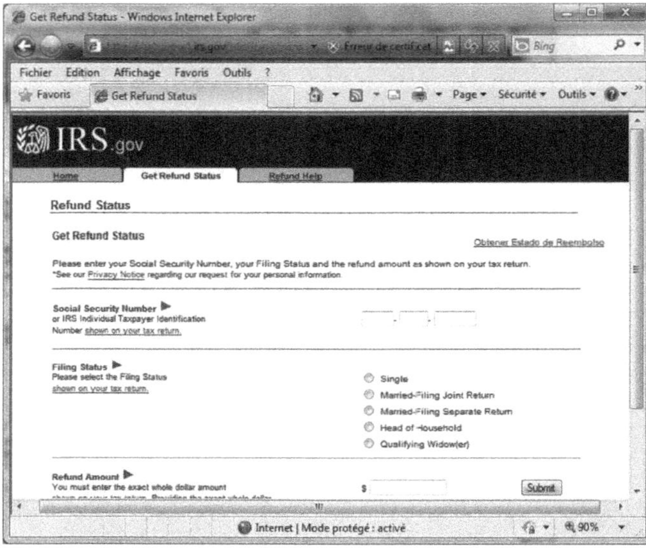

FIGURE 14.2 Un formulaire tel que celui-ci est un peu plus complexe.

informations dont vous avez besoin qui dictent sa structure et sa complexité :

- Si vous n'avez besoin que de peu d'informations, le formulaire peut être court et (relativement) agréable à utiliser.

  Exemple : Facebook utilise un formulaire pour collecter des informations auprès des personnes qui souhaitent s'inscrire, comme le montre la Figure 14.3. Facebook n'a pas besoin de beaucoup d'informations pour mettre en œuvre l'abonnement, d'où un formulaire aussi court que simple.

- Si vous avez besoin de beaucoup d'informations, votre formulaire peut faire plusieurs pages.

  Exemple : L'INPI utilise de longs formulaires détaillés pour collecter les informations nécessaires pour permettre l'inscription sur le site. La Figure 14.4 montre la première des pages que le visiteur doit remplir pour fournir toutes les informations requises.

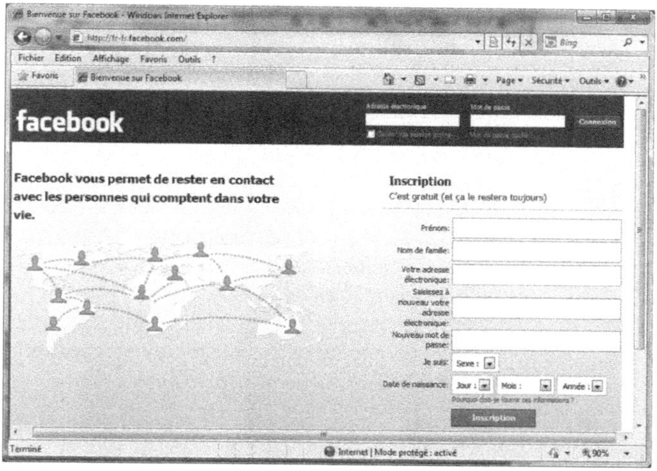

FIGURE 14.3 Un formulaire d'abonnement gratuit collecte des informations de base.

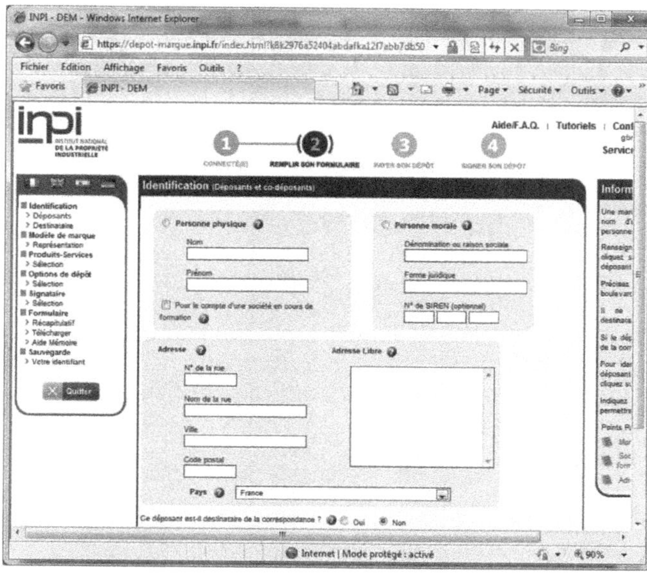

FIGURE 14.4 Certains sites utilisent des formulaires très détaillés pour collecter les données nécessaires.

Créer des formulaires

Les formulaires HTML peuvent présenter des informations aux utilisateurs, sous forme de texte et d'images. Ils peuvent aussi proposer différents types de zones de saisie de texte (intégré ou sur une ou plusieurs lignes) ainsi que différents types d'outils de sélection de données comme des cases d'options (qui permettent de sélectionner une option parmi d'autres), des listes de choix (qui permettent de saisir une valeur d'une liste prédéfinie d'options) ou des cases à cocher (qui permettent de sélectionner aucune, une ou plusieurs valeurs d'une liste prédéfinie d'options). Les balises et les attributs de formulaire HTML vous aident à :

- » Définir la structure globale du formulaire.
- » Signaler au navigateur comment gérer les données du formulaire.
- » Créer des éléments de saisie (comme des champs de saisie ou des listes déroulantes).

Tous les formulaires ont la même structure de base. La nature des éléments de saisie que vous utilisez dépend des données que vous présentez et collectez.

La structure

L'élément `form` est un conteneur de contenu (et de saisie) qui fonctionne plus ou moins comme l'élément paragraphe (`p`) qui contient le texte du paragraphe ou l'élément division (`div`) qui contient différents types de sous-éléments dans une section logique de document. Tous les éléments de saisie associés à un formulaire sont :

- » Contenus dans une balise `<form>`.
- » Traités par le même gestionnaire de formulaire.

Un *gestionnaire de formulaire* est un programme sur le serveur Web (ou une simple URL `mailto:`) qui gère les données que l'utilisateur vous envoie via le formulaire. Un navigateur Web ne peut que collecter les informations via les formulaires ; il ne sait pas quoi en faire une fois qu'il en dispose. Vous devez fournir un quelconque mécanisme pour *faire quelque chose* des données collectées (la section «Traiter les données» de ce chapitre traite des gestionnaires de formulaire dans le détail).

Les attributs

Vous devez toujours utiliser ces deux attributs-clés avec la balise `<form>` :

- `action` : L'URL du gestionnaire de formulaire.
- `method` : Méthode à utiliser pour l'envoi des données du formulaire au gestionnaire de formulaire.

  Votre gestionnaire de formulaire définit la valeur à utiliser pour `method` (votre hébergeur vous a certainement fourni un document qui décrit comment interroger votre gestionnaire de formulaire sur le serveur Web local avec tous les détails nécessaires et peut-être quelques exemples) :

  - `get` envoie les données du formulaire au gestionnaire de formulaire *via* l'URL.
  - `post` envoie les données du formulaire *via* un en-tête du protocole HTTP.

Webmonkey propose un bon aperçu des différences entre `get` et `post` dans son article «Add HTML Forms to Your Site» sur www.webmonkey.com/2010/02/add_html_forms_to_your_site.

Le balisage

Le balisage du Listing 14.1 crée un formulaire qui utilise la méthode `post` pour envoyer à un gestionnaire de formulaire (`livre-dor.cgi`) des informations saisies par l'utilisateur qui doivent être traitées sur le serveur Web.

LISTING 14.1 **Un formulaire tout simple traité par un gestionnaire de formulaire.**

```
<!DOCTYPE html PUBLIC «-//W3C//DTD XHTML 1.0 Transitional//EN»
        «http://www.w3.org/TR/xhtml1/DTD/xhtml1-transitional.dtd»>
<html xmlns=»http://www.w3.org/1999/xhtml»>
```

```
<head>
    <title>Formulaires</title>
    <meta http-equiv=»Content-Type» content=»text/html;
        charset=ISO-8859-1» />
</head>
<body>
    <form action=»cgi-bin/livredor.cgi» method=»post»>

    <!-- les éléments de saisie du formulaire se trouvent ici -->

    </form>
</body>
</html>
```

La valeur de l'attribut `action` est une URL. Vous pouvez utiliser des URL relatives ou absolues pour cibler un gestionnaire de formulaire sur votre serveur. Les URL absolues et relatives sont traitées dans le Chapitre 6.

Les balises de saisie

Les balises que vous utilisez pour inviter les visiteurs de votre site à saisir des informations constituent le cœur du formulaire. HTML propose toute une série de possibilités, des zones de texte aux cases d'option et des fichiers aux images.

Tout contrôle de saisie associe une valeur à un nom :

- » Lorsque vous créez le contrôle, vous lui donnez un nom.
- » Le contrôle renvoie une valeur en fonction de ce que l'utilisateur saisit dans le formulaire.

Par exemple, si vous créez une zone de texte qui collecte le prénom de l'utilisateur, vous pourrez nommer ce champ `prenom`. Lorsque l'utilisateur saisira son prénom dans ce champ et qu'il soumettra le formulaire, la valeur associée à `prenom` sera le prénom que l'utilisateur aura saisi dans ce champ.

L'objectif d'un formulaire étant de réunir les valeurs associées à ses contrôles de saisie, il est important de nommer chacun de ces contrôles. Les sections suivantes expliquent comment vous devez travailler sur les noms et les valeurs des contrôles de saisie.

L'élément input (et par extension, la balise vide <input … />) est l'acteur principal dès qu'il s'agit d'utiliser des formulaires HTML pour solliciter les saisies des utilisateurs. Dans l'élément input, vous définissez les types de saisie que vous voulez collecter et précisez comment vous assemblez et présentez les zones de saisie et les indices que vous proposez aux utilisateurs pour qu'ils puissent vous fournir ce que vous demandez.

Les zones de saisie

Vous pouvez utiliser une multitude de zones de saisie dans vos formulaires, comme des zones de texte, des champs mot de passe, des cases d'option ou des cases à cocher, des champs masqués, etc. Tous les champs n'exigent pas des valeurs pour les attributs de nom et de type (par exemple, les blocs de texte ou les champs mot de passe) mais il est judicieux de fournir aux utilisateurs des indices et des exemples des données à saisir dès lors qu'il peut y avoir un doute sur le format (par exemple, faut-il insérer une barre oblique ou un espace entre les chiffres d'un numéro de téléphone ou d'une carte de crédit ?). En revanche, les cases d'option et les cases à cocher nécessitent ces informations car elles se doivent d'être claires quand le navigateur propose aux utilisateurs les options possibles.

Vous devez définir un nom et une valeur pour les éléments de saisie qui demandent à l'utilisateur de sélectionner une option (comme les cases à cocher ou les cases d'option) plutôt que de taper du texte dans un champ. Quand l'utilisateur sélectionne une case à cocher ou une case d'option et qu'il clique sur le bouton Envoyer, le formulaire renvoie le nom et la valeur assignée à l'élément.

Ces deux types de zones de saisie sont traités dans la section «Les cases à cocher et les cases d'option».

Les zones de texte

Les *zones de texte* sont des champs d'une seule ligne dans lesquels les utilisateurs peuvent saisir des informations. Pour offrir aux utilisateurs la possibilité de remplir plus d'une ligne, utilisez un bloc de texte (voir section «Les zones de texte sur plusieurs lignes»).

Voici comment créer un champ de texte d'une ligne :

1. **Pour définir un élément de saisie de type texte, utilisez l'élément** <input /> **avec l'attribut** type **et la valeur** text.

```
<input type=»text» />
```

2. **Utilisez ensuite l'attribut** name **pour donner un nom à ce champ de saisie.**

```
<input type=»text» name=»prenom» />
```

L'utilisateur remplace la valeur en écrivant dans le champ.

Le balisage suivant crée deux champs de saisie ; un pour le prénom et un autre pour le nom :

```
<form action=»cgi-bin/livredor.cgi» method=»post»>
<ul style=»list-style-type: none;»>
  <li>Prénom : <input type=»text» name=»prenom» /></li>
  <li>Nom : <input type=»text» name=»nom» /></li>
</ul>
</form>
```

En plus des éléments <input />, le balisage précédent contient des éléments de liste (<ul> et <li>) et un peu de texte pour décrire chaque champ. D'eux-mêmes, les éléments d'un formulaire ne fournissent pas beaucoup d'indices aux utilisateurs sur la nature de l'information que vous voulez qu'ils saisissent. Les listes sont abordées dans le Chapitre 5.

Par ailleurs, vous devez utiliser des blocs de HTML et des éléments en ligne pour mettre en forme votre formulaire et fournir le texte nécessaire. La Figure 14.5 montre comment un navigateur affiche ce HTML.

Vous pouvez contrôler la longueur d'une zone de texte à l'aide de ces attributs :

- size : La longueur (en caractères) du champ de texte.
- maxlength : Le nombre maximal de caractères que l'utilisateur peut saisir dans le champ.

Le balisage suivant crée un formulaire dans lequel size vaut 30 et maxlength vaut 25. Même si chaque champ fait environ 30 caractères de long, l'utilisateur ne peut saisir que 25 caractères

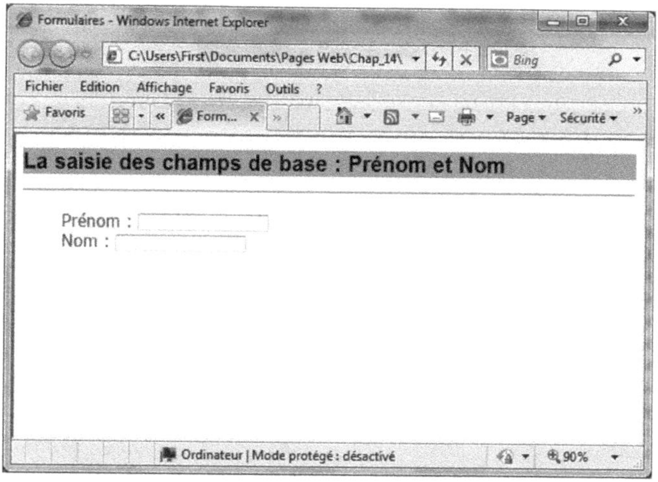

FIGURE 14.5 Des champs de saisie de texte dans un formulaire.

dans chaque champ, comme le montre la Figure 14.6. Définir une valeur plus grande pour l'attribut `size` que pour `maxlength` garantit, dans la zone de texte, la présence d'espace vide entre la saisie de l'utilisateur et la fin du champ. Vous n'êtes pas obligé de suivre cette recommandation mais nous trouvons qu'elle apporte un certain confort visuel.

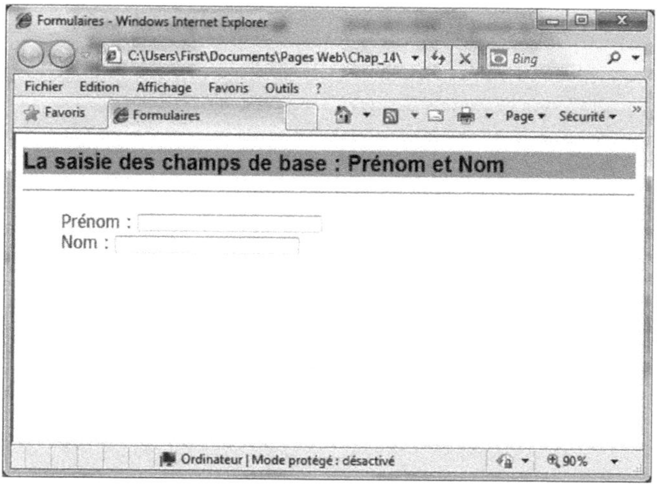

FIGURE 14.6 Vos pouvez spécifier la longueur et le nombre maximal de caractères pour une zone de texte.

```
<form action=»cgi-bin/livredor.cgi» method=»post»>
<ul style=»list-style-type: none;»>
  <li>Prénom : <input type=»text» name=»prenom» size=»30»
      maxlength=»25» /></li>
  <li>Nom : <input type=»text» name=»nom» size=»30»
      maxlength=»25» /></li>
</ul>
</form>
```

Les champs mot de passe

Un *champ mot de passe* est un champ de saisie qui n'affiche pas ce que l'utilisateur y saisit. Chaque élément saisi est remplacé à l'écran par un caractère de substitution, comme un astérisque ou une puce. Ainsi, si quelqu'un regarde par-dessus l'épaule de l'utilisateur, il ne voit pas l'information sensible.

Vous créez un champ mot de passe en utilisant l'élément `<input />` dont l'attribut `type` prend la valeur `password`, comme suit :

```
<form action=»cgi-bin/livredor.cgi» method=»post»>
<ul style=»list-style-type: none;»>
  <li>Prénom : <input type=»text» name=»prenom» size=»30»
      maxlength=»25» /></li>
  <li>Nom : <input type=»text» name=»nom» size=»30»
      maxlength=»25» /></li>
  <li>Mot de passe : <input type=»password» name=»mdp» size=»30»
      maxlength=»25» /></li>
</ul>
</form>
```

Les champs mot de passe sont programmés comme des zones de texte.

La Figure 14.7 montre comment un navigateur remplace ce que vous saisissez par des puces. Notez que certains navigateurs remplacent le texte par des astérisques ou un autre caractère, en fonction des paramètres par défaut du navigateur.

Les cases à cocher et les cases d'option

Si seules quelques options sont possibles pour l'utilisateur, vous pouvez lui proposer une sélection d'options parmi lesquelles choisir :

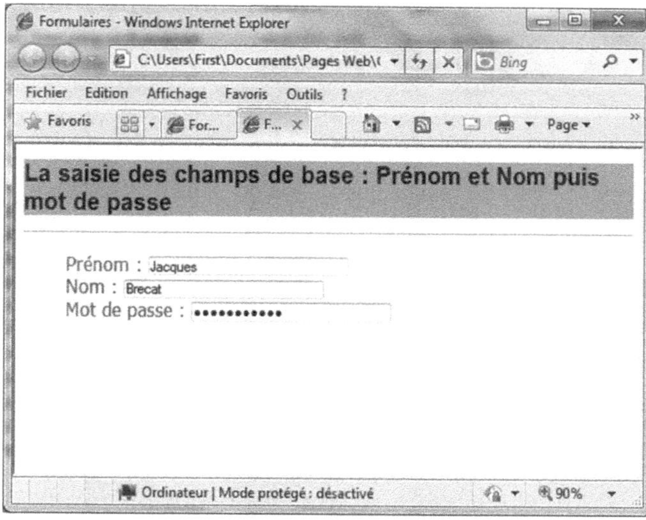

FIGURE 14.7 Les champs mot de passe masquent le texte saisi par l'utilisateur.

- » **Les cases à cocher :** Pour choisir une option ou plus.
- » **Les cases d'option :** Pour choisir une seule option.

Si beaucoup d'options sont disponibles (plus de six, par exemple), vous pouvez utiliser une liste déroulante plutôt que des cases d'option ou des cases à cocher.

Pour créer des cases d'option et des cases à cocher :

1. **Utilisez l'élément** `<input/>` **dont l'attribut** `type` **prend la valeur** `radio` **(case d'option) ou** `checkbox` **(case à cocher).**
2. **Créez chaque option avec ces attributs :**
   - `name` permet de donner un nom à l'option.
   - `value` permet de spécifier la valeur qui est renvoyée quand l'utilisateur sélectionne l'option.

Vous pouvez utiliser l'attribut `checked` (dont la valeur est `checked`) pour spécifier qu'une option doit être sélectionnée par défaut dès que le navigateur affiche le formulaire. C'est un bon moyen de définir une sélection par défaut dans une liste.

Le balisage suivant montre comment créer des options sous forme de cases à cocher et de cases d'option :

```
<form action=»cgi-bin/livredor.cgi» method=»post»>
<p>Quels sont vos mets préférés ?</p>
<ul style=»list-style-type: none;»>
  <li><input type=»checkbox» name=»mets» value=»pizza»
      checked=»checked» />
    Pizza</li>
   <li><input type=»checkbox» name=»mets» value=»glace» /> Glace</li>
   <li><input type=»checkbox» name=»mets» value=»oeufsbacon» />
       Oeufs au bacon</li>
</ul>

<p>Vous êtes ?</p>
<ul style=»list-style-type: none;»>
  <li><input type=»radio» name=»sexe» value=»homme» /> Un homme</li>
  <li><input type=»radio» name=»sexe» value=»femme»
      checked=»checked» />
    Une femme</li>
</ul>
</form>
```

Dans le code précédent, chaque jeu d'options utilise le même nom pour chaque contrôle de saisie mais affecte une valeur différente à chaque option. Il faut donner le même nom aux contrôles d'un jeu d'options pour que le navigateur sache qu'ils appartiennent à ce jeu. La Figure 14.8 montre comment le navigateur affiche ce balisage. Nous avons coché la case «Pizza» tout en conservant la case «Glace» telle quelle. Vous pouvez cocher par défaut autant de cases à cocher que vous le souhaitez dans le balisage de la page en ajoutant simplement `checked=»checked»` dans chaque élément `<input .. />` correspondant.

Les champs cachés

Un *champ caché* vous permet de collecter un nom et une valeur que l'utilisateur ne peut pas voir dans le formulaire. Les champs cachés sont utilisés pour conserver la trace d'informations associées au formulaire (comme sa version ou son nom).

Si votre fournisseur d'accès Internet (FAI) propose une application générique pour tenir un livre d'or ou gérer un formulaire de commentaires, vous devrez peut-être saisir votre nom et

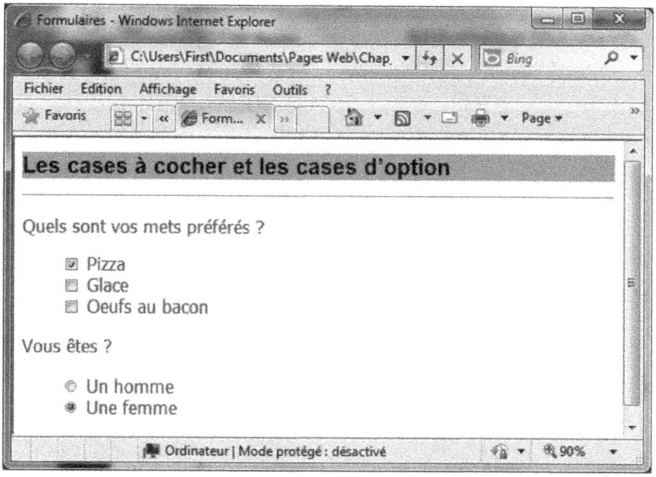

FIGURE 14.8 Les cases à cocher et les cases d'option proposent plusieurs choix.

votre adresse e-mail dans les champs cachés du formulaire pour que les informations saisies par les utilisateurs vous parviennent.

Pour créer un champ caché :

- » Utilisez l'élément `<input/>` dont l'attribut `type` est `hidden`.
- » Indiquez le nom et la valeur que vous voulez envoyer au gestionnaire de formulaire.

Voici un exemple de balisage pour un champ caché :

```
<form action=»cgi-bin/livredor.cgi» method=»post»>
<input type=»hidden» name=»e-mail» value=»moi@monsite.com» />
<ul style=»list-style-type: none;»>
  <li>Prénom : <input type=»text» name=»prenom» size=»30»

      maxlength=»25» /></li>
  <li>Nom : <input type=»text» name=»nom» size=»30»
      maxlength=»25» /></li>
  <li>Mot de passe : <input type=»password» name=»mdp» size=»30»
      maxlength=»25» /></li>
</ul>
</form>
```

En général, il est déconseillé d'utiliser votre adresse e-mail dans un champ caché de formulaire car elle risque d'être collectée par les spammeurs. Si votre fournisseur d'accès Internet vous explique que c'est ainsi que vous devez concevoir votre formulaire de commentaires, demandez-lui une solution pour limiter les risques. Les internautes qui consultent votre page ne peuvent pas visualiser votre adresse mais les robots utilisés par les spammeurs peuvent lire le balisage sous-jacent. Vous pouvez au moins espérer que votre FAI supporte l'un des nombreux outils de cryptage JavaScript disponibles pour masquer votre adresse aux yeux des spammeurs.

Les champs de téléchargement de fichier

Un formulaire peut recevoir des documents et autres fichiers, comme des images, de la part des utilisateurs. Quand l'utilisateur soumet le formulaire, le navigateur récupère une copie du fichier et l'envoie avec le reste des données du formulaire. Pour créer ce champ de téléchargement :

» Utilisez l'élément `<input/>` dont l'attribut `type` est `file`.

  Le fichier lui-même correspond à la valeur de ce champ.

» Utilisez l'attribut `name` pour donner un nom au contrôle.

Voici un exemple de balisage pour un champ de téléchargement :

```
<form action=»cgi-bin/livredor.cgi» method=»post»>
<p>Merci d'envoyer votre CV au format Microsoft Word ou texte :<br />
   <input type=»file» name=»cv» />
</p>
</form>
```

Les navigateurs affichent un champ de téléchargement sous la forme d'un bouton qui permet à l'utilisateur de localiser un fichier sur son disque dur et de vous l'envoyer, comme le montre la Figure 14.9.

Lorsque vous acceptez des fichiers de vos utilisateurs via un formulaire, ils peuvent être énormes ou contenir des virus. Demandez à la personne qui conçoit votre gestionnaire de formulaire les options possibles pour protéger votre système quand les fichiers y sont enregistrés. Plusieurs barrières peuvent aider à minimiser les risques, notamment :

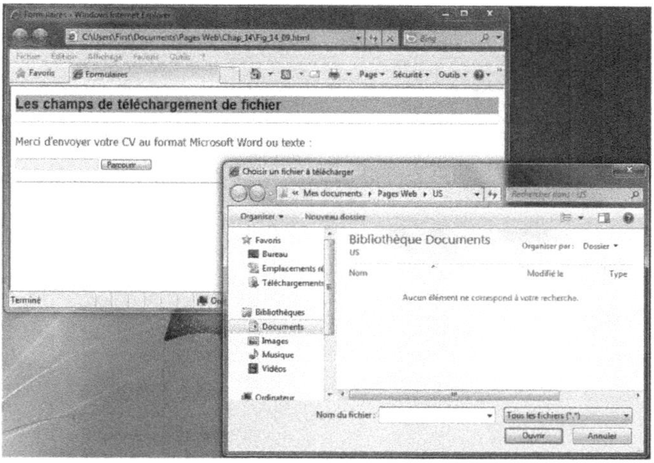

FIGURE 14.9 Un champ de téléchargement de fichier.

- Un logiciel antivirus.
- Des restrictions sur la taille des fichiers.
- Des restrictions sur le type de fichier.

Les listes déroulantes

Les *listes déroulantes* constituent la solution idéale pour proposer aux utilisateurs de nombreuses options dans un espace restreint. Vous pouvez utiliser deux balises différentes pour créer une liste déroulante :

- `<select>` crée la liste.

  Utilisez l'attribut `name` avec l'élément `<select>` pour nommer la liste.

- Une série d'éléments `<option>` identifient les options.

  L'attribut `value` affecte une valeur unique à chaque élément `<option>`.

Voici un exemple de balisage pour une liste déroulante :

```
<form action=»cgi-bin/livredor.cgi» method=»post»>
<p>Quel est votre mets préféré ?</p>
  <select name=»mets»>
   <option value=»pizza»> Pizza</option>
```

```
    <option value=»glace»> Glace</option>
    <option value=»oeufsbacon»> Oeufs au bacon</option>
  </select>
</form>
```

Le navigateur convertit ce balisage en une liste déroulante comprenant trois éléments, comme le montre la Figure 14.10.

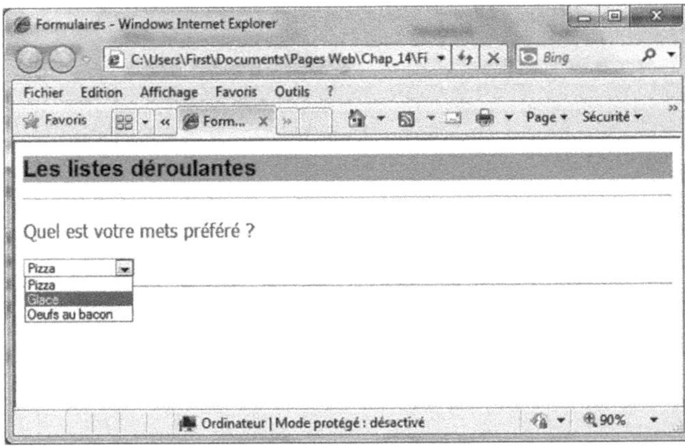

FIGURE 14.10 Une liste déroulante.

Vous pouvez permettre aux utilisateurs de sélectionner plus d'un élément dans une liste déroulante en modifiant les paramètres par défaut de cette liste :

- Si vous voulez que les utilisateurs puissent choisir plus d'une option (en maintenant la touche Ctrl [Windows] ou NOTE AU MAQUETTISTE : GRAPHISME DE LA TOUCHE A REPRODUIRE [Mac] pendant qu'ils cliquent sur les options de la liste), ajoutez l'attribut `multiple` à la balise `<select>`. La valeur de `multiple` est `multiple`.

  D'après les règles du XHTML, les attributs indépendants (c'est-à-dire sans valeur) ne peuvent plus rester indépendants. C'est pourquoi il faut leur affecter une valeur identique à leur nom.

- Par défaut, le navigateur affiche une seule option jusqu'à ce que l'utilisateur clique sur la flèche de la liste déroulante pour afficher le reste de la liste. Utilisez l'attribut `size` avec l'élément <select> pour spécifier le nombre d'options que vous souhaitez afficher.

Si vous spécifiez moins d'options que le nombre total d'options disponibles, le navigateur affiche une barre de défilement dans la liste déroulante.

Tout comme vous pouvez spécifier qu'une case à cocher ou une case d'option est sélectionné par défaut, vous pouvez aussi préciser que l'une des options de la liste déroulante est déjà sélectionnée quand le navigateur charge la page. Ajoutez simplement l'attribut `selected` avec la valeur `selected` à l'élément <option> à sélectionner par défaut. Optez pour cette technique si l'un des choix est évident. Ne vous en faites pas, l'utilisateur peut rapidement et facilement annuler la sélection par défaut.

L'exemple suivant :

- » Permet à l'utilisateur de sélectionner plus d'une option dans la liste.
- » Affiche deux options.
- » Sélectionne la troisième option de la liste par défaut.

```
<form action=»cgi-bin/livredor.cgi» method=»post»>
<p>Quels sont vos mets préférés ?</p>
<select name=»mets» size=»2» multiple=»multiple»>
  <option value=»pizza»> Pizza</option>
  <option value=»glace»> Glace</option>
  <option value=»oeufsbacon» selected=»selected»> Oeufs au
      bacon</option>
</select>
</form>
```

La Figure 14.11 montre comment l'ajout de ces attributs modifie l'apparence de la liste dans le navigateur.

Les zones de texte sur plusieurs lignes

Si une zone de texte sur une seule ligne n'offre pas assez d'espace pour les réponses, créez un bloc de texte plutôt qu'un champ :

- » L'élément <textarea> définit le bloc et ses paramètres.

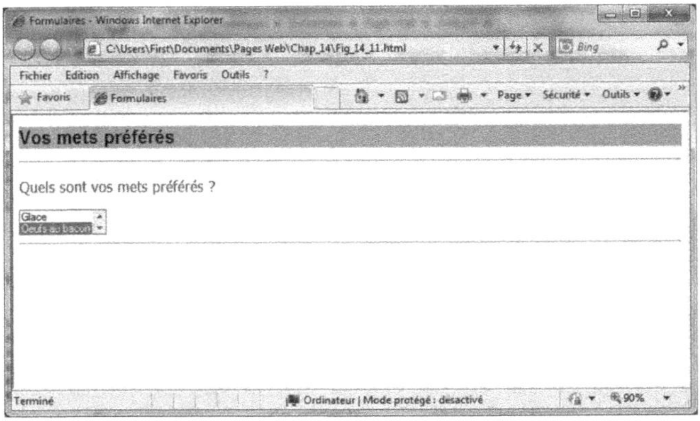

FIGURE 14.11 Une liste déroulante modifiée.

- L'attribut `rows` spécifie la hauteur du bloc en lignes en fonction de la police utilisée dans le bloc de texte.
- L'attribut `cols` définit la largeur du bloc en colonnes en fonction de la police utilisée dans le bloc de texte.

Le texte que l'utilisateur saisit dans le bloc fournit la valeur. Il suffit donc d'attribuer un nom au bloc de texte à l'aide de l'attribut `name` :

```
<form action=»cgi-bin/livredor.cgi» method=»post»>
  <p> Merci de saisir vos commentaires ici.</p>
  <textarea rows=»10» cols=»40» name=»commentaires»>
...Commentaires ici...
  </textarea>
</form>
```

Tout texte que vous insérez entre les balises `<textarea>` et `</textarea>` apparaît dans la zone de texte dans le navigateur, comme dans la Figure 14.12. Contrairement à toutes attentes, le texte par défaut n'apparaît pas justifié à gauche dans le bloc de texte mais légèrement décalé vers la droite sans être centré. L'utilisateur saisit son texte en écrasant le vôtre.

Les boutons Envoyer et Effacer

Les boutons Envoyer et Effacer permettent à l'utilisateur d'indiquer au navigateur ce qu'il doit faire du formulaire. Vous pouvez créer les boutons pour soumettre ou réinitialiser votre

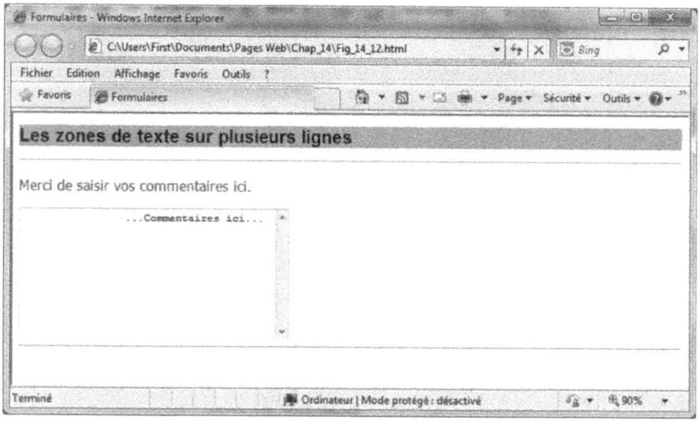

FIGURE 14.12 Un bloc de texte.

formulaire en utilisant l'élément `<input />` avec les attributs `type` et `valeur` suivants :

» `submit` **(envoyer).**

Les visiteurs doivent signaler au navigateur qu'ils ont terminé de remplir un formulaire et qu'ils veulent envoyer le contenu au serveur Web. Pour cela, vous ajoutez un bouton dans le formulaire en utilisant ce balisage :

```
<input type=»submit» value=»Soumettre» />
```

Vous n'avez pas besoin d'utiliser l'attribut `name` pour les boutons Envoyer ou Effacer. Vous utilisez l'attribut `value` à la place pour spécifier comment le navigateur doit étiqueter les boutons à l'affichage.

» `reset` **(effacer).**

Les visiteurs ont besoin d'effacer le contenu du formulaire s'ils souhaitent le reprendre à zéro ou s'ils décident de ne pas le remplir. Pour cela, vous ajoutez un bouton `reset` dans le formulaire avec le balisage suivant :

```
<input type=»reset» value=»Réinitialiser» />
```

La valeur que vous affectez à l'attribut `value` s'affiche sur le bouton. Dans notre exemple, nous utilisons la valeur `Réinitialiser`. Bien évidemment, vous pouvez opter pour une valeur plus adaptée à votre site Web.

Le listing 14.2 offre un exemple de balisage qui crée des boutons Envoyer et Effacer nommés respectivement Soumettre et Réinitialiser :

LISTING 14.2 **Un formulaire complet.**

```
<!DOCTYPE html PUBLIC «-//W3C//DTD XHTML 1.0 Transitional//EN»
         «http://www.w3.org/TR/xhtml1/DTD/xhtml1-transitional.dtd»>
<html xmlns=»http://www.w3.org/1999/xhtml» lang=»fr» xml:lang=»fr»>
<head>
    <title>Formulaire basique</title>
    <meta http-equiv=»Content-Type» content=»text/html;
          charset=ISO-8859-1» />
    <style type=»text/css»>
      h1 {background-color: silver;
          color: black;
          font-size: 1.2em;
          font-family: Arial, Verdana, sans-serif;}
      hr {color: blue;
          width: thick;}
      body {font-size: 12pt;
            color: brown;
            font-family: Tahoma, Bodoni, sans-serif;
            line-height: 0.8em;}
    </style>

</head>
<body>
  <h1>Formulaire complet</h1>
  <hr />
    <div>
      <form action=»cgi-bin/livredor.cgi» method=»post»>
        <h1>Nom et mot de passe</h1>
          <p>Prénom : <input type=»text» name=»prenom» size=»30»
             maxlength=»25» /></p>
          <p>Nom : <input type=»text» name=»nom» size=»30»
             maxlength=»25» /></p>
          <p>Mot de passe : <input type=»password» name=»mdp»
                       size=»30»
               maxlength=»25» /></p>
         <h1>Mets préférés</h1>
           <p>Quels sont vos mets préférés ?</p>
           <p><input type=»checkbox» name=»mets» value=»pizza»
               checked=»checked» /> Pizza</p>
           <p><input type=»checkbox» name=»mets» value=»glace» />
               Glace</p>
           <p><input type=»checkbox» name=»mets»
```

```
                    value=»oeufsbacon» />
                Oeufs au bacon</p>
            <h1>Information sur le sexe</h1>
              <p>Vous êtes ?</p>

              <p><input type=»radio» name=»sexe» value=»homme» /> Un
                  homme</p>
              <p><input type=»radio» name=»sexe» value=»femme» /> Une
                  femme</p>


            <p style=»line-height: 2em; margin: 2em;»>
                 <input type=»submit» value=»Soumettre» />
                 <input type=»reset» value=»Réinitialiser» />
            </p>
        </form>
      </div>
    <hr />
  </body>
  </html>
```

La Figure 14.13 montre comment le navigateur affiche ces boutons dans un formulaire.

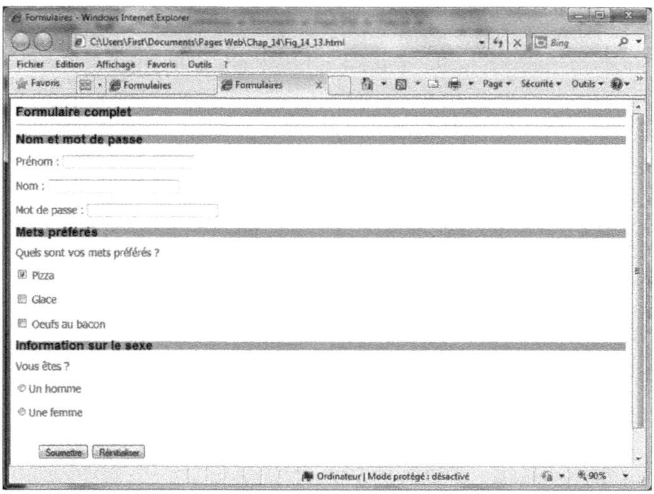

FIGURE 14.13 Les boutons Envoyer et Effacer nommés Soumettre et Réinitialiser.

Personnaliser les boutons Envoyer et Effacer

Si vous n'aimez pas les boutons Envoyer et Effacer créés par le navigateur, vous pouvez les modifier avec des définitions de style CSS, comme suit :

```
input {background-color: teal;
      font-family: Lucida Console, Arial, sans-serif;
      padding: 6px;
      margin: 0.2em;
      font-size: 1.2em;
      color: white;
      border-left-color: gray;
      border-top-color: gray;
      border-bottom-color: black;
      border-right-color: black;
      border-style: double;
      font-weight: bold;}
```

En moins de dix minutes, nous avons créé les boutons illustrés dans la Figure 14.14.

Si vous recherchez un résultat plus sophistiqué, vous pouvez remplacer les boutons par vos propres images en utilisant :

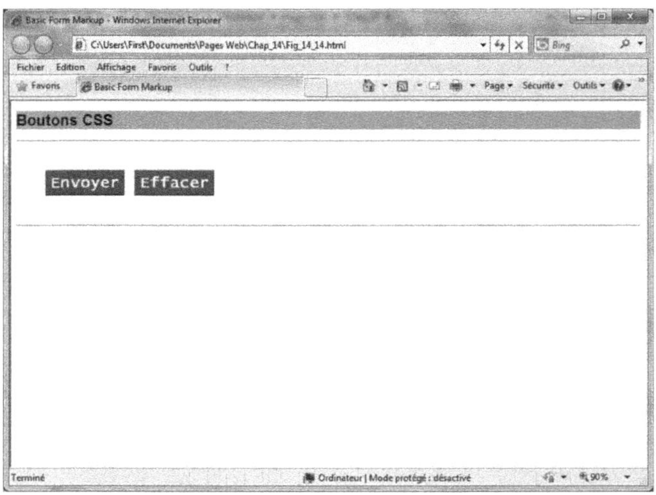

FIGURE 14.14 Un peu de CSS créatif permet de personnaliser vos boutons.

» L'élément <input /> dont la valeur de l'attribut type est image.

» Un attribut src qui indique l'emplacement de l'image.

» Un attribut value qui définit l'action effectuée par l'image :

- Pour une image qui envoie le formulaire, attribuez submit à value.
- Pour une image qui efface le formulaire, attribuez reset à value.

Utilisez l'attribut alt pour fournir un texte alternatif aux navigateurs qui ne peuvent pas afficher d'images (ou pour les utilisateurs qui ne peuvent pas les voir). Vous pouvez utiliser des boutons fantaisie avec des bords arrondis, des ombres portées et d'autres effets amusants comme ceux disponibles sur www.buttongenerator.com.

Le balisage suivant crée des boutons Envoyer et Effacer personnalisés :

```
<p>
    <input type=»image» value=»submit» src=»bouton_envoyer.gif»
        alt=»Envoyer» />
    <input type=»image» value=»reset» src=»bouton_effacer.gif»
        alt=»Effacer» />
</p>
```

La validation de formulaire

Aussi intelligents que les visiteurs de votre site puissent être, il se peut que certains d'entre eux ne saisissent pas les données attendues. Heureusement, JavaScript peut vous venir en aide !

La *validation de formulaire* est le terme technique désignant la vérification des données saisies par l'utilisateur avant de les stocker dans votre base de données. Vérifiez les données avec JavaScript et avec des scripts CGI sur votre serveur.

JavaScript

Vous pouvez valider les saisies en JavaScript avant que les données ne soient envoyées au serveur. Cela signifie que les visiteurs n'attendront pas que votre serveur vérifie leurs données. Ils seront informés très rapidement en cas de problème (avant même de soumettre le formulaire).

Si vous voulez utiliser JavaScript dans vos formulaires et sur votre serveur Web, consultez le Chapitre 13 de ce livre ou les ressources en ligne suivantes pour en savoir plus sur le sujet :

- www.w3schools.com/js/default.asp
- www.quirksmode.org/js/forms.html
- http://www.webmonkey.com/2010/02/javascript_tutorial

CGI

Vous devez valider les données du formulaire sur le serveur car les utilisateurs peuvent avoir désactivé JavaScript pour naviguer (en conséquence, la validation prendra plus de temps). Vous en apprendrez plus sur CGI dans la section suivante et sur :

- www.4guysfromrolla.com/webtech/LearnMore/Validation.asp
- www.cgi101.com/book

Traiter les données

Collecter les données d'un formulaire ne représente que la moitié du travail à accomplir. Vous créez un formulaire pour demander des données à vos utilisateurs mais vous devez ensuite savoir quoi faire de ces données. Bien entendu, votre formulaire et vos données sont uniques, si bien qu'aucun gestionnaire de formulaire générique ne peut gérer toutes les données de chaque formulaire. Avant de trouver (ou d'écrire) un programme capable de traiter vos données de formulaire, vous devez déterminer l'usage que vous souhaitez en faire. Par exemple :

- Si vous souhaitez simplement recevoir des commentaires par e-mail via un formulaire, vous n'aurez sans doute besoin que d'une simple URL `mailto:`.

- Si le formulaire collecte des informations auprès des utilisateurs pour les afficher dans un livre d'or, vous devrez :
  - Insérer les données dans un fichier texte ou dans une petite base de données qui stockera les entrées.
  - Créer une page Web qui affichera les entrées du livre d'or.
- Si votre site requiert un panier d'achat, vous avez besoin de programmes et d'une base de données pouvant gérer l'inventaire, les informations relatives à la commande de l'utilisateur, les modalités de la livraison et le calcul des coûts.

C'est votre fournisseur d'accès Internet qui détermine le type d'application que vous pouvez utiliser sur votre site Web pour gérer les données du formulaire. Si vous souhaitez utiliser des formulaires sur votre site, assurez-vous que votre FAI gère les applications que vous devez exécuter sur le serveur pour traiter les données saisies dans les formulaires (avec les méthodes `get` ou `post` que nous avons évoquées plus tôt dans ce chapitre). Le Chapitre 3 fournit plus d'informations pour vous aider à trouver le FAI qui hébergera vos pages.

Traiter les formulaires dans les pages

Généralement, les données d'un formulaire sont traitées d'une manière ou d'une autre par un programme exécuté sur un serveur Web. Ce peut être un script CGI (*Common Gateway Interface*) écrit dans un langage de programmation tel que Perl, Java ou AppleScript ou un autre programme gestionnaire écrit en PHP, Apache, Java Server Pages (JSP), ASP ou d'autres programmes exécutés sur un serveur Web pour traiter les entrées des utilisateurs. Ces programmes rendent les données de formulaire utiles :

- En les stockant dans une base de données ou en les partageant avec un autre type de programme.
- En créant du HTML personnalisé basé sur les données.
- En les écrivant dans un fichier plat.

> Le terme technique, *fichier plat*, désigne un fichier texte simple, non hiérarchisé ou un fichier qui utilise des virgules ou des tabulations dans les lignes de texte pour séparer les valeurs des champs, comme les fichiers CSV (*valeurs séparées par des virgules*) ou TSV (*valeurs séparées par des tabulations*).

Pas besoin d'être programmeur pour tirer le meilleur parti des formulaires. De nombreux FAI supportent (et fournissent) des scripts pour le traitement de formulaires tels que ceux qui gèrent un livre d'or, des commentaires et même un panier d'achat. Votre FAI peut vous fournir :

- Toutes les informations dont vous avez besoin pour exécuter un programme de traitement des saisies.
- Du HTML à inclure dans vos pages pour l'interaction avec le programme.

Vous pouvez bidouiller le balisage qui spécifie la manière dont le formulaire apparaît dans le HTML fourni par votre FAI mais vous ne devez pas modifier le formulaire lui-même, surtout les noms de ses éléments et leurs valeurs. Le programme sur le serveur Web utilise ces informations pour fonctionner.

Il existe de nombreux sites sur lesquels vous pouvez trouver des scripts gratuits à télécharger et à utiliser avec vos formulaires. Nombre d'entre eux sont fournis avec du HTML générique que vous pouvez modifier pour adapter la présentation du formulaire à celle de votre site Web. Glissez simplement le programme de traitement du formulaire dans le répertoire de votre site qui contient les programmes (généralement `cgi-bin`), insérez le HTML dans vos pages et c'est tout. Voici les adresses de quelques sites où vous pouvez trouver des scripts à télécharger et à mettre en œuvre immédiatement :

- **Les archives de scripts de Matt :** `www.scriptarchive.com/nms.html`
- **L'index des ressources CGI :** `http://cgi.resourceindex.com`
- **ScriptSearch :** `www.scriptsearch.com`

Si vous souhaitez utiliser des programmes qui ne sont pas fournis par votre FAI, vous aurez besoin d'un accès complet au dossier `cgi-bin` sur votre serveur. La configuration de chaque FAI est spécifique, alors reportez-vous à la documentation qui vous a été fournie pour savoir :

- **Si votre FAI vous permet d'utiliser des programmes ou des scripts dans vos pages Web.**
- **Quels langages votre FAI supporte.**

  Perl et PHP sans doute, mais mieux vaut être sûr.

Envoyer les données de formulaire par e-mail

Vous pouvez choisir de recevoir les données de votre formulaire par e-mail plutôt que d'utiliser un script ou un autre utilitaire pour les traiter. Vous récupérerez simplement une série de couples nom-valeur dans un fichier texte joint à l'e-mail qui vous sera adressé, ce qui n'est pas nécessairement une mauvaise chose. Vous pouvez ajouter un bref formulaire de prise de contact sur votre site Web qui demande aux utilisateurs de vous faire part de leurs commentaires (une fonctionnalité d'un genre très professionnel). Il vous suffit ensuite d'inclure, dans l'URL de `action`, l'adresse e-mail à laquelle les données doivent être envoyées :

```
<form action=»mailto:moi@monsite.com» method=»post»>
```

De nombreux spammeurs récupèrent des adresses e-mail en explorant le contenu de sites Web, à la recherche d'URL de type `mailto:`. Pensez à créer un compte de messagerie spécifique pour les commentaires qui vous sont adressés. De cette manière, votre adresse personnelle ne finira pas sur les listes des spammeurs. Vous pouvez aussi utiliser des outils de cryptage d'adresse e-mail écrits en JavaScript, qui dissimulent de telles adresses. Du moment qu'elles peuvent être décryptées par les navigateurs, c'est tout ce qui compte !

Concevoir des formulaires ergonomiques

Concevoir des formulaires *utiles*, ce n'est pas concevoir des formulaires *ergonomiques*. Votre formulaire peut collecter toutes les données dont vous avez besoin mais il peut s'avérer difficile à utiliser, si bien que les visiteurs de votre site l'abandonneront avant d'avoir fini de le remplir.

Lorsque vous utilisez des éléments de balisage mentionnés dans ce chapitre, ainsi que d'autres éléments qui pilotent l'agencement de la page, gardez à l'esprit ces lignes directrices :

» **Fournissez des indices pour permettre aux utilisateurs de comprendre vos formulaires.** Précisez clairement :

- Les informations dont vous avez besoin.
- Le format souhaité.

Par exemple, communiquez à vos utilisateurs des instructions telles que :

- Les dates doivent être saisies au format `jj/mm/aa` (ou `jj/mm/aaaa`).
- Le nombre de caractères d'un champ de saisie est limité.

Comme vous l'avez appris plus tôt dans ce chapitre, le nombre de caractères peut être limité grâce à l'attribut `maxlength`.

» **Utilisez la longueur et le nombre maximum de caractères d'un champ pour fournir une indication visuelle sur la longueur du texte à saisir.** Par exemple, si les utilisateurs doivent saisir un numéro de téléphone au format *xx-xx-xx-xx-xx*, créez éventuellement cinq champs de saisie ; un pour chaque partie du numéro de téléphone.

» **Regroupez les champs similaires.** Un regroupement logique de champs facilite la saisie du formulaire. Les visiteurs s'y perdent si vous leur demandez d'abord leur nom puis leur date de naissance et enfin leur prénom.

» **Découpez les formulaires longs en sections faciles à gérer.** Les formulaires qui se présentent en plusieurs parties sont moins intimidants et ont plus de chances d'être remplis.

Les principaux vendeurs en ligne (tels que Amazon.com) utilisent cette méthode pour collecter les informations dont ils ont besoin pour une commande, si bien que la saisie ne paraît pas trop fastidieuse.

» **Signalez clairement les champs obligatoires.** Si certaines parties de votre formulaire ne peuvent pas être ignorées, marquez-les clairement.

Pour identifier les champs obligatoires :

- Mettez-les en gras.
- Utilisez une autre couleur.
- Insérez un astérisque à côté du champ.

» **Indiquez aux utilisateurs les informations dont ils ont besoin pour remplir le formulaire.** Si les utilisateurs ont besoin de certaines informations spécifiques pour remplir votre formulaire, une page *passerelle* doit le leur détailler avant qu'ils ne commencent à compléter le formulaire.

La page de l'INPI consacrée au renouvellement de marque (représentée dans la Figure 14.15) précise clairement aux visiteurs qui s'apprêtent à remplir un long formulaire quelles informations sont nécessaires avant de commencer.

Les formulaires que l'INPI utilise pour collecter des informations sont d'excellents exemples de formulaires longs qui demandent toutes sortes de données en utilisant tous les éléments de balisage disponibles. Visitez `www.inpi.fr` pour observer les techniques des formulaires.

Autre balisage utile pour les formulaires

Le Tableau 14.1 recense d'autres attributs de balises (X)HTML liées aux formulaires que vous pouvez rencontrer dans des fichiers HTML.

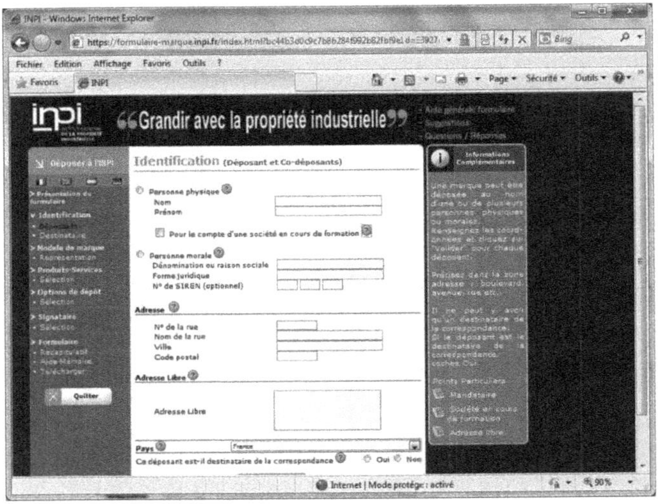

FIGURE 14.15 Une page passerelle aide les utilisateurs à se préparer pour remplir un formulaire long.

Quelques explications s'imposent pour les types de valeur du Tableau 14.1 :

TABLEAU 14.1 Autres attributs de balises (X)HTML liées aux formulaires.

Nom	Fonction / Valeur	Type de valeur	Elément(s) associé(s)
`accept`	Liste les types MIME pour le téléchargement de fichiers	Types de médias CS	`<form>` `<input />`
`accept-charset`	Liste les jeux de caractères acceptés	Jeu de caractères	`<form>`
`checked`	Présélectionne une option dans une liste	`"checked"`	`<input />`
`MIMdi-sabled`	Désactive des éléments de formulaire	`"disabled"`	`<button>` `<input>` `<optgroup>` `<option>` `<select>` `<textarea>`
`enctype`	Spécifie la méthode de cryptage pour les données saisies dans un formulaire	Types de médias	`<form>`

Nom	Fonction / Valeur	Type de valeur	Elément(s) associé(s)
for	Pointe des éléments référencés par leur attribut ID	Idref	<label>
label	Identifie un groupe d'options dans un formulaire	Texte	<optgroup>
label	Spécifie le nom d'une option dans un formulaire	Texte	<option>
method	Méthode HTTP à utiliser pour soumettre le formulaire	{"get" | "post"}	<form>
multiple	Permet la sélection de plusieurs options dans un formulaire	"multiple"	<select>
name	Nomme un contrôle dans un formulaire	CDATA	<button> <textarea>
name	Nomme un champ de saisie dans un formulaire	CDATA	<select>
name	Nomme un formulaire pour l'accès au script	CDATA	<form>
readonly	Interdit la modification des zones de texte dans un formulaire	"readonly"	<input /> <textarea
size	Spécifie le nombre de lignes de texte à afficher dans une liste déroulante	Nombre	<select>
tabindex	Définit l'ordre des contrôles quand l'utilisateur utilise la touche de tabulation dans un formulaire	Nombre	<a> <area /> <button> <input /> <object> <select> <textarea>
type	Définit la fonction d'un bouton dans un formulaire	{"button"|"reset"|"submit"}	<button>

Nom	Fonction / Valeur	Type de valeur	Elément(s) associé(s)
`type`	Spécifie le type de contrôle dans un formulaire	`{"button"` | `"checkbox"` | `"file"` | `"hidden"` | `"image"` | `"password"` | `"radio"` | `"reset"` | `"submit"` | `"text"}`	`<input />`
`value`	Fournit une valeur à envoyer au serveur lorsque l'utilisateur clique sur le bouton	CDATA	`<button>`
`value`	Associe des valeurs aux cases d'option et aux cases à cocher	CDATA	`<input />`

- **CDTA :** Type de caractère SGML qui permet d'utiliser tous les caractères du clavier.
- **Types de médias CS :** Noms de types sensibles à la casse comme «text/html», «image/gif» ou «text/css».
- **Jeu de caractères :** Généralement UTF-8, ISO-LATIN-1 ou ISO-8859-1. Pour une liste plus complète, consultez `www.w3schools.com/TAGS/ref_charactersets.asp`.
- **MIME :** Abréviation pour Multi-part Internet Mail Extensions, une méthode standard pour coder différents types de documents et de données pour les pièces jointes aux messages électroniques et pour HTTP. Pour plus d'informations, visitez `http://fr.wikipedia.org/wiki/MIME`.

Les cadres de formulaire

Les cadres de formulaire regroupent tous les éléments pour créer, valider et traiter les données de formulaire dans une seule série cohérente d'outils et de code. Si vous apprenez à utiliser un cadre, vous n'aurez aucun problème pour créer des formulaires robustes et complexes, du moins tant que le cadre sera disponible sur votre serveur Web !

- **Wufoo** (`http://wufoo.com`) **:** Wufoo est un constructeur de formulaire HTML qui vous aide à créer des formulaires de contact, des questionnaires en ligne et des invitations pour vous permettre de collecter des données, des inscriptions et des paiements en ligne sans écrire une seule ligne de code. Rapide et facile !
- **Modules de validation jQuery** (`http://docs.jquery.com/Plugins/Validation`) **:** Même si jQuery facilite nettement l'écriture de vos propres modules de validation, de nombreuses subtilités restent à votre charge. Par exemple, vous avez besoin d'une bibliothèque standard de méthodes de validation (pensez aux e-mails, URL et numéros de cartes de crédit). Vous devez placer des messages d'erreur dans vos documents Web puis les afficher et les masquer aux moments appropriés. Vous voudrez sans doute réagir à plus d'un événement tel que `keyup` ou `blur`. Il vous faudra certainement utiliser différentes méthodes pour spécifier des règles de validation, basées sur l'environnement côté serveur utilisé pour un projet spécifique. Après tout, vous ne voulez pas réinventer la roue, n'est-ce pas ?
- **Validatious** (`http://validatious.org/learn/examples`) : Validatious propose un service de validation de formulaire avec un support JavaScript transparent qui utilise une classe CSS prédéfinie nommée `validate`. Les validations se traduisent donc simplement par l'ajout de noms de validation dans les éléments du formulaire, comme `input`, `select`, `textarea`, etc. Il ne s'agit pas d'un cadre de formulaire complet mais il effectue la validation de manière simple et directe (souvent le plus astucieux tant pour les débutants que pour les professionnels).

En outre, de nombreux environnements de développement orientés Web, comme Visual Studio, Web Expressions, ASP.NET, etc. disposent de modèles de formulaires et de composants de traitement. Ils fonctionnent comme des cadres mais requièrent généralement de travailler dans leur environnement pour pouvoir profiter de leurs excellentes possibilités.

CAPTCHA

CAPTCHA signifie *completely automated turing test to tell computers and humans apart*. En d'autres termes, c'est un moyen d'interagir sur le Web pour permettre aux développeurs d'assumer (avec beaucoup d'assurance) que la saisie à l'autre extrémité de la connexion à distance est effectuée par une personne et non par un programme. CAPTCHA est une technique reconnue, utilisée pour vérifier qu'une personne effectue une saisie (notamment, des informations sensibles ou utiles à la mise à jour) dans un formulaire Web ou un autre mécanisme de saisie utilisateur. Cette technologie a pour but d'empêcher les spammeurs et les hameçonneurs de créer de fausses adresses électroniques et comptes Web qu'ils peuvent utiliser à des fins frauduleuses. Vous n'aurez peut-être pas besoin d'utiliser CAPTCHA dans vos pages Web mais vous devez savoir de quoi il s'agit et pourquoi c'est important.

CAPTCHA fonctionne avec du texte incurvé en lignes ondulées et des rayures ou des points que l'humain peut déchiffrer et restituer tandis que les programmes informatiques en sont incapables. L'exemple classique de `www.captcha.net` est illustré dans la Figure 14.6. Il présente les mots «overlooks inquiry» soumis au traitement décrit plus haut.

FIGURE 14.16 L'exemple CAPTCHA de la page d'accueil `www.captcha.net`.

Le site Web `www.captcha.net` explique la technologie dans les détails et décrit comment l'utiliser pour ajouter un niveau d'authentification dans vos pages Web. Elle n'est pas nécessaire dans les formulaires simples mais dès que les utilisateurs sont autorisés à définir un compte, gérer des informations de compte ou accéder à des données confidentielles (informations personnelles identifiables comme des numéros de sécurité sociale, des numéros de carte de crédit, des numéros de compte), mieux vaut utiliser CAPTCHA pour barrer la route à d'éventuels malfaiteurs.

Chapitre 15

Insérer le meilleur du Web dans son site Web

DANS CE CHAPITRE :

- » **Comprendre l'intérêt de l'insertion de contenu pour les pages Web (et la charge de travail).**
- » **Insérer des flux Twitter, des photos Flickr et des cartes Google.**
- » **Optimiser les insertions multiples grâce à des mashups.**
- » **Combiner des cartes et des avis sur des restaurants ou des cartes et des flux Twitter.**

Jusqu'à présent, nous vous avons présenté les bases de HTML, XHTML et CSS qui permettent de créer un site Web. Avant de vous précipiter et de créer des tonnes de contenu, vérifiez si ce que vous voulez créer n'existe pas déjà. L'avantage d'Internet est qu'il grouille d'excellent contenu, prêt à être réutilisé. Avec un peu de pratique, il est facile «d'extraire» ce contenu et de l'utiliser dans votre site Web. Exploiter cette possibilité permet de gagner énormément de temps.

Par exemple, si vous voulez indiquer à un ami un itinéraire pour venir chez vous, vous allez passer du temps à dessiner ou à photographier tout votre quartier. Vous devrez ensuite rassembler toutes ces images et décider comment les afficher de manière efficace. Après tout ce travail, vous serez enfin prêt à regrouper tous les éléments dans une interface graphique pour que votre site puisse fournir l'itinéraire. C'est un investissement de temps énorme que de travailler sur une solution susceptible de subir des changements d'ici à ce que vous ayez fini, si tant est que vous finissiez un jour. Vous pouvez sans doute le faire mais en avez-vous vraiment envie ? De nombreuses solutions existantes sont déjà disponibles (comme Google ou Bing Maps ou encore MapQuest). Profiter de l'existant consiste alors simplement à insérer du contenu dans votre site et à consacrer votre temps, votre énergie et votre argent à d'autres activités.

Insérer le meilleur du contenu Web dans votre site est un moyen simple d'exploiter la puissance de services que d'autres ont créé et mettent à votre disposition. Il ne s'agit pas seulement de cartes mais aussi de galeries photos, de listes de restaurants avec des avis, de vidéos classées par contenu avec des commentaires et d'innombrables combinaisons de tout cela. Ce chapitre vous explique comment extraire et utiliser du contenu dans vos pages Web, pas uniquement pour vous faciliter la vie mais aussi pour insérer des informations utiles dans votre site en vous épargnant la corvée des mises à jour.

Qu'est-ce que l'insertion de contenu ?

Quand nous parlons d'*insertion de contenu*, nous ne pensons pas à voler de la matière ou à briser des tabous d'Internet. Nous entendons simplement suivre des règles établies fournies par des sociétés, des individus ou des organismes qui en autorisent d'autres (vous, par exemple) à présenter leur travail sur votre site. En d'autres termes, il s'agit de tirer profit des nouvelles, des services et des informations (cartes sur Google, Bing ou MapQuest, par exemple) auxquels le public peut accéder et qu'il peut réutiliser gratuitement.

L'avantage est que si vous regardez bien autour de vous, vous allez trouver des tas d'éléments intéressants que vous êtes invité, voire encouragé, à utiliser dans votre propre site. Ainsi, vous économisez du temps et des efforts mais ce n'est pas tout. Vous créez et développez un site Web plus dynamique qui se charge du travail de maintenance et de mise à jour sans vous obliger à passer chaque seconde à y travailler.

Dans les sections suivantes, vous trouverez des exemples qui vous aideront à comprendre ce qu'implique l'insertion de contenu dans une page Web, comment ça fonctionne et à quoi ça ressemble.

Utiliser un widget Twitter

Si vous n'avez jamais entendu parler (ou été sur) Twitter, nous vous félicitons de vous réveiller enfin de ce long sommeil et vous souhaitons la bienvenue dans le 21ème siècle. Certes, le skateboard volant n'a pas encore été inventé mais Twitter et d'autres services de réseau social ont envahi Internet.

En quelques mots, Twitter est une interface d'outil de communication dans laquelle les utilisateurs mettent à jour leur statut ou blog sous forme de petits messages (140 caractères maximum) appelés *tweets*. L'ensemble des tweets d'un expéditeur est appelé flux Twitter. Généralement, les utilisateurs se connectent pour suivre un ou plusieurs flux et tous les tweets qu'il contient.

Certains blogueurs Twitter (la plupart) postent constamment des informations banales (ce qu'ils ont mangé au petit déjeuner ou ce qu'ils portent) qui peuvent paraître sans intérêt. D'autres blogueurs, comme nous par exemple, utilisent Twitter pour aider à construire des communautés, répondre à des questions, interagir avec des lecteurs, rester en contact avec des amis, etc.

Comme beaucoup de technologies, Twitter peut ajouter de la valeur à votre site Web s'il est bien utilisé. L'exemple parfait consiste à insérer votre propre flux Twitter (ou celui d'un tiers) dans votre site. Ce flux se met automatiquement à jour avec les nouveaux tweets. Les mises à jour, sauvegardes et téléchargements manuels sont inutiles. Mieux encore, Twitter propose des widgets personnalisés pour vous faciliter l'insertion de flux dans vos pages.

Supposons que nous voulions insérer notre propre flux Twitter dans une page HTML. Ainsi, dès que nous ajoutons un tweet, le message s'affiche dans Twitter mais il met automatiquement à jour notre page Web, sans aucune intervention de notre part.

Nous devons d'abord créer un widget de profil Twitter pour décrire notre flux et le partager avec le monde. Pour ce faire, nous allons sur `http://twitter.com/goodies/widget_profile`.

La Figure 15.1 représente une page de profil Twitter. Mais avant, observez le widget de profil proposé à l'URL précédente. Pour commencer, rendez-vous sur le lien Twitter. Si vous avez déjà un compte Twitter, votre nom d'utilisateur est automatiquement renseigné. Si vous n'avez pas de compte, vous pouvez saisir le nom que vous voulez utiliser sur votre page Web. Le nom de compte qui s'affiche par défaut est «Twitter» à moins que vous ayez extrait ou utilisé un nom personnalisé. Vous devez créer un compte et vous identifier avant de découvrir et d'utiliser les widgets Twitter ou les boutons visibles au bas de la Figure 15.1.

Nous n'entrons pas dans les détails mais sachez que vous pouvez actualiser les préférences, l'apparence et les dimensions de votre widget de flux Twitter pour personnaliser son aspect sur votre page Web.

Après avoir modifié tout ou partie de ces éléments, cliquez sur le bouton Terminer et Récupérer le code, également illustré dans la

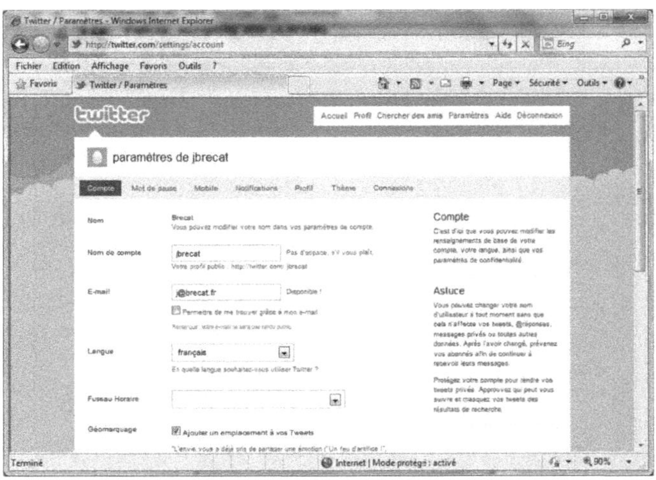

FIGURE 15.1 La page du widget de profil Twitter.

Figure 15.1. Vous pouvez couper et coller ce script dans Notepad ou votre éditeur de texte préféré pour le sauvegarder.

Ensuite, il ne vous reste plus qu'à coller le code dans le corps d'une page (X)HTML, enregistrer le fichier et afficher la page dans un navigateur Web. La Figure 15.2 montre un flux Twitter sur un site Web.

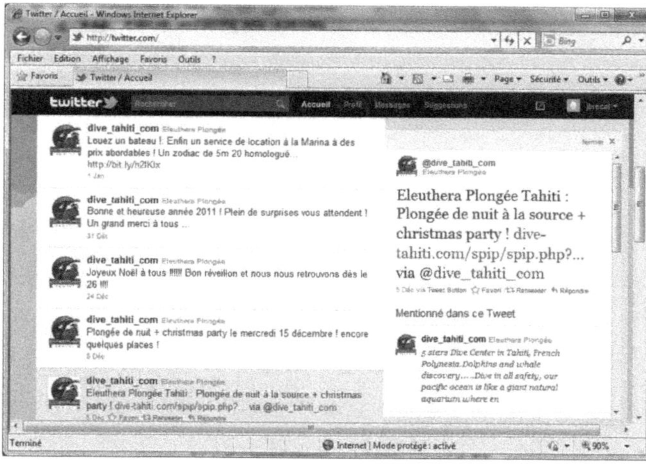

FIGURE 15.2 La page de flux Twitter.

Pour découvrir d'autres widgets Twitter, visitez `http://twitter.com/widgets`. Vous y trouverez différents widgets qui fonctionnent avec des sites Web classiques (Mon Site Web) et Facebook. Ils incluent d'autres éléments tels qu'un widget de recherche, un widget de favoris et un widget de listes pour permettre aux utilisateurs de rechercher des tweets, d'afficher leurs favoris ou de lister des éléments de tweet spécifiques sur une page.

Travailler avec Flickr

Nous partageons l'avis de nombreux experts et passionnés selon lequel Flickr est l'une des meilleures applications de gestion et de partage de photos. Elle permet notamment de télécharger et de rassembler des photos, de créer vos propres diaporamas ou même de partager vos photos dans un diaporama automatisé. Pourquoi vous parlons-nous de tout cela ? Parce que vous pouvez aussi insérer des photos Flickr dans vos propres pages Web.

Yahoo! est propriétaire de Flickr. Un identifiant et un mot de passe Yahoo! suffisent pour s'identifier. Si vous n'en avez pas, vous devez créer un compte Yahoo! avant de pouvoir utiliser Flickr. Sachez que les comptes Yahoo! sont gratuits et ouverts à tous, sans aucune arnaque. Nous ne nous attardons pas sur la création du compte et sommes convaincus que vous êtes capable de vous identifier sans notre aide. Après vous être identifié et avoir téléchargé quelques photos, vous pouvez visualiser votre galerie de photos, comme le montre la Figure 15.3.

Cliquez sur Diaporama, le texte gris servant de lien, situé dans le coin supérieur droit de la fenêtre Flickr, sous la zone Rechercher (voir la Figure 15.3). Quand vous cliquez sur ce lien, vous basculez dans une nouvelle page qui affiche les photos de la galerie dans un format plus grand. Ces photos défilent automatiquement mais vous disposez aussi de plusieurs contrôles. Par exemple, vous pouvez cliquer sur l'une des miniatures pour l'afficher, interrompre le diaporama quand vous le souhaitez ou afficher les images en mode plein écran.

FIGURE 15.3 Une galerie de photos Flickr.

Si votre galerie en vaut la peine, vous pouvez envoyer un lien à vos amis et vos proches pour qu'ils puissent profiter de vos clichés. Pour en revenir à notre sujet, nous voulons vous expliquer comment insérer une galerie Flickr dans votre site. Comme avec Twitter, l'opération est très simple. Agissez comme suit :

1. **Cliquez sur Partager, situé en haut à droite.**

   Cliquez sur l'élément pendant l'affichage du diaporama.

2. **Cliquez sur le bouton Copier dans le presse-papiers, sous la zone de texte Copier le code HTML incorporé.**

3. **Ouvrez la page Web cible et collez l'élément `object` du presse-papiers dans la section `body` de la page.**

L'insertion de Flickr dans une page présente l'avantage suivant : dès que vous téléchargez une nouvelle photo de Flickr dans votre galerie, elle s'affiche automatiquement dans la galerie de votre nouvelle page HTML !

Créer une carte

Une carte illustre parfaitement la puissance de l'insertion de contenu. Disons qu'Ed organise une fête et crée un site Web pour fournir à ses amis les modalités de la soirée et une carte de sa ville, Austin, au cas où ils se perdraient. Il peut faire quelque chose comme l'illustration de la Figure 15.4.

Au début de ce chapitre, nous expliquons à quel point il est laborieux de dessiner une nouvelle carte comme celle proposée ci-dessous. Nous avons exporté cette image dans une page Web statique en utilisant l'élément `<img src>`. Les visiteurs de cette page ont donc pu observer une carte brute, sans aucune interactivité, comme le montre la Figure 15.4

Une possibilité beaucoup plus intéressante consiste à obtenir une clé d'API Google Maps et à suivre les instructions du tutoriel gratuit pour créer un exemple de carte. Pour des raisons de concision, nous ne détaillons pas ces étapes. Après avoir créé l'exemple de carte, vous pouvez personnaliser la latitude et la longitude de la carte en fonction de la ville souhaitée. C'est indispensable sachant que par défaut Google propose une carte

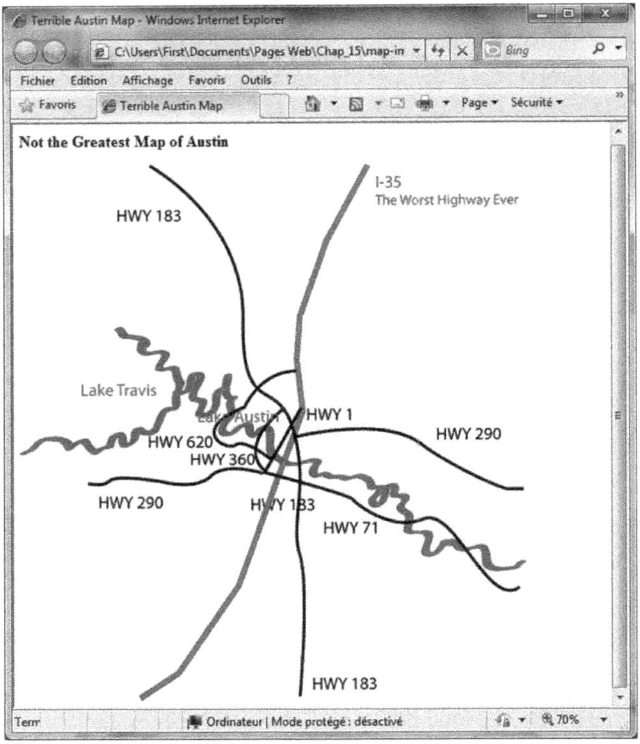

FIGURE 15.4 Une carte d'Austin fade, dessinée à la main.

de l'Australie ! C'est à peu près tout ce qu'Ed doit faire pour sa fête.

Les visiteurs de cette page peuvent visualiser quatre versions différentes de la carte : une carte 2D, une vue satellite, une carte hybride (satellite plus 2D) ou une vue du terrain. Ils peuvent aussi utiliser l'interface de la carte pour naviguer vers la gauche, la droite, le haut et le bas et pour zoomer et dézoomer (du moindre détail à tout le continent).

Pour plus d'informations sur la création de votre propre carte Google, rendez-vous sur `http://code.google.com/apis/maps/documentation/javascript/tutorial.html`.

Pour ceux qui ne connaissent pas la latitude et la longitude de leur ville, de nombreux sites Web fournissent cette information, notamment `http://stevemorse.org/jcal/latlon.php`.

Autres insertions à tester

Les exemples précédents ne représentent que quelques services que vous pouvez insérer gratuitement dans votre site Web. Ce n'est que le début ! Il est techniquement possible d'en insérer des centaines d'autres mais cela en vaut-il vraiment la peine ? Quoi qu'il en soit, nous vous proposons quelques «meilleurs éléments du Web» dignes d'intérêt :

- **YouTube** (`www.youtube.com`) pour la diffusion vidéo en ligne.
- **Picasa** (`http://picasa.google.com`) pour la gestion de photos en ligne.
- **Scribd** (`www.scribd.com`) pour le partage de documents Web.
- **SlideShare** (`www.slideshare.net`) pour le téléchargement et le partage de présentations.
- **AddThis** (`http://addthis.com`) pour le partage de contenu sur votre site Web.

Honnêtement, nous ne pouvons pas traiter le meilleur du meilleur en détail étant donné le nombre impressionnant de sites qui ont ce statut. Certains diront que chacun de ces services mérite un livre de la taille de celui que vous avez entre les mains pour maîtriser ses concepts et possibilités. Dans notre cas, notre objectif est de vous montrer ce qu'il est possible de faire et de vous informer que le Web regorge d'éléments similaires à exploiter.

Mashups : deux sites ou plus

En musique, un *mashup* est un morceau ou une composition obtenue en mixant deux titres ou plus pour créer quelque chose de neuf et de différent. Par exemple, en 2004, l'album controversé, *The Grey Album*, de DJ Danger Mouse, résultait de la combinaison de son du *White Album* des Beatles et de chant de *The Black Album* du rappeur Jay-Z. Les deux artistes n'ont jamais travaillé ensemble, ils ne partagent pas le même genre musical et il n'existe aucun lien historique entre les deux albums. Néanmoins, DJ Danger Mouse a choisi ces albums, les a mélangés et les a utilisés pour créer quelque chose de neuf et d'intéressant.

Revenons au sujet de ce livre, c'est-à-dire le développement Web. Dans ce contexte, un mashup est très proche de son équivalent musical sauf que le son et le chant sont remplacés par des données ou des fonctionnalités de deux (ou plusieurs) services externes pour créer quelque chose de neuf et d'intéressant en ligne.

En clair, les mashups offrent la possibilité de combiner et de développer différents services de site Web pour créer une nouvelle fonctionnalité qui n'existait pas auparavant. Pourquoi vouloir faire ça ? Certains diraient «Juste parce que c'est possible» ou «Juste pour le fun», d'autres aimeraient produire le même effet sur le Web que DJ Danger Mouse dans les studios.

En écrivant ce livre, nous supposons que vous débutez en HTML et CSS. C'est pourquoi, nous n'attendons pas de vous que vous soyez capable d'utiliser chaque ligne de code dans chaque mashup. Cependant, nous pensons que vous devez savoir que les mashups existent et qu'ils font partie du Web. Notre but est de vous aider à comprendre ce que sont les mashups et comment ils fonctionnent.

Quand vous aurez progressé en programmation, vous pourrez vous attaquer à des projets consistant à créer vos propres mashups. Pour l'heure, sachez que de plus en plus d'applications et de sites Web ouvrent leurs services (ou au moins une partie) via des interfaces de programmation d'application (API) spécifiques permettant de les insérer et de les réutiliser dans d'autres sites. Mieux encore, d'innombrables communautés en ligne, tutoriels et documentations expliquent comment accéder aux API, aux données et aux services offerts par les meilleurs fournisseurs Web. Notez que certains services sont meilleurs que d'autres et que certains outils et API sont plus faciles à utiliser que d'autres. La crème de la crème se caractérise par des services et des outils qui frisent l'excellence.

Pour l'instant, ne soyez pas frustré de ne pas pouvoir créer de mashups. Contentez-vous de savoir qu'ils existent et qu'ils sont très pratiques. Pour mieux comprendre pourquoi ils valent la peine d'être cités, observez les exemples suivants.

Créer un mashup Yelp/Google Maps

Dans la section «Créer une carte», nous vous avons montré comment créer une carte Google pour des amis invités à une fête à Austin. Si vous n'avez jamais été à Austin, sachez que l'une des spécialités culinaires dignes d'intérêt, ce sont les tacos. Peut-être n'avez-vous jamais entendu parler de ces délices. Pour faire court, un taco est composé d'œufs, de pommes de terre, de bacon, etc. enroulés dans une tortilla et agrémentés de sauce (douce, épicée, verte, etc.). En fait, un taco est un excellent exemple de mashup d'aliments !

Imaginons que les invités de la fête souhaitent que nous leur proposions une liste des restaurants de tacos à Austin. S'ils n'ont pas confiance en notre avis culinaire, nous pouvons créer un mashup qui recense l'avis d'une partie de la population d'Austin sur différents restaurants de taco. Voici une recherche dans Yelp qui fournit ce genre d'information : `www.yelp.com/search?find_desc=breakfast+tacos&ns=1&find_loc=Austin%2C+TX`.

Nous pouvons envoyer à nos amis un lien vers Yelp qui renvoie plus de 600 résultats avec des avis et des commentaires de vraies personnes. Cette information utile vise à fournir à nos amis une multitude d'avis et de données sur les restaurants de tacos à Austin.

La liste de Yelp contient aussi les adresses et les numéros de téléphone. Toutefois, à elle seule, cette liste de Yelp n'indique pas où sont situés les différents restaurants. Ajouter la possibilité de les localiser, c'est tout l'art des mashups et ce qui fait leur force. C'est donc ce que nous faisons et nous fournissons à nos amis une carte et les adresses pour qu'ils ne se perdent pas et ne meurent pas de faim dans les rues de la ville.

Dans la Figure 15.5, la petite carte sur le côté droit de la page est un parfait exemple de mashup. En effet, Yelp présente ses données (les adresses des différents établissements) sur une carte Google d'Austin. Tout comme pour la carte de la section précédente, nos amis peuvent zoomer et s'orienter et disposent en plus de marqueurs Yelp qui localisent les restaurants recensés sur le site. La combinaison est plus efficace que chaque élément séparé, n'est-ce pas ?

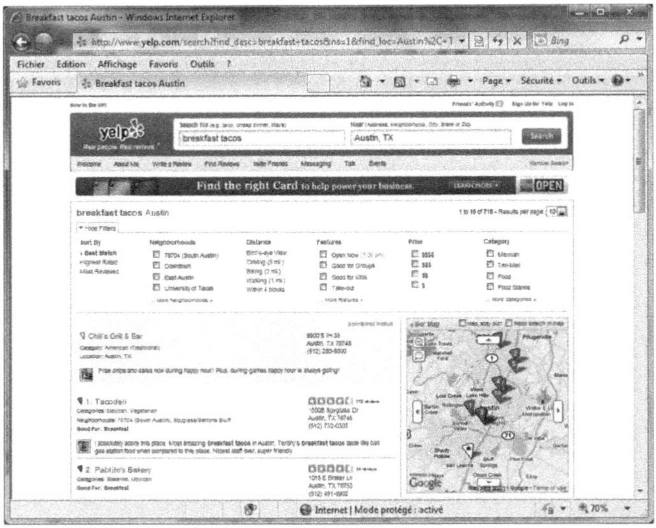

FIGURE 15.5 Yelp combine ses adresses et avis avec un plan Google.

Cliquez sur le lien Mo' Map pour agrandir la petite carte par défaut et afficher plus clairement les marqueurs. Cliquez sur Less Map pour revenir au format initial mais avec plus d'informations (vue par défaut). Astucieux, vous ne trouvez pas ? Ce n'est pas révolutionnaire mais si vous survolez les quelques marqueurs de la carte, vous affichez les informations Yelp sur la carte Google. Double-cliquez sur l'un des marqueurs pour basculer sur la page de Yelp contenant les informations détaillés sur le restaurant. Ainsi, Yelp a combiné ses données sur les restaurants de tacos (localisation, avis, commentaires, adresses, etc.) avec un plan Google pour tirer le meilleur des deux univers.

Vous devez certainement vous dire : «Super mais c'est le travail de Yelp. Je suis sûr qu'ils ont d'excellents programmeurs qui ont simplement retroussé leurs manches et se sont mis au travail.» C'est vrai mais vous pouvez avoir la même approche pour créer vous-même un mashup.

Nous avons décidé de développer cette idée (comme le montre la Figure 15.6) dans un site Web que l'auteur Jeff Noble et son ami Ron Norman ont créé pour s'amuser. En suivant la démarche de Yelp, ils ont accédé à son API (souvenez-vous, l'interface de programmation d'application, c'est-à-dire des liens de programmation qui permettent à des services de communiquer via une page Web) pour afficher les informations de Yelp sur les restaurants de tacos dans une carte satellite Google. Le résultat est illustré dans la Figure 15.6 et disponible en ligne sur `www.breakfasttacomap.com`.

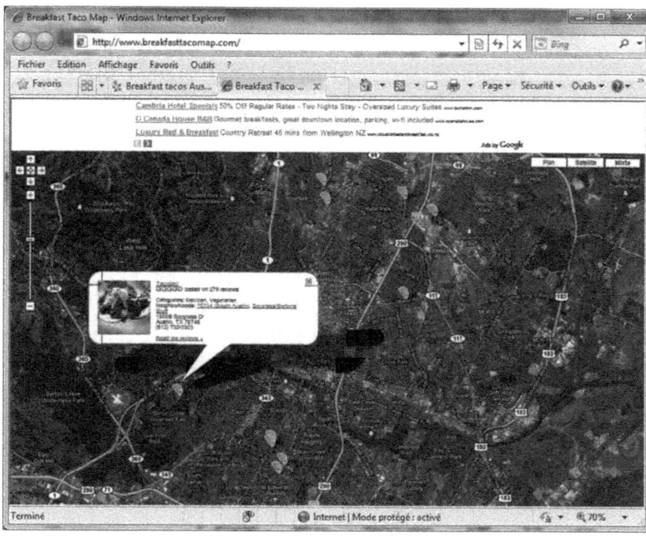

FIGURE 15.6: Mashup fait maison d'une carte de tacos.

Notez comment nous avons personnalisé les marqueurs avec des petites icônes en forme de tacos. Vous pouvez en faire autant ! Toutes sortes de personnalisations astucieuses sont possibles quand vous créez vos propres mashups.

Pour plus d'informations, consultez ces ressources :

- **Google Maps JavaScript API V3** sur `http://code.google.com/apis/maps/documentation/javascript/examples/index.html`.
- **Yelp for Developers** sur `www.yelp.com/developers/documentation`.

Créer un mashup Twitter/Google Maps

Dans les sections précédentes, nous vous avons montré comment insérer des données de Yelp dans un mashup Google Maps. Nous avons aussi traité de l'insertion d'un flux Twitter dans une page. Pourquoi ne pas créer un mashup Twitter/carte ?

Par exemple, imaginons que vous vouliez créer un mashup qui affiche une carte de Round Rock au Texas (où vit l'auteur Ed Tittel) qui localise les tweets de la population et leur contenu, comme un moyen de se tenir informé de ce qu'il se passe en ville. Nous pensons que le principal avantage des mashups et des insertions de contenu est qu'ils évitent de «réinventer la roue». C'est là qu'intervient le travail du gourou de la carte, Adam DuVander, avec son intéressant mashup Twitter/carte, disponible sur `http://mapscripting.com/twitter`.

Dans notre exemple (voir la Figure 15.7), Adam charge automatiquement une carte Google de l'endroit où vous vous trouvez (ou du lieu d'implantation de votre fournisseur d'accès Internet pour ceux qui vivent dans la campagne profonde) et les tweets récents de la zone encerclée sur la carte. Dans la Figure 15.7, nous avons cliqué sur un marqueur de la carte pour afficher le tweet d'un habitant qui a visiblement un problème d'électricité.

Pour ajouter plus de possibilités, Adam a inclus des contrôles dans ce mashup carte/tweet. En utilisant ces contrôles, les visiteurs peuvent rechercher les tweets dans d'autres lieux (les contrôles proposés sous la carte, à droite, permettent de modifier la distance). Vous pouvez aussi rechercher des tweets par sujet en utilisant la zone de recherche située à gauche, sous la carte.

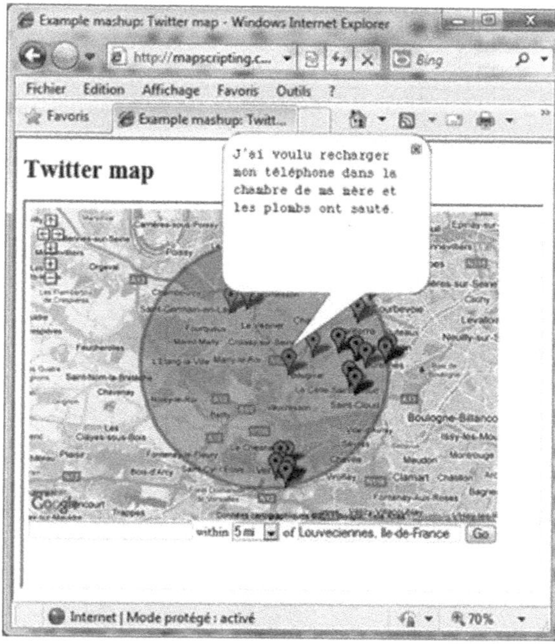

FIGURE 15.7 Recherche possible par sujet et par lieu.

Une fois de plus, nous admettons qu'Adam est un expert et que des illustrations comme son mashup tweet/carte devraient vous inspirer et vous montrer que tout est possible. Si vous vous basez sur les fondements présentés dans ce livre, vous pourrez vous aussi, un jour, utiliser vos compétences en XHTML, CSS et JavaScript pour créer des mashups comme celui-ci.

Pour en savoir plus sur la création de cartes, nous vous recommandons de vous plonger dans le livre en ligne d'Adam : *Map Scripting 101*, disponible sur `http://mapscripting.com/book`. Pour visualiser d'autres mashups de cartes d'Adam, visitez `http://mapscripting.com/example-maps`. Si vous n'en avez toujours pas assez et voulez devenir incollable en mashups, consultez la page Web «How to make your own Web mashup» disponible sur `www.programmableweb.com/howto`.

Chapitre 16

S'amuser avec des scripts côté client

DANS CE CHAPITRE :

» **Utiliser les rollovers d'image et de texte.**

» **Ajouter du contenu dynamique.**

» **Utiliser des cookies.**

» **Afficher des fenêtres pop-up.**

Si vous êtes du genre à passer vos journées dehors, vous pouvez faire grimper votre adrénaline en escaladant une montagne, en faisant du VTT sur des sentiers à pic ou en inventant un autre sport, comme la pêche en parachute ou la plongée dans les égouts. Si vous lisez ce livre, il est probable que vous soyez devant votre ordinateur en train d'essayer de créer un site Web. Si tel est le cas, nous avons une autre idée pour avoir des montées d'adrénaline : le HTML dynamique !

Le HTML dynamique, ou *DHTML*, est un terme technique pour désigner un jeu de technologies très utiles et très puissantes. C'est une combinaison de HTML, de feuilles de style en cascade (CSS), du modèle objet de document (DOM) et de JavaScript. Si vous utilisez ces quatre technologies conjointement, vous faites du DHTML.

Le DHTML est un peu comme un document imprimé dans lequel le DOM serait l'encre, JavaScript la police, CSS la couleur et HTML le papier. Chaque élément est utile mais c'est leur combinaison qui est véritablement efficace. Si vous pouvez les faire fonctionner ensemble, vous pouvez parler DHTML.

Dans ce chapitre, nous vous montrons comment utiliser DHTML et les technologies qui le composent pour créer du contenu actif dans vos pages Web. Nous étudions notamment comment créer des rollovers, ajouter du contenu dynamique dans une page, afficher des fenêtres pop-up et utiliser des cookies.

Ajouter des rollovers dans des pages

Si vous êtes novice en HTML, vous ne savez sans doute pas en quoi consiste un *rollover*. En fait, il s'agit sans doute de l'usage le plus fréquent du DHTML sur le Web. C'est une instruction qui anime votre page Web lorsque le pointeur de la souris passe sur une image ou un texte. Autrefois, il était courant de créer des rollovers avec des solutions JavaScript/HTML/CSS mais aujourd'hui CSS suffit. Gardez toujours cette remarque à l'esprit et amusez-vous !

Les rollovers de texte avec CSS

Pendant des années, la seule option disponible pour créer un rollover a été de créer des images de boutons puis de les «activer» avec du JavaScript. Toutefois, maintenant que CSS est supporté par les nouvelles versions des navigateurs, il existe une autre option pour créer des rollovers sans utiliser d'images.

Les rollovers de texte présentent des avantages et des inconvénients par rapport aux rollovers d'image :

» **Les avantages :** Le texte est plus rapide et plus significatif pour les moteurs de recherche et il est toujours plus facile d'ajouter du texte à une page que de créer deux images puis de les y ajouter, comme c'est le cas pour un rollover d'image. Par ailleurs, vous n'avez pas à vous soucier du préchargement, du suivi et de la maintenance des images.

» **Les inconvénients :** Même si vous pouvez contrôler la police, le style et les bordures du texte, vous ne pouvez pas reproduire tous les effets que vous pouvez réaliser avec

> des images en utilisant un programme comme Adobe Photoshop (ou un programme similaire). Ces effets visuels englobent l'anticrénelage, les ombres portées et l'animation. Sachez toutefois que vous pouvez appliquer de tels effets en utilisant HTML 5 et CSS3, respectivement traités dans les Chapitres 19 et 20. En outre, cette méthode fonctionne seulement dans des navigateurs récents. Si vos visiteurs utilisent un navigateur de ce siècle, vous ne devriez pas rencontrer de problème).

La Figure 16.1 représente une page Web qui contient deux liens sous la forme de rollovers de texte : *Accueil* et *A propos*. Lorsque le curseur passe sur l'un des liens, comme dans la Figure 16.2, la version survolée du lien affiche du texte blanc sur fond noir au lieu du texte turquoise sur fond blanc pour les liens non visités et du texte gris sur fond blanc pour les liens visités. Le Listing 16.1 indique le HTML et le CSS requis pour produire cet effet de rollover.

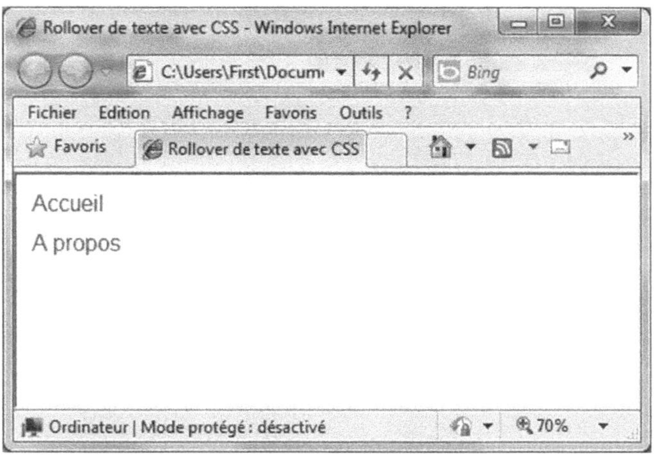

FIGURE 16.1 Une page qui contient des rollovers de texte gérés avec CSS.

Cet effet persiste même si vous utilisez le lien pour visiter la page. La Figure 16.3 montre à quoi la page ressemble une fois que vous avez cliqué sur le lien pour accéder à la page d'accueil du site. Même si le lien est grisé parce qu'il a été activé, le rollover fonctionne toujours : le survol du lien avec le curseur produit le même effet que dans la Figure 16.2.

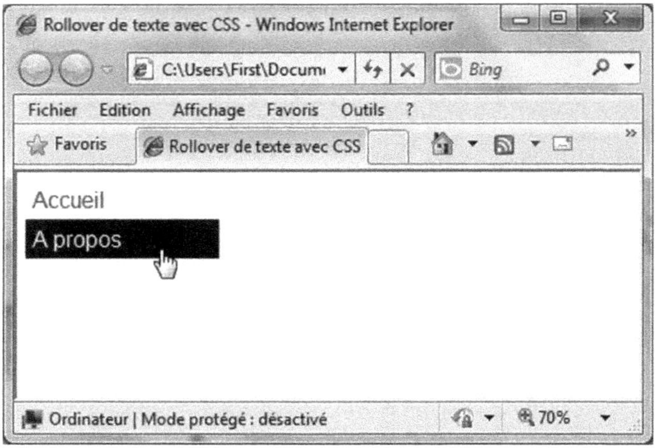

FIGURE 16.2 Déplacer le curseur de la souris sur le lien modifie la couleur du texte et de l'arrière-plan.

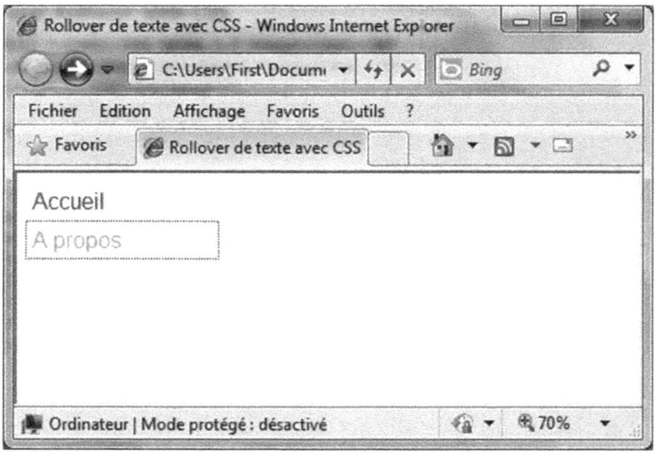

FIGURE 16.3 Une fois que vous avez visité la page ciblée par le lien, la couleur du texte du lien change pour refléter cette visite.

LISTING 16.1 **Un rollover de texte avec CSS.**

```
<!DOCTYPE html PUBLIC «-//W3C//DTD XHTML 1.0 Transitional//EN»
        «http://www.w3.org/TR/xhtml1/DTD/xhtml1-transitional.dtd»>
<html xmlns=»http://www.w3.org/1999/xhtml»>
<head>
  <title>Rollover de texte avec CSS</title>
  <meta http-equiv=»Content-Type» content=»text/html;
       charset=ISO-8859-1» />
```

```
    <style type=»text/css»>
        h4 {font: 18px geneva, sans-serif; margin: 0; color: teal;
             background: white;}
        a {text-decoration: none;}
        div#navbar {width: 200px;}
        div#navbar a {display:block; margin: 0; padding: 0.3em;}
        div#navbar a:link {color: #008080; background-color: transpa-
             rent;}
        div#navbar a:visited {color: #C0C0C0; background-color: trans-
             parent;}
        div#navbar a:hover {background: black; color: white;}
    </style>
  </head>
  <body>
  <div id=»navbar»>
    <h4><a href=»index.html»>Accueil</a></h4>
    <h4><a href=»apropos.html»>A propos</a></h4>
  </div>
  </body>
  </html>
```

Dans cet exemple, le texte turquoise sur fond blanc devient blanc sur fond noir lorsque le curseur de la souris survole le lien. De cette manière, vous pouvez facilement voir ce qui se passe sur les captures d'écran. Par ailleurs, le lien devient gris une fois activé. Toutefois, votre site peut employer une autre palette de couleurs.

Rien de plus simple que d'ajouter ce type de navigation dans votre site :

1. Dans les balises `<head>`, ajoutez le code précédent (du Listing 16.1) ainsi que les balises `<style>` et `</style>`.
2. Ajoutez les liens dans chaque balise `<h4>`.
3. Vérifiez que tout le menu se trouve dans une balise `<div>` dont l'attribut `id` vaut `navbar`.

Si vous ajoutez le CSS à votre site via un lien vers une feuille de style externe (voir les Chapitres 9 et 10 pour plus d'informations sur les feuille de style), vous pourrez ajouter, modifier ou supprimer des liens dans la barre de menu de votre site à tout instant sans avoir à retoucher une seule ligne de CSS ou de JavaScript. Il vous suffira d'ajouter ou de modifier les balises `<a href>`. Pratique, non ?

Les rollovers d'image avec CSS

Maintenant que vous maîtrisez les rollovers de texte, passons aux rollovers d'image. Imaginons que vous ayez une image basique et que vous vouliez la remplacer par une autre image quand un visiteur de votre site Web la survole. Autrefois, il fallait utiliser JavaScript pour gérer les mécanismes de rollover d'image. Heureusement pour vous, aujourd'hui CSS se charge de tout. En guise d'exemple, nous allons jouer avec la tête de Jeff (réellement).

Nous utilisons un peu de CSS pour visuellement masquer une image et la remplacer par une autre. En fait, c'est vraiment une seule image qui a été créée en superposant deux images, l'une au-dessus de l'autre. Nous utilisons quelques petites astuces de mise en forme pour gérer le comportement du rollover avec CSS en décalant notre image de référence vers la droite quand le curseur la survole.

La Figure 16.4 représente l'image (en fait, ce sont vraiment deux images).

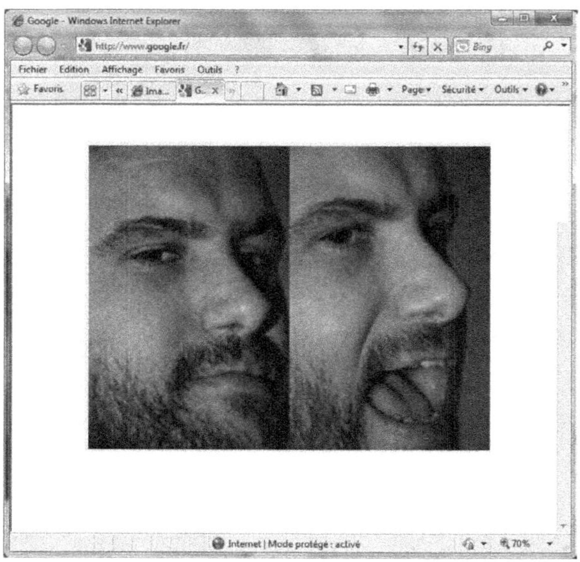

FIGURE 16.4 Une image composée de deux photos de l'auteur, Jeff Noble.

La Figure 16.5 illustre la page Web de l'image mise en forme avec une partie cachée. Quand le curseur survole l'image en noir et blanc, comme dans la Figure 16.6, la version survolée de l'image s'affiche (en couleur). Le Listing 16.2 représente le HTML et le CSS que nous utilisons pour produire cet effet de rollover.

FIGURE 16.5 La page affichant l'image de référence de Jeff (en noir et blanc).

LISTING 16.2 **HTML et CSS créant un effet de rollover.**

```
<!DOCTYPE html PUBLIC «-//W3C//DTD XHTML 1.0 Transitional//EN»
        «http://www.w3.org/TR/xhtml1/DTD/xhtml1-transitional.dtd»>
<html xmlns=»http://www.w3.org/1999/xhtml»>
<head>
  <meta http-equiv=»Content-Type» content=»text/html;
        charset=iso-8859-1» />
  <title>Rollover d'image</title>
  <style type=»text/css»>
     body {margin: 0px; padding: 0px;
           background-image:url(images/background-page.gif);}
     #top{width: 580px; height: 351px; background-image:url(images/
           header.gif)}
```

```
      #container{margin: 0px auto; width: 580px}
      #content{ background-color:#001021; margin-left: 6px; margin-
               right: 5px;}
      .jeffPhoto {width: 251px; height: 376px;
                 background-image:url(images/jeff.jpg);margin: 0px
                     auto;}
      .jeffPhoto:hover{background-position: -251px 0px}
      .caption{color:#FFF; width: 251px; margin: 0px auto; text-
              align:center;
              font-family:Verdana, Geneva, sans-serif}
  </style>
</head>
<body>
  <div id=»container»>
  <div id=»top»></div>
  <div id=»content»>
  <div class=»jeffPhoto»></div>
  <div class=»caption»>Survol de ma tête !</div>
  </div>
  </div>
</body>
</html>
```

FIGURE 16.6 Quand le curseur survole la tête de Jeff, l'image en couleur apparaît.

C'est l'astuce de la position de l'arrière-plan lors du survol qui permet de basculer de l'image en noir et blanc à gauche à l'image en couleur à droite. En modifiant la première valeur à `-251px`, l'image se décale vers la droite et dévoile la «moitié» droite (en couleur).

Rollovers de boutons personnalisés avec CSS

Maintenant que les rollovers de texte et d'image n'ont plus de secret pour vous, vous pouvez vraiment optimiser votre site Web en combinant des aspects des deux rollovers pour créer des boutons personnalisés.

Autrefois, les boutons étaient créés en utilisant des images avec du texte par-dessus. Cette méthode fonctionnait bien mais nécessitait de créer une foule d'images avec des rollovers. Cela prenait beaucoup de temps en termes de création et de maintenance, sans compter le long chargement des images quand les visiteurs venaient sur le site.

Fini ! Vous pouvez créer des boutons basiques et utiliser CSS pour modifier leur apparence, comme l'indique le Chapitre 12. Cette technique fonctionne mais elle ne procure pas à votre site le dynamisme qu'il mérite. Une méthode plus élégante consiste à créer des boutons avec la technique CSS des «portes coulissantes» qui implique d'utiliser plusieurs images adaptées à la largeur de votre texte HTML.

Nous vous défions de rassembler vos nouvelles compétences et de tester cette technique tout seul. Nous vous confions à Janko Jovanovic, un vrai maître dans l'art des boutons fantaisie pour la technique des portes coulissantes. Suivez son tutoriel et testez-la vous-même. Peut-être que vous pourrez même l'améliorer grâce à votre savoir ! Visitez "Janko At Warp Speed" sur `www.jankoatwarpspeed.com/post/2008/04/30/make-fancy-buttons-using-css-sliding-doors-technique.aspx`.

Travailler avec les cookies

Dès que nous commençons à parler de cookies, il nous vient l'idée d'attraper un verre de lait. Mais nous nous rappelons alors que nous parlons des cookies pour le Web, qui ne sont pas comestibles. À défaut, vous les trouverez très utiles lorsque vous créerez votre site Web.

Un *cookie* vous permet de conserver des informations sur l'ordinateur d'un visiteur pour que vous puissiez y accéder ultérieurement. Les cookies sont un moyen efficace pour maintenir «l'état» de vos pages Web. Le code du Listing 16.3 lit et écrit deux cookies lorsqu'un visiteur charge la page :

- `pageHit` contient le nombre de fois où le visiteur a chargé la page.
- `pageVisit` contient la date et l'heure de la dernière visite du visiteur.

La Figure 16.7 représente la page après la première visite et la Figure 16.8 montre à quoi elle ressemble après plusieurs visites successives.

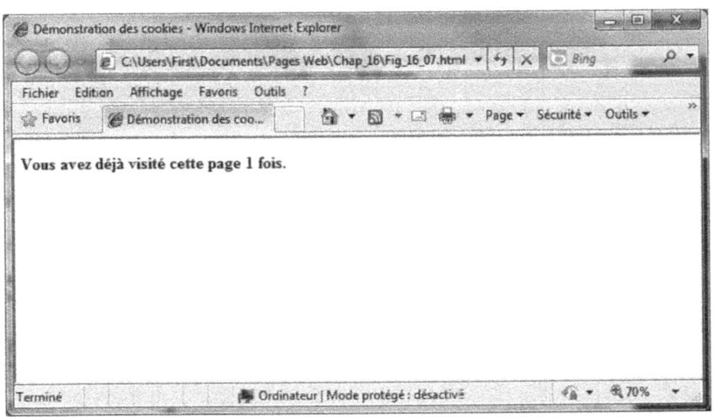

FIGURE 16.7 Ce cookie sait que vous n'avez jamais visité la page auparavant.

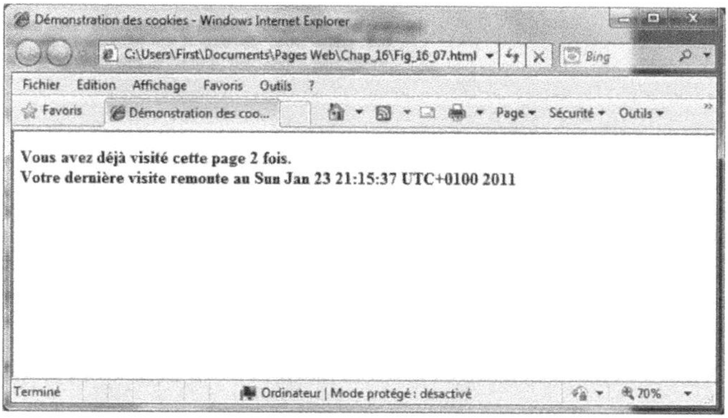

FIGURE 16.8 Ces cookies savent non seulement que vous avez déjà visité la page mais aussi quand.

LISTING 16.3 Un script de gestion des cookies.

```
<!DOCTYPE html PUBLIC «-//W3C//DTD XHTML 1.0 Transitional//EN»
        «http://www.w3.org/TR/xhtml1/DTD/xhtml1-transitional.dtd»>
<html xmlns=»http://www.w3.org/1999/xhtml»>
<head>

  <title>Démonstration des cookies</title>
  <meta http-equiv=»Content-Type» content=»text/html;
         charset=ISO-8859-1» />
  <script type=»text/javascript» language=»javascript»>
<!--
  now = new Date
  expireDate = new Date
  expireDate.setMonth(expireDate.getMonth()+6)

  hitCt = parseInt(cookieVal(«pageHit»))
  hitCt++
  lastVisit = cookieVal(«pageVisit»)
  if (lastVisit == 0) {
      lastVisit = «»
  }

  document.cookie = «pageHit=»+hitCt+»;expires=» +
        expireDate.toGMTString()
  document.cookie = «pageVisit=»+now+»;expires=» +
        expireDate.toGMTString()

  function cookieVal(cookieName) {
    thisCookie = document.cookie.split(«; «)
     for (i=0; i<thisCookie.length; i++) {
          if (cookieName == thisCookie[i].split(«=»)[0]) {
```

```
                return thisCookie[i].split(«=»)[1]
            }
        }
        return 0
    }
-->
    </script>
</head>
<body>
<h2>
    <script type=»text/javascript» language=»javascript»>
<!--
    document.write(«Vous avez déjà visité cette page « + hitCt + «
                    fois.»)
    if (lastVisit != «») {
        document.write(«<br />Votre dernière visite remonte au « +
                        lastVisit)
    }
-->
    </script>
</h2>
</body>
</html>
```

Contrairement aux exemples précédents, le Listing 16.3 contient une section `<script>` dans l'en-tête et dans le corps :

- » Les cookies sont lus et écrits dans le script de l'en-tête lorsque la page se charge.
- » Le script du corps écrit dynamiquement le contenu de la page.

Suivez ces étapes pour ajouter le script de gestion des cookies à votre page :

1. **Copiez les deux sections `<script>` et placez-les aux endroits appropriés dans votre page.**
2. **Modifiez la section `<body>` qui contient le texte que vous souhaitez afficher dans la page.**

   Les lignes dans les instructions `document.write()` génèrent le texte à la volée dans le document.

Un cookie dispose d'une *date d'expiration* après laquelle il n'est plus disponible. Cet exemple crée des cookies qui expirent six mois plus tard. Si vous souhaitez que vos cookies vivent plus longtemps (ou qu'ils expirent plus tôt), modifiez le code JavaScript qui affecte une valeur à `expireDate`. Ainsi, l'exemple suivant repousse la date d'expiration de six mois :

```
expireDate.setMonth(expireDate.getMonth()+6)
```

Travailler avec jQuery et FancyBox

Dans le passé, il était courant d'utiliser des fenêtres pop-up pour présenter des informations supplémentaires sur son site Web. En fait, nous avons même traité cette technique dans la dernière édition de ce livre. Souvent surutilisées sur des sites Web peu scrupuleux et devenues trop envahissantes, les fenêtres pop-up sont désormais bloquées par la plupart des navigateurs... et c'est plutôt une bonne chose !

Pour remplacer les fenêtres pop-up, nous vous conseillons d'utiliser des lightbox. On dirait le nom d'une épée de Star Wars ou un outil utilisé par les photographes (on n'en est pas loin). Dans notre contexte, une *lightbox* est un outil qui affiche des images, du contenu HTML et multimédia sur une page Web.

Des dizaines de lightbox différentes sont disponibles sur Internet. Utilisez votre moteur de recherche préféré pour les tester si vous voulez en savoir plus. Dans cette section, nous nous intéressons uniquement à jQuery et FancyBox.

Si vous ne connaissez pas jQuery, imaginez-vous une bibliothèque JavaScript à laquelle vous pouvez faire référence sans écrire trop de code. Nous n'entrons pas dans les détails de jQuery dans ce livre. Il suffit de faire une recherche Web sur le sujet pour trouver plus d'informations. jQuery peut être utilisé pour créer une lightbox. Quelle coïncidence !

Pour créer une lightbox, suivez ces étapes :

1. **Téléchargez FancyBox sur** `http://fancybox.googlecode.com/files/jquery.fancybox-1.3.1.zip`.

   La page d'accueil de FancyBox est illustrée dans la Figure 16.9.

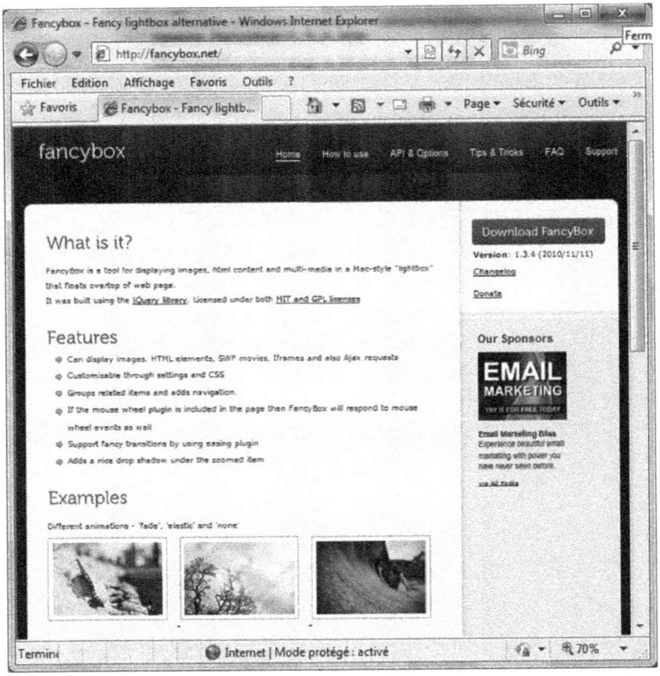

FIGURE 16.9 La page d accueil de FancyBox.

2. **Désarchivez les fichiers dans le dossier de votre site Web.**

3. **Créez une page HTML vierge et insérez les fichiers JavaScript nécessaires et le fichier FancyBox CSS (voir la Figure 16.10).**

4. **Insérez le code suivant dans ce document (dans la partie** head**) :**

```
<script type=»text/javascript»
  src=»http://ajax.googleapis.com/ajax/libs/jquery/1.4/jquery.min.
            js»>
</script>
<script type=»text/javascript»
      src=»fancybox/jquery.fancybox-1.3.1.pack.js></script>
<link rel=»stylesheet» href=»fancybox/jquery.fancybox-1.3.1.css»
    type=»text/css» media=»screen» />
```

5. **Créez un lien pour lancer la lightbox.**

FIGURE 16.10: Code source HTML pour notre exemple de lightbox.

Dans cet exemple (voir la Figure 16.11), nous utilisons une petite image pour en lancer une plus grande.

```
<a id=»example» href=»image/oldCoverLarge.jpg»>
<img src=»images/olCoverSmall.jpg» alt=»Our Old Book Cover»
    border=»0» /></a>
```

La Figure 16.11 montre comment la lightbox apparaît sur la page Web.

Petite touche de magie : nous ajoutons un peu de JavaScript pour permettre à la lightbox de travailler avec jQuery.

6. **Entrez le code suivant dans la section** head **de votre document :**

```
<script type=»text/javascript»>
$(document).ready(function() {
  $("a#example").fancybox({
        'titleShow': true
  });
});
</script>
```

FIGURE 16.11 Exemple de lightbox.

Cet exemple vise à présenter ce qu'il est possible de réaliser avec ces outils.

Visitez les sites suivants pour plus de ressources sur cet exemple :

- **jQuery :** `http://docs.jquery.com/How_jQuery_Works`
- **FancyBox :** `http://fancybox.net/howto`

Testez les sites suivants pour trouver d'autres lightbox :

- **6 extensions de lightbox pour WordPress :** `http://franklinbishop.net/6-lightbox-plugins-for-wordpress`
- **jQuery lightBox :** `http://leandrovieira.com/projects/jquery/lightbox`

Pour en savoir plus sur les bibliothèques JavaScript, consultez les sites suivants :

» **jQuery** : www.jquery.com

» **script.aculo.us** : http://script.aculo.us

» **MooTools** : http://mootools.net

Si vous tentez de suivre les différentes techniques illustrées dans ces chapitres, vous vous rendrez vite compte que nous ne décrivons aucune démarche en détail. Vous devrez charger des fichiers d'image dans les différents environnements (Flickr, par exemple) et vous assurer que les chemins d'accès aux fichiers et aux autres ressources sont corrects (sinon les images et les objets ne s'afficheront pas comme ils le devraient). Notre approche plutôt sommaire vise à vous aider à comprendre ce que vous devez faire.

Chapitre 17

Les systèmes de gestion de contenu

DANS CE CHAPITRE :

- **Comprendre les différences entre les systèmes de gestion de contenu et HTML.**
- **S'initier à WordPress, Drupal et Joomla!**
- **Personnaliser CSS en utilisant des systèmes de gestion de contenu.**

Un système de gestion de contenu (SGC) est une application Web conçue pour faciliter la vie des utilisateurs non techniques pour ajouter, modifier et (vous l'aurez deviné) *gérer* un site Web. Un SGC est comme un site Web dopé : plus grand, plus fort et plus efficace. Cependant, un SGC peut être trop puissant dans certains cas et engendrer des effets indésirables.

Entre nous : vous pouvez maintenant fermer ce livre et utiliser SGC au lieu de HTML. Si seulement ça pouvait être vrai ! Beaucoup de personnes débutent avec HTML, XHTML et CSS et passent progressivement à SGC tandis que d'autres se lancent directement dans SGC et partent de là. Tout dépend de votre préférence et de votre aisance. Quoi qu'il en soit, que vous débutiez ou accédiez progressivement à SGC, sachez que vos connaissances en HTML, XHTML et CSS vous aideront pendant votre apprentissage de SGC (si vous choisissez cette option).

Comparer des sites SGC à des sites HTML

Le Tableau 17.1 décrit quelques différences entre un site SGC et un site HTML.

TABLEAU 17.1 Comparaison de sites HTML et SGC.

Site SGC	Site HTML
Il se modifie n'importe où à l'aide d'un navigateur Web et d'un lien Internet.	Il se modifie dans les fichiers locaux et se charge sur un serveur Web.
Des connaissances en HTML, XHTML et CSS ne sont pas nécessaires mais utiles pour personnaliser.	Des connaissances en HTML, XHTML et CSS sont requises à moins d'utiliser un éditeur tel-tel (comme Dreamweaver).
L'accès peut être restreint pour certains utilisateurs.	Tout utilisateur avec un accès en écriture au dossier du serveur peut ajouter, modifier ou supprimer des fichiers HTML.
Difficile à installer à moins d'être assisté par un hébergeur Web.	Facile à installer.
Facile à mettre à jour, beaucoup de support automatisé.	Facile à mettre à jour, peu ou pas de support automatisé.
Nécessite une base de données pour stocker les informations.	Possible d'utiliser une base de données mais pas indispensable.

Sites et programmes SGC connus

Il existe certainement plus d'options SGC qu'il n'y a de pages dans ce livre. Les fans d'un SGC spécifique sont un peu comme les adeptes d'un art martial qui pensent que leur discipline est la meilleure de toutes. Sachez que nous ne nous attardons sur aucun SGC spécifique dans ce chapitre. En revanche, nous vous présentons trois des SGC les plus connus, WordPress, Drupal et Joomla! et en faisons rapidement le tour. Pour ceux qui veulent en savoir plus sur un ou plusieurs de ces systèmes, il existe des quantités de livres qui leur sont dédiés.

Nous avons fait le choix de ne pas traiter toutes les options SGC, d'une part parce qu'un chapitre n'est pas suffisant pour aborder tous les systèmes SGC et leurs possibilités, d'autre part parce qu'il est impossible de détailler chaque SGC dans si peu d'espace. Toutefois, nous comptons bien vous montrer pourquoi ils sont pratiques, intéressants et en vogue.

De nombreux hébergeurs Web proposent les systèmes SGC que nous avons choisi d'aborder (WordPress, Drupal et Joomla!) à leurs clients (souvent gratuitement, parfois non). Ce peut donc être un critère important lors du choix de votre hébergeur Web, notamment si vous décidez d'opter pour l'un de ces systèmes SGC.

WordPress

WordPress est communément connu en tant que système de blog mais s'est développé en un SGC complet. Il se présente sous forme de SGC multiplateforme dans une solution hébergée par ses développeurs (`www.wordpress.com`) et dans une solution auto-hébergée (`www.wordpress.org`). Les différences entre ces deux versions de WordPress sont minimes et votre choix dépendra de vos intentions et de la quantité de contrôle que vous souhaitez avoir sur votre site.

Généralement, la solution hébergée implique une installation plus simple et ne nécessite pas de téléchargement ni d'installation sur un serveur Web spécifique. D'un autre côté, la solution auto-hébergée offre plus d'options de personnalisation et un contrôle total de ses opérateurs. Dans les deux cas, une installation basique est gratuite (la version auto-hébergée est même libre ; vous pouvez donc télécharger, installer, modifier et partager le code WordPress). Avec une communauté de millions d'utilisateurs, des milliers de fonctionnalités sont disponibles avec des extensions et des thèmes que vous pouvez utiliser pour développer WordPress et sa liste déjà impressionnante de propriétés et de fonctions. La plupart des extensions et thèmes sont gratuits même si quelques produits payants font leur apparition.

WordPress se distingue des autres SGC car il est :

- extrêmement facile à utiliser ;
- très évolutif ;

» idéal pour les utilisateurs passionnés et les communautés de développeurs.

Drupal

Drupal est un SGC libre. Selon le site Web de Drupal (`www.drupal.org`), il s'agit d'un «kit logiciel gratuit qui permet à tout individu ou toute communauté d'utilisateurs de publier, de gérer et d'organiser facilement une grande variété de contenu sur un site Web». Drupal est réputé pour être un SGC robuste et bien conçu mais il est handicapé par une installation quelque peu difficile et une interface de gestion légèrement confuse. Comme WordPress, Drupal propose des modules supplémentaires que vous pouvez ajouter à un site Web pour étendre ses fonctionnalités. Aussi, des milliers de ces modules sont disponibles et prêts à être téléchargés et installés.

Les avantages de Drupal sont les suivants :

» Il est gratuit.

» Il supporte des options très flexibles en matière de mise en page et de création de page.

» Il est aussi très évolutif.

Il n'existe pas de version hébergée de Drupal disponible sur un site centralisé mais vous pouvez télécharger Drupal sur `www.drupal.org` et l'installer où bon vous semble !

Joomla!

Dans notre exposé de ce SGC, nous ignorons le point d'exclamation accolé à son nom, simplement pour le rendre plus lisible.

Joomla est un SGC libre offrant aux utilisateurs un contrôle total sur le site Web. Joomla est extrêmement puissant et fournit des fonctionnalités «prêtes à l'emploi» telles que la gestion des utilisateurs (comptes), le support multilingue, la gestion des modèles et un système d'aide et de support intégré. Tout comme WordPress et Drupal, Joomla supporte une multitude de fonctionnalités (appelées extensions) à télécharger et à installer.

Joomla se caractérise de la manière suivante :

- » Il est gratuit.
- » Il est facile à utiliser par les concepteurs de sites et les opérateurs pour installer des sites Web privés.
- » Il est très évolutif et offre une série impressionnante d'outils de gestion et de support.

Joomla peut être téléchargé sur `www.joomla.org`. L'extrême puissance de Joomla impose une énorme responsabilité à ses opérateurs (qui exécutent les serveurs sur lesquels Joomla est utilisé pour installer et gérer des sites Web privés) et uniquement à ses opérateurs (qui créent et gèrent ces sites privés).

Personnaliser CSS sur un SGC

C'est bien beau de traiter de SGC mais c'est avant tout un livre sur HTML (plus XHTML et CSS). Nous nous devons de plonger un peu plus dans les détails. Une fois de plus, nous n'allons pas explorer le fond du sujet mais aborder certains points des systèmes SGC présentés dans la section précédente et vous expliquer comment mettre à jour le HTML/CSS dans chacun d'eux.

Les trois systèmes, WordPress, Drupal et Joomla, utilisent différentes méthodes pour modifier le CSS. Cependant, pour tous ces systèmes, modifier le «thème» est la clé pour accéder et gérer la présentation des pages des sites sous leur contrôle.

WordPress et CSS

Il est très facile d'installer et de gérer les thèmes dans WordPress. Avec les compétences en CSS que vous offre ce livre, vous devriez même trouver simple de mettre à jour et d'optimiser l'apparence de tout thème prédéfini. En fait, vous pouvez utiliser vos connaissances pour créer vos propres thèmes en partant d'un thème WordPress prédéfini.

Dans un premier temps, connectez-vous à la page d'administration WordPress de votre site. Dans le tableau de bord principal, cliquez sur le lien Appearance dans le volet de gauche (celui avec la petite icône représentant des sections de page). Cet écran affiche le thème courant, vous indique comment activer d'autres thèmes et vous permet d'installer de nouveaux thèmes, comme le montre la Figure 17.1.

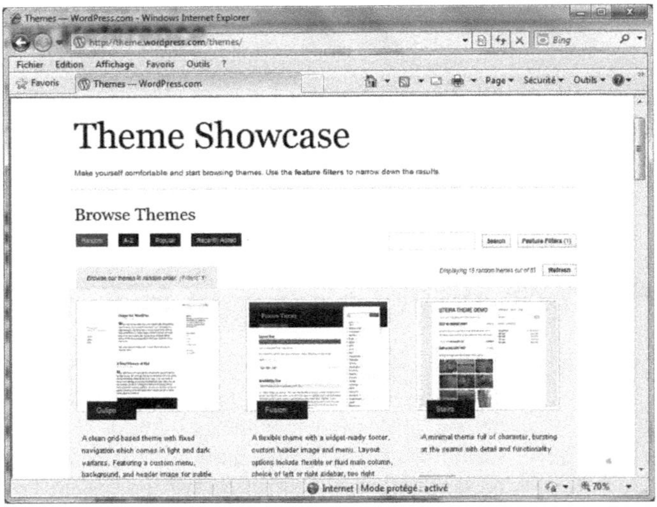

FIGURE 17.1 Gestion basique du thème dans WordPress.

Pour modifier le thème courant, cliquez sur le lien Editor dans le volet Appearance. Le contenu principal de la feuille de style s'affiche dans une zone de saisie de texte dans l'écran principal. Autre possibilité : sélectionnez le style à modifier dans la catégorie Styles, située à droite de la page.

Ensuite, pour mettre à jour le CSS, il ne vous reste qu'à choisir un élément dans la feuille de style, le modifier et cliquer sur le bouton Update File (sous la zone de saisie). Ainsi, vous enregistrez vos modifications qui sont intégrées au thème. Préparez-vous à passer du temps à améliorer et optimiser vos pages jusqu'à être entièrement satisfait.

Dans notre exemple, nous voulons augmenter la taille de la police du texte du corps de notre site Web, ce qui revient à modifier l'entrée `#content` de la feuille de style. Pour ce faire, nous repérons l'élément `#content`, augmentons la taille de la police de `.76em` à `1em` et cliquons sur le bouton Update File. Reportez-vous à la Figure 17.2 pour constater les résultats avant (en haut) et après (en bas) la modification de la taille de la police.

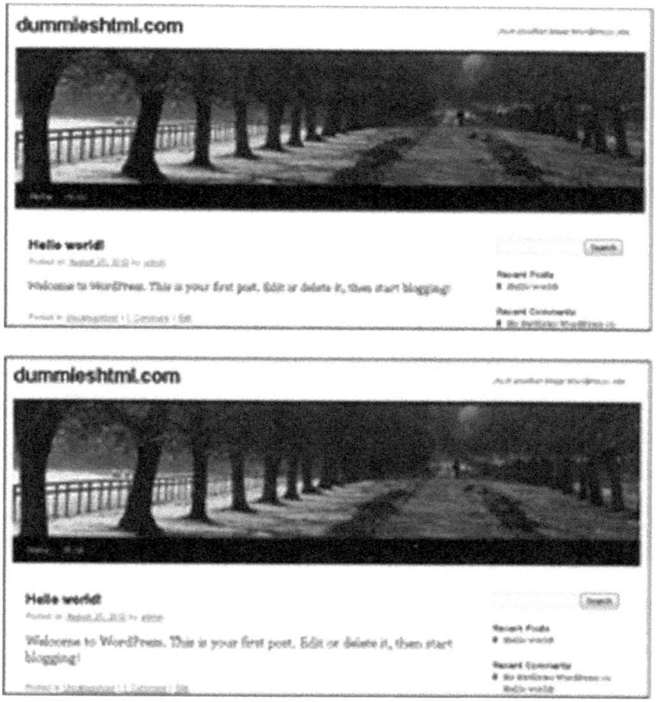

FIGURE 17.2 Avant (en haut) et après (en bas) la modification de la taille de la police sur le site WordPress.

Si vous travaillez sur des feuilles de style de l'un de ces systèmes SGC, il est plus simple de les extraire et de les importer dans votre machine. Ainsi, vous pouvez utiliser un éditeur adapté à CSS (ou au moins un éditeur de texte avec la fonctionnalité rechercher et remplacer) plutôt que l'éditeur de texte bien trop basique que ces systèmes vous fournissent.

Vous pouvez aussi modifier le CSS dans WordPress en utilisant une méthode complètement différente :

1. **Connectez-vous à votre site Web avec un client FTP.**
2. **Localisez le dossier CSS (généralement dans `/www/wp-content/themes`).**
3. **Sélectionnez votre dossier de thème courant.**
4. **Téléchargez la feuille de style principale.**

   Attention, il risque d'y avoir plusieurs styles avec l'extension de fichier `.css`.
5. **Modifiez le fichier en utilisant un éditeur de site Web.**
6. **Replacez le fichier de la feuille de style là où vous l'avez téléchargé.**

Pour plus d'informations sur la mise à jour de CSS et des tonnes d'autres caractéristiques de WordPress, faites-vous offrir *WordPress pour les Nuls*, signé Lisa Sabin-Wilson.

Drupal et CSS

Dans Drupal, les thèmes sont un peu plus impliqués et nécessitent plus d'effort pour être mis à jour que dans WordPress. Malgré tout, nous pensons que la méthode est fascinante !

Tout d'abord, vous devez savoir quel est le thème considéré comme le thème Drupal par défaut. Pour le savoir, suivez ces étapes :

1. **Connectez-vous à votre page d'administration Drupal.**
2. **Dans le volet Administrator, cliquez sur Site Building>Themes.**
3. **Dans la page Themes, localisez le nom du thème activé (repérez la case à cocher sélectionnée dans la colonne Enabled, comme le montre la Figure 17.3).**

   Retenez ce nom.
4. **Connectez-vous à votre site Web avec un client FTP et localisez le dossier CSS.**

   Ce dossier se situe généralement dans le répertoire `/httpdocs/themes`.

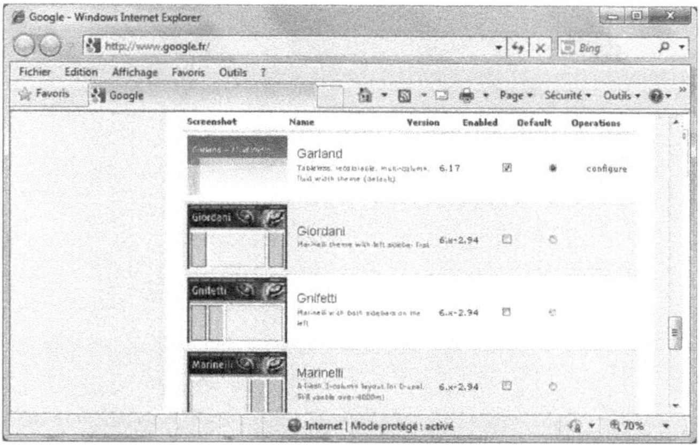

FIGURE 17.3 La page Themes dans Drupal indique que le thème Garland est sélectionné.

5. **Sélectionnez le dossier du thème courant et téléchargez la feuille de style principale (stockée dans un fichier nommé `style.css`).**

   Dans cet exemple, nous voulons augmenter la taille du texte du corps de notre site donc nous ouvrons la feuille de style principale (attention, plusieurs fichiers se terminent par `.css` dans le dossier du thème).

6. **Modifiez ce fichier dans l'éditeur Web.**

   Nous ouvrons le fichier `style.css` avec un éditeur de site Web, localisons la balise `<body>` et modifions `font-size` de `12px` à `16px`.

7. **Rechargez le fichier modifié au même endroit.**

La Figure 17.4 montre la page d'origine (en haut) et la page modifiée (en bas).

Pour en savoir plus sur Drupal, lisez *Drupal for Dummies* de Lynn Beighley.

Joomla et CSS

Même si Joomla n'est pas aussi convivial que WordPress, la modification de thème dans Joomla est plus simple que dans Drupal mais pas basée sur FTP !

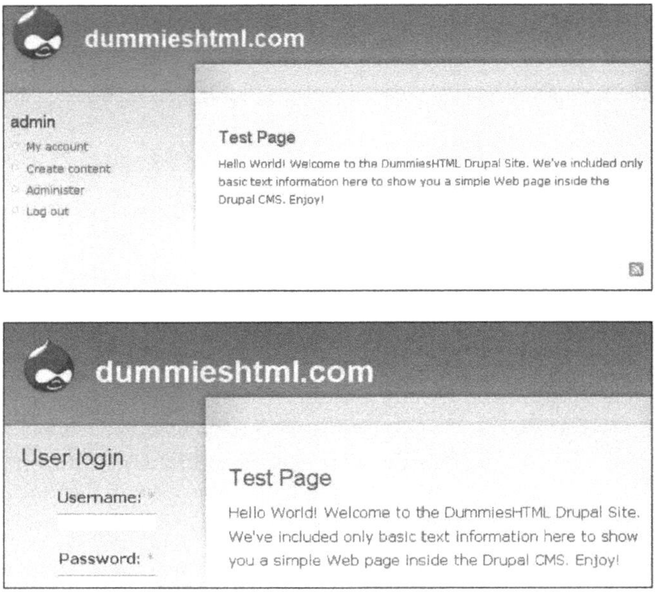

FIGURE 17.4 Avant (en haut) et après (en bas) la modification de la taille de la police dans Drupal.

Pour modifier un thème en utilisant CSS dans Joomla, agissez comme suit :

1. **Connectez-vous à Joomla.**
2. **Dans la page Administration, cliquez sur Extensions>Template Manager.**

   Le gestionnaire de modèles est l'endroit où vous sélectionnez votre modèle, ce qui revient à sélectionner un thème dans WordPress ou Drupal.

   Vous disposez d'une liste de modèles installés et le modèle par défaut, activé pour votre site Web, est marqué d'une étoile jaune dans la colonne Default, comme le montre la Figure 17.5.

3. **Cliquez sur le nom du modèle désigné par l'étoile (c'est-à-dire la colonne la plus à gauche du tableau) pour avoir un aperçu de ce modèle.**
4. **Cliquez sur l'icône Edit CSS en haut à droite.**

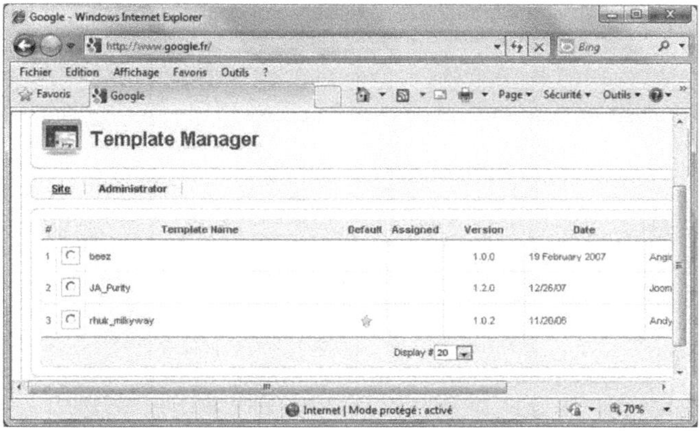

FIGURE 17.5 Le gestionnaire de modèles Joomla marque le modèle actif d'une étoile jaune.

Une liste de fichiers CSS apparaît.

5. **Pour modifier l'un de ces fichiers, cliquez sur la case d'option située à gauche pour sélectionner un fichier spécifique puis cliquez sur l'icône Edit, située au-dessus du tableau, à droite.**

   Dans cet exemple, nous voulons augmenter la taille du texte du corps de notre site Web donc nous activons la case d'option à gauche du modèle CSS principal, appelé `template.css`. Puis nous cliquons sur l'icône Edit au-dessus du tableau. Le CSS du modèle sélectionné s'affiche dans une zone de saisie de texte.

6. **Modifiez le code CSS dans la zone de saisie de texte.**

   Par exemple, nous localisons la balise `<body>` et modifions `font-size` de `12px` à `16px`.

7. **Cliquez sur l'icône Save située au-dessus de la zone de saisie de texte pour appliquer vos modifications au fichier du modèle.**

   C'est tout ! Reportez-vous à la Figure 17.6 pour observer le site avant (en haut) et après (en bas) la modification de la taille de la police.

Pour plus d'informations sur Joomla, feuilletez *Joomla! pour les Nuls*, signé Steven Holzner et Nancy Conner.

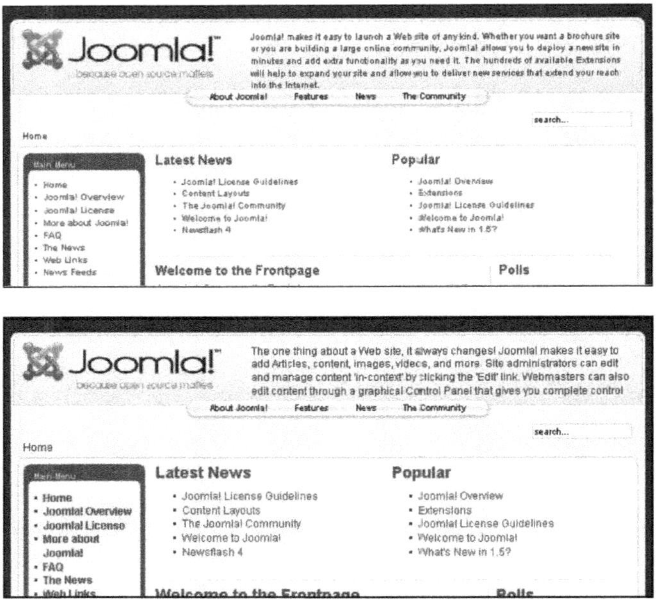

FIGURE 17.6 Avant (en haut) et après (en bas) la modification de la taille par défaut de la police du corps de Joomla.

V

(X)HTML demain

DANS CETTE PARTIE

Dans cette partie, nous observons plusieurs développements naissants et importants en (X)HTML qui ne sont pas tout à fait aboutis. Etant donné qu'ils sont en cours, intégrez-les avec beaucoup de prudence (ou pas du tout) dans votre travail et planifiez les changements inévitables qu'ils vont impliquer avec le temps.

Nous vous initions au (X)HTML pour appareils mobiles, un «dialecte de balisage» spécialement conçu pour bien fonctionner (et bien présenter) sur des appareils mobiles tels que les smartphones, les GPS et les iPad. Ensuite, nous vous offrons un aperçu de HTML5, une nouvelle version très sympathique de HTML pour améliorer le travail et la vie des développeurs et des utilisateurs du Web. Cette partie se termine sur une présentation de CSS3 qui se base sur les possibilités existantes de CSS et vise à apporter aux pages Web une apparence moderne et des comportements dynamiques.

Petite mise en garde : Les différents navigateurs Web offrent des niveaux de support variés pour tous les sujets abordés dans cette partie. En fonction du navigateur que vous utilisez, préparez-vous à rencontrer des résultats que vous ne pourrez pas visualiser ou à trouver des choses qui fonctionnent différemment que ce qui est annoncé. Pour l'instant, tous les navigateurs ne sont pas en mesure de gérer ou d'afficher tous ces éléments correctement.

Chapitre 18

La conception Web mobile

DANS CE CHAPITRE :

- **Comprendre les appareils mobiles et leur environnement d'affichage spécifique.**
- **Tirer le meilleur d'un écran de taille limitée.**
- **Apprendre les meilleurs principes et techniques pour la conception de site Web mobile.**
- **Créer des sites Web mobiles pratiques et conviviaux.**

La généralisation des appareils mobiles n'est plus à prouver aujourd'hui. Le marché est envahi de hordes de produits, de fabricants concurrents et de tas de fonctionnalités innovantes. Avant de nous emporter, précisons tout de même que nous ne parlons pas de mobile home ou de mobile décoratif, ni de la ville de Mobile en Alabama. Dans ce livre, le Web mobile est au service de ces téléphones portables multifonctions et autres appareils (comme l'iPad ou un GPS portable connecté au wifi) qui sont si faciles à transporter et font partie de notre quotidien.

Les appareils mobiles sont imbattables pour afficher rapidement un itinéraire ou un plan, pour consulter des avis sur des produits ou les comparer, pour trouver des informations de contact ou simplement pour surfer sur Internet. C'est pourquoi nous pensons qu'il est aussi important de comprendre la conception Web mobile. Ainsi, vous pourrez utiliser vos nouvelles connaissances et compétences pour relever les différents défis que lancent l'accès mobile et peut-être créer un meilleur site Web.

Comprendre les différents appareils mobiles

Malheureusement, plus on observe les différents types d'appareils mobiles, moins il est évident de les classer ou de trouver une technique unique pour implémenter des pages Web dans leur petit écran.

Par exemple, les appareils mobiles sont souvent classés en fonction d'un ou plusieurs des critères suivants :

» Saisie (écran tactile, stylet, clavier ou touchpad).

» Système d'exploitation (Symbian, Windows Mobile, Apple iOS, Android).

» Processeur et mémoire.

» Taille de l'écran.

» Accès Internet.

» Connectivité (Bluetooth, USB).

» Autres fonctionnalités (appareil photo, vidéo, sonnerie, jeux).

Cette liste pourrait s'étendre sur des pages et des pages. Vous vous doutez bien qu'il y a au moins autant de méthodes pour classifier un appareil mobile qu'il existe d'appareils mobiles.

Au niveau le plus basique, la manière la plus sûre et la plus simple de catégoriser des appareils mobiles est de distinguer les smartphones des téléphones classiques. Un smartphone est généralement caractérisé par ses fonctionnalités informatiques comme un système d'exploitation intégré dans le téléphone, un processeur plus puissant et plus de mémoire, la possibilité d'installer et d'exécuter des applications personnalisées, l'accès sans fil, l'écran couleur, une saisie avancée et des coûts plus élevés (à l'achat et pour son utilisation). L'iPhone, illustré dans la Figure 18.1, est l'un des smartphones les plus populaires.

Les téléphones classiques disposent généralement de processeurs moins puissants et d'une mémoire plus petite, possèdent un système d'exploitation propriétaire et basique, offrent des

FIGURE 18.1 iPhone d'Apple.

applications limitées (si elles existent) et, bien sûr, sont moins chers (ils coûtent souvent moins que la moitié du prix d'un smartphone et le forfait mensuel est divisé par deux puisque les possibilités de gestion de données sont plus limitées). Le Nokia de la Figure 18.2 est un exemple typique de téléphone classique.

FIGURE 18.2 Téléphone Nokia standard.

Voilà la mauvaise nouvelle : ces types de téléphones diffèrent non seulement en termes de fonctionnalités et de prix mais ils affichent aussi les sites Web différemment. Les téléphones classiques ont un support

CSS et JavaScript très limité, si tant est qu'ils en aient un. Avant de jeter votre téléphone, nous vous suggérons d'en apprendre un peu plus sur la conception de site Web mobile dans les sections suivantes. Les téléphones classiques ne sont pas tous mauvais et les smartphones pas tous bons. Certains compromis Web vont s'avérer nécessaires pour les deux types d'appareils.

Optimiser la conception de site Web mobile

Quand vous réfléchissez à la conception de la version mobile de votre site Web pour obtenir les meilleurs résultats possibles pour les visiteurs qui utilisent des appareils mobiles, vous devez prendre en compte les défis spécifiques que le Web mobile impose à la conception et à l'implémentation de votre site.

Gardez ces considérations à l'esprit quand vous créez un site pour le Web mobile :

- **Taille d'écran limitée :** La conception mobile doit s'adapter à des petits écrans (par exemple, 320 x 240 pixels).
- **Bande passante lente :** Limitez les images et le texte pour que les pages se chargent vite même si la connexion est lente (le 2G dépasse rarement 500 Kbps et le 3G sous 600 Kbps est courant).
- **Limites de l'interface :** Créez des liens et d'autres options de navigation faciles à cliquer avec un (gros) doigt, un stylet ou d'autres types de saisie limités.
- **Puissance limitée du processeur et de la mémoire :** Les fichiers et scripts volumineux qui exigent des processeurs rapides ne fonctionnent pas très bien (ou pas du tout) sur certains appareils mobiles.
- **Utilisateurs distraits :** Les utilisateurs d'appareils mobiles sont souvent en chemin ou font plusieurs choses en même temps. Optez pour un design simple et accrocheur avec une navigation extrêmement simple.
- **Besoin urgent d'information :** Beaucoup de personnes utilisent le Web mobile parce qu'ils y sont obligés, parce qu'ils sont perdus ou en retard ou parce qu'ils ont *absolument* besoin de savoir qui a gagné la Coupe du Monde de foot en 1954 pour gagner un pari.

» **Heure et lieu :** Les actions des utilisateurs d'appareils mobiles sont nettement influencées par l'endroit où ils se trouvent, l'heure et même par la météo. Veillez à intégrer des informations relatives au lieu comme des plans et pensez à insérer des fonctionnalités de géolocalisation comme celles intégrées dans le nouveau projet de spécification HTML5 (API de géolocalisation).

La spécification de l'API de géolocalisation est disponible sur `www.w3.org/TR/geolocation-API`. Peut-être aimeriez-vous aussi visualiser l'élégante démo de géolocalisation de HTML5 : `http://maxheapsize.com/static/html5geolocationdemo.html`. Maxheap n'est pas visualisable avec Internet Explorer ; un navigateur adapté à la géolocalisation est nécessaire pour que ça fonctionne. Vous devez utiliser FireFox3.1b3 ou plus récent, Safari ou Chrome pour visualiser la démo Maxheap.com.

Concevoir pour des petits écrans

Si tous les téléphones portables avaient des écrans de la même taille, nous n'aurions pas eu besoin de traiter la conception Web mobile dans ce livre. Même si les considérations à garder à l'esprit lors de la création de sites ou de pages Web mobiles sont nombreuses, l'affichage limité est l'une des plus importantes.

Créer un seul design avec une largeur fixe n'est pas l'idéal si vous voulez optimiser l'espace disponible sur chaque écran. Par ailleurs, souvenez-vous que beaucoup de smartphones peuvent être pivotés pour que l'utilisateur puisse visualiser votre page en mode portrait et paysage !

Optimiser pour une bande passante lente

Les écrans de petite taille ne sont pas les seules limites imposées à l'affichage des images et du multimédia sur un téléphone portable. La bande passante limitée doit aussi être prise en compte lors de la conception et de la création d'un site Web pour l'accès mobile. Même si un nombre croissant d'utilisateurs de portable disposent de réseaux mobiles 3G et

4G plus rapides, certains autres sont encore handicapés par des connexions vraiment lentes.

L'Internet mobile est confronté aux mêmes défis de bande passante limitée qu'ont connus la conception Web et l'accès des premiers utilisateurs au début des années 1990. Elle paraît bien loin l'époque des connexions par modem filaire. Et pourtant !

Lorsque vous concevez la version mobile de votre site, les astuces suivantes sont très utiles pour que votre site fournisse un service acceptable aux visiteurs dont la bande passante est lente :

» **Soyez impitoyable avec les fichiers image et multimédia.** Limitez votre site mobile à très peu d'images, essentielles pour illustrer vos propos et ajouter un intérêt visuel. Restez sobre et minimaliste.

» **Remplacez les bannières et les images de bouton par des liens texte.** Ils fonctionnent sur tous les appareils et utilisent un minimum d'espace et de bande passante.

» **Soyez prudent quand vous insérez du multimédia.** Par exemple, n'insérez pas de fichier vidéo ou audio sur la page d'accueil d'un site mobile. À la place, créez un lien vers les fichiers multimédia pour qu'ils restent une option pour les navigateurs mobiles. Ajoutez aussi des avertissements sur la taille des fichiers et la façon dont le média s'affiche sur différents appareils.

» **Ne dépassez pas 7K pour la taille de votre page d'accueil.** Vous avez bien lu : 7K, soit une petite image et quelques liens, pas plus.

Naviguer sur des appareils mobiles

Les visiteurs mobiles interagissent avec leur appareil des manières suivantes :

» Ils touchent l'écran avec un doigt.

» Ils touchent l'écran avec un stylet.

» Ils utilisent des boutons, une roulette ou un petit clavier pour entrer des informations.

Vous devez donc respecter les directives suivantes :

- **Créez des liens faciles à voir et à cliquer.** Si vous concevez plusieurs versions de votre site, veillez à l'optimiser pour les options de saisie de chaque appareil. Si les visiteurs utilisent un stylet, ils peuvent cliquer sur des liens proches les uns des autres mais s'ils utilisent un écran tactile, pensez à laisser de l'espace entre les liens pour qu'ils soient faciles à atteindre, même avec des gros doigts.
- **Limitez le nombre de liens, notamment pour la version simplifiée de votre site.** Aidez les visiteurs à se déplacer dans votre site en les guidant d'une courte liste de liens vers une autre jusqu'à ce qu'ils atteignent le contenu souhaité.
- **Organisez les niveaux de liens.** N'insérez pas trop de niveaux avec vos liens et pensez à ajouter un fil d'Ariane dans votre site pour que les utilisateurs ne s'y perdent pas. Un *fil d'Ariane* est une liste de liens, généralement en haut d'une page, qui aide les utilisateurs à se repérer dans la structure du site. Les liens vers chaque section et sous-section sont situés devant la page active dans la structure du site, de la page d'accueil jusqu'à la page courante (qui est accessible via la barre d'adresse du navigateur).
- **Utilisez un menu de navigation au lieu d'une barre de navigation.** Même si la plupart des sites Web de bureau disposent d'une barre de navigation qui relie à toutes les sections principales du site en haut de chaque page, cette solution n'est pas idéale pour les petits écrans. Mieux vaut insérer un lien en haut de chaque page avec un nom comme Menu et le lier à une barre de navigation.

  L'insertion, dans chaque page, d'une liste de liens vers toutes les pages principales de votre site ne vaut pas la peine en termes de temps de téléchargement. En revanche, créer un petit plan du site et inclure un lien vers cette page dans toutes les autres pages du site offre une option similaire sans dépassement de temps. Utilisez cette stratégie pour insérer une liste de liens au bas de chaque page avec un lien Menu en haut de page qui conduit les visiteurs vers les liens en bas de page.

» **Pensez aux boutons Précédent et Suivant.** Ils aident les utilisateurs à se déplacer au sein de nombreuses pages de contenu ou d'images.

» **Créez un lien d'une version du site à une autre.** Il est judicieux d'insérer, dans la page d'accueil de votre site mobile, un lien vers la version bureau et inversement. Il se peut que des visiteurs de votre site mobile soient habitués à votre version bureau et préfèrent visiter le site complet, notamment s'ils utilisent un iPhone ou Droid.

Concevoir pour des surfeurs distraits

Quand les utilisateurs visitent un site mobile, ils font souvent autre chose en même temps et sont souvent sous pression pour trouver l'information rapidement.

Ces quelques conseils vous aideront à simplifier votre site mobile pour les visiteurs distraits par d'autres occupations :

» Faites en sorte que les informations-clés telles que votre adresse ou votre numéro de téléphone soient faciles à trouver.

» Créez de grands éléments faciles à cliquer.

» Utilisez des couleurs contrastées pour le texte et l'arrière-plan pour que le texte soit bien lisible, même avec peu d'éclairage (ou sur un écran difficile à lire en plein soleil).

Surfer sur plusieurs appareils mobiles

Pour bien saisir les défis du Web mobile, naviguez sur votre site Web sur un téléphone portable. Ne vous contentez pas d'un seul modèle, surtout si vous avez un iPhone ou Android. Ces deux modèles vont capter tous les titres (et la majorité du trafic sur le Web mobile) mais ce ne sont pas les seuls portables susceptibles de visiter votre site. Les mêmes sites visualisés sur un BlackBerry ou, pire, sur un Razr, peuvent être complètement illisibles.

Même si vous pouvez tester votre site mobile avec des émulateurs en ligne, comme le site de test haut de gamme DeviceAnywhere (`www.deviceanywhere.com`), la meilleure solution est de prendre un portable dans vos mains et de voir le rendu de votre site sur l'appareil.

Rendez-vous dans un magasin de téléphonie mobile et soyez sympa avec les vendeurs pendant que vous testez votre site sur leurs téléphones. Mieux encore, comparez vos notes avec vos proches et amis. Demandez-leur de visiter votre site Web sur leur téléphone et observez ce qu'ils font, comment ils trouvent leur chemin (ou comment ils se perdent) et à quel point il est difficile pour eux d'obtenir l'information qu'ils recherchent.

Les meilleures pratiques pour les sites Web mobiles

Dans les sections suivantes, nous explorons les meilleures pratiques pour vous aider à nommer votre site Web mobile de sorte que ce soit facile pour les utilisateurs d'appareils mobiles de taper le nom de votre site. Nous décrivons aussi des méthodes courantes d'utilisation de la version mobile d'un site Web.

Définir des adresses Web mobiles

Pour que tout utilisateur de téléphone portable puisse facilement accéder à l'URL de votre site mobile (en tapant un minimum de caractères), définissez plusieurs adresses mobiles et dirigez-les toutes vers la version mobile de votre site.

Utilisez toutes les adresses les plus courantes pour augmenter les chances que vos visiteurs vous trouvent dès leur premier essai.

Les URL mobiles suivantes sont les plus couramment utilisées sur le Web mobile :

- `m.votredomaine.com` : Recommandée pour sa saisie facile.
- `wap.votredomaine.com` : C'est une adresse courante pour les sites créés en WML (Wireless Markup Language).

- `votredomaine.com/mobile` : Alternative courante, facile à définir sur un serveur.
- `votredomaine.com/i` : Pour les versions spécialement conçues pour l'iPhone.
- `votredomaine.mobi` : Exige l'enregistrement d'une version `.mobi` de votre nom de domaine, dont certains sites se fichent.

Quel que soit votre choix, supprimez le `www.` ; personne ne devrait plus jamais taper ces trois lettres et ce point dans le Web moderne.

Créer une démo ou une présentation virtuelle

Pensez à ce qui est le plus important pour votre public. Si vous n'avez pas de localisation physique mais voulez utiliser votre site mobile pour présenter votre travail, créez un portefeuille qui s'affiche bien sur les petits écrans. Ainsi, la prochaine fois que vous participerez à une fête ou une réunion de travail, vous n'aurez besoin que de votre téléphone portable pour présenter une démo impromptue de vos produits ou services, n'importe où, n'importe quand.

Localisation, localisation, localisation

Les surfeurs Web mobiles peuvent se trouver n'importe où, devant un restaurant, un bureau ou un magasin ou pire, perdus sur la route et tentant de vous trouver.

Lors de la conception d'une version mobile de votre site Web, ne pensez pas seulement à réduire la taille des éléments mais aussi à présenter l'information de la manière la plus utile à quelqu'un qui utilise un appareil mobile, où qu'il se trouve. Et pendant que vous y êtes, faites en sorte que l'information soit rapide et facile à trouver et à utiliser.

L'une des utilisations les plus courantes des téléphones portables est aussi la plus évidente : téléphoner. Assurez-vous que votre numéro de téléphone Figure clairement sur la première page de votre site mobile et indiquez votre adresse postale ainsi que des liens vers des plans pour ceux qui sont perdus ou tentent de trouver leur chemin jusqu'à vous.

Insérez un lien vers une carte Google dans votre page d'accueil. Ainsi, vous êtes facile à trouver. Pour obtenir les meilleurs résultats, créez un lien vers Google Maps for mobile sur `www.google.com/mobile/maps`.

Yahoo! et Google vous permettent de prioriser des recherches sur leur site mobile. Prenez le temps d'optimiser votre site mobile et pensez à inclure des mots-clés relatifs à la localisation : le nom des villes, des départements et même du voisinage que vous couvrez.

Eviter trop de clics et de saisies

Les clics et les saisies peuvent être pénibles même sur les meilleurs appareils mobiles. Créez toujours de grands liens faciles à cliquer pour les visiteurs mobiles et ne surchargez pas vos pages avec trop d'options.

La meilleure approche consiste à guider les utilisateurs avec une série de choix simples, en limitant les options à cinq ou sept grands liens à chaque étape. Diriger les visiteurs vers des liens de plus en plus spécifiques est idéal pour les amener à choisir l'information dont ils ont besoin.

Evitez de placer des listes déroulantes ou tout autre élément qui utilise AJAX ou JavaScript autour des liens. En effet, la plupart des appareils mobiles ne supportent pas ces technologies Web, ce qui fait que ces liens sont impossibles à utiliser.

Les données comme les informations de contact ne devraient pas demander plus qu'un clic. Dans la majorité des cas, l'insertion de votre numéro de téléphone dans la page principale de votre site mobile est la meilleure solution. Après tout, vous savez que votre visiteur possède un téléphone portable !

Les cadres mobiles

Après la lecture de nos différentes listes de conseils pour la conception mobile, vous pourriez avoir envie de sauter dans la DeLorean et de vous envoler vers des temps plus simples avec Marty McFly. Avant d'atteindre les 88 mph et d'activer le convecteur temporel, nous vous invitons à découvrir de nouvelles approches du Web et un intéressant développement d'application basé sur HTML, CSS et JavaScript. À l'image de Doc Brown dans *Retour vers le futur*, les cadres suivants ne sont pas parfaits mais ils offrent un bon aperçu de ce que l'avenir réserve à la conception Web mobile et aux technologies qui s'y rapportent.

Sencha Touch

`www.sencha.com/products/touch`

FIGURE 18.3 Démo de Sencha Touch sur un iPad.

Sencha Touch est le premier cadre d'application mobile HTML5 permettant de développer des applications Web, qui semblent avoir été créées nativement, sur les appareils avec écran tactile Apple iOs et Google Android.

Visitez la page Get Started with Sencha Touch sur `http://dev.sencha.com/deploy/touch/getting-started.html` pour en savoir plus sur l'utilisation de Sencha Touch pour développer des pages Web.

Pour visualiser quelques démos, comme dans la Figure 18.3, rendez-vous sur `www.sencha.com/products/touch/demos.php`.

jQTouch

`www.jqtouch.com`

jQTouch est une extension bêta jQuery pour le développement Web mobile sur iPhone, iPod Touch et «autres appareils futuristes».

Visitez la page Get Started sur `http://wiki.github.com/senchalabs/jQTouch/gettingstarted` pour vous documenter sur les extensions de développement pour les sites Web mobiles.

Pour visualiser la démo jQTouch pour iPhone, illustrée dans la Figure 18.4, allez sur `www.jqtouch.com/preview/demos/main`.

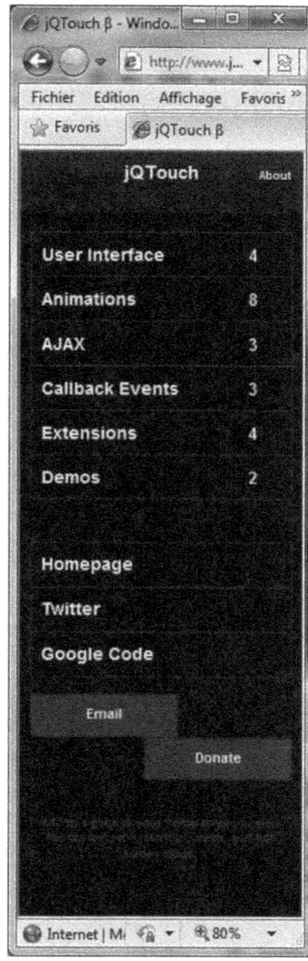

FIGURE 18.4
Démo jQTouch sur une simulation d'iPhone.

Les ressources complémentaires

Pour plus d'informations, nous vous recommandons la lecture de *Mobile Web Design For Dummies*, signé Janine Warner et David LaFontaine. Ce livre couvre toutes les plateformes des téléphones portables et smartphones ainsi que les outils nécessaires pour la conception mobile, avec une mise en évidence de XHTML et CSS.

W3C mobileOK Checker (voir la Figure 18.5) est un service gratuit du W3C qui permet de tester le niveau de convivialité mobile des documents Web et surtout de déterminer si un document Web est «mobile OK». Rendez-vous sur `http://validator.w3.org/mobile`.

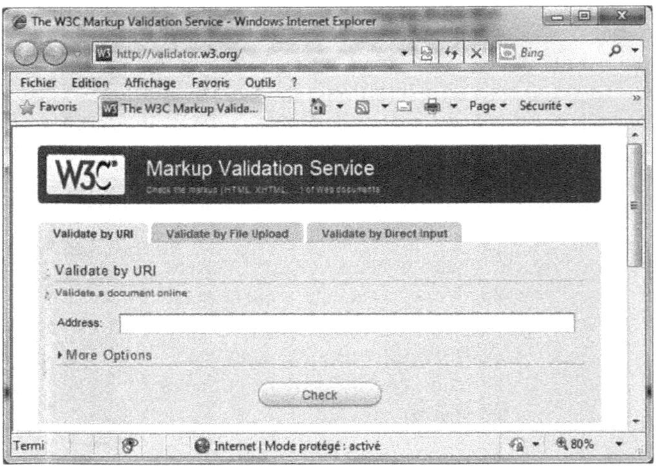

FIGURE 18.5 W3C mobileOK Checker.

Chapitre 19

Que la fête commence avec HTML5

DANS CE CHAPITRE :

- » **Comprendre HTML5 et sa signification pour un site Web.**
- » **Rendre le Web plus interopérable avec HTML5.**
- » **Simplifier le balisage avec HTML5.**
- » **Abandonner les éléments et attributs dépréciés avec HTML5.**
- » **Ajouter de nouveaux types de saisie avec HTML5.**
- » **Observer HTML5 au travail.**

Il y a de fortes chances pour que vous ayez déjà entendu parler de HTML5, l'évolution la plus significative impactant le Web depuis très longtemps. Tout le monde semble avoir une opinion sur le sujet. Certains considèrent HTML5 comme une potion magique capable de venir à bout de tous les problèmes Web existants tandis que d'autres sont plus sceptiques et préfèrent réserver leur jugement jusqu'à ce qu'ils aient plus de matière pour donner un avis. Une chose est sûre : HTML5 promet d'offrir aux concepteurs plus de flexibilité et une meilleure interopérabilité grâce aux améliorations au niveau des contrôles, des API, du multimédia, de la structure et de la sémantique. Avant d'entrer dans les détails, nous traitons d'abord des sujets basiques.

HTML5 est la dernière version du langage de balisage hypertexte (HTML) du W3C. Le W3C a été créé en octobre 1994 pour extraire le meilleur du World Wide Web en développant des protocoles et services communs afin de promouvoir son évolution et d'assurer son interopérabilité. Globalement, le W3C est un groupe international d'experts qui aident à définir les règles que nous devons respecter pour concevoir des sites Web.

Le W3C a développé HTML5 pour résoudre des problèmes avec les versions précédentes (c'est-à-dire HTML4 et XHTML que nous étudions dans ce livre), simplifier et améliorer la conception de pages Web. Un autre aspect remarquable de HTML5 est qu'il tente de combler le fossé entre le savoir-faire que les utilisateurs Web tirent des versions précédentes et les interactions qu'ils aimeraient créer, notamment en prenant en compte les outils et techniques dont disposent les concepteurs et développeurs Web pour aider les utilisateurs à atteindre ces objectifs. Le monde d'aujourd'hui est différent de ce qu'il était lors de l'apparition des implémentations HTML et d'une foule d'autres environnements de support. HTML5 vise à devenir le balisage et l'environnement dynamique et interactif que les utilisateurs s'attendent à trouver et à utiliser en ligne.

Les points forts et l'importance de HTML5

Pour commencer, vous devez savoir que HTML5 intègre et continue à utiliser presque tout le balisage associé à HTML4 et XHTML. Toutes les informations contenues dans ce livre (ou la plupart) s'appliquent aussi bien à HTML5 qu'à ses anciennes versions. En fait, cette observation vaut même si HTML5 passe toutes les étapes de la recommandation et obtient le statut de norme officielle W3C. Et devinez quoi ? C'est presque sûr que les éléments et attributs dépréciés de HTML4 et XHTML (examinés dans le Chapitre 8) *ne feront pas partie* de HTML5. Le projet de spécification HTML5 le précise de la manière suivante : «La majorité des éléments de présentation des versions précédentes de HTML ne sont plus autorisées».

Ne retenez pas votre souffle en attendant la version finale de HTML5. Elle ne devrait pas voir le jour avant 2020 ou 2022 et la recommandation n'est pas attendue avant 2012. Même si la version finale n'est pas imminente, de nombreux aspects du projet de spécification HTML5 sont déjà plus ou moins stables et les développeurs et fabricants de navigateurs incluent déjà des éléments HTML5 dans leurs offres. Pour lire la dernière version du projet de spécification HTML5, visitez `http://dev.w3.org/html5/spec/Overview.html`. L'adresse est sensible à la casse donc veillez à taper **Overview** et non **overview** quand vous entrez l'URL. Sinon, vous tombez sur un message d'erreur File not found.

Un extrait de la section 1.4 du projet de spécification HTML5 est très utile pour comprendre pourquoi HTML s'est avéré indispensable pour beaucoup de concepteurs et développeurs Web :

> Le WHATWG [groupe de travail formé pour contribuer au développement de HTML5 alors que le W3C avait choisi de ne pas y participer] se basait sur plusieurs principes fondamentaux, notamment ceux selon lesquels les technologies doivent être rétrocompatibles, les spécifications et les implémentations doivent correspondre, même si cela revient à modifier la spécification plutôt que les implémentations, et les spécifications doivent être assez détaillées pour que les implémentations puissent apporter une interopérabilité totale sans ingénierie inverse.

Les membres d'origine du WHATWG c'est-à-dire Apple Computer, Mozilla (la société derrière le navigateur Web Mozilla et Firefox) et Opera (la société derrière le navigateur Web Opera) ont été rejoints par des représentants de sociétés comme Google et Microsoft pour développer HTML5, sous les nouveaux auspices du W3C depuis 2007. HTML5 fait son chemin et est déjà utilisé dans des pages que vous pouvez visiter. Il va s'étendre de plus en plus et s'imposer dans les navigateurs que vous et vos visiteurs êtes susceptibles d'utiliser, pas plus tard qu'en 2012 ou 2013.

HTML5 est attractif car il cherche à éliminer le recours à des technologies Web propriétaires (comme Adobe Flash présenté dans la prochaine section) en proposant des fonctionnalités normalisées équivalentes qui sont gratuites, libres et conçues pour être semblables et agir de la même manière dans tous les navigateurs Web conformes. Les technologies ciblées par HTML5 sont l'animation, le média enrichi (contenu vidéo sur Internet, musique, vidéo en direct, etc.), le balisage simplifié et amélioré, les formulaires et les interactions des utilisateurs et différentes interfaces d'application (API) pour toutes sortes de choses. La section suivante se penche sur un élément spécifique parmi ces sujets.

HTML5 et Flash

De nos jours, Adobe Flash est un outil essentiel de l'arsenal du développeur, notamment s'il veut créer quelque chose d'animé, d'interactif ou de visuellement complexe. Il est vrai que le lecteur Adobe Flash est gratuit pour tout utilisateur Web souhaitant télécharger une extension de navigateur pour Internet Explorer, Firefox, Safari, Chrome ou Opera mais il n'est pas disponible pour tous les navigateurs. Malheureusement, les outils que les développeurs utilisent pour créer du contenu Flash ne sont absolument pas gratuits. Ils englobent une technologie propriétaire appartenant à Adobe et les développeurs qui veulent utiliser cette technologie doivent payer pour ce privilège. Les développeurs dépensent des milliers voire des dizaines de milliers d'euros pour les technologies Adobe qu'ils utilisent pour créer leurs sites Web.

HTML5 tente, en quelque sorte, de sortir de ce qu'on appelle le «piège propriétaire» que certaines technologies Web imposent au développement de contenu. Comme le montre l'extrait du projet de spécification proposé dans la section précédente, une notion phare du développement HTML5 est le souhait que plusieurs implémentations (de différents fabricants, vendeurs et propriétaires) fonctionnent ensemble sans difficulté ni restriction, incluant un besoin de créer des licences pour les outils ou technologies propriétaires.

Que va-t-il se passer ? Nous pensons que certains des aspects pour lesquels les développeurs doivent se tourner vers Flash et d'autres technologies propriétaires vont progressivement apparaître dans HTML5 mais Flash ne va pas certainement pas disparaître de sitôt. Il est difficile de savoir précisément ce qu'il va se passer mais nous pensons que Flash va encore faire partie du décor pendant un certain temps, tout en perdant du terrain au niveau de l'animation basique et de l'interaction que HTML5 va prendre en charge mais en avançant vers d'autres domaines Web plus complexes comme les jeux en ligne (domaine dans lequel les utilisateurs acceptent les technologies propriétaires).

Même si Flash disparaît (ce n'est pas demain la veille), l'évolution du Web ne s'arrête pas à HTML5. HTML5 n'est pas la solution ultime. Il a ses défauts même si nous ne les avons pas encore identifiés. Tout comme avec les versions précédentes, c'est-à-dire HTML4 et XHTML, arrivera un jour une nouveauté au sujet de laquelle nous allons tous débattre et qui va prendre sa place (HTML6 peut-être ?)... et c'est ainsi que ça devrait se passer.

LA CONTROVERSE ADOBE-APPLE S'ÉCHAUFFE

Certains fabricants, plus précisément Apple, ont serré la bride à Adobe Flash et ne vont pas l'autoriser sur leurs plateformes. Même si l'iPhone et l'iPad ne sont pas des modèles d'ouverture, la participation d'Apple dans le projet HTML5 vise à apporter une interopérabilité et du média enrichi à ces appareils sans obliger Apple à supporter (ou utiliser) la technologie Flash. L'exclusion de Flash des produits Apple conduit à des spéculations et la rumeur selon laquelle HTML5 est «in» et Flash est «out». Comme vous pouvez l'imaginer, Adobe n'a pas répondu chaleureusement à l'exclusion de Flash par Apple et l'attention négative au produit Flash qui en a résulté a mené vers une guerre par médias interposés entre Apple et Adobe. Adobe prévoit de sortir une version mobile de Flash pour prouver que Flash compte bien rester dans la course.

Les insultes et les accusations qu'Apple et Adobe se lancent dans les conférences de presse et les communiqués ne laissent pas présager une fin imminente du conflit Adobe-Apple. Les deux sociétés ont des arguments intéressants mais quoi qu'il arrive, nous tenons à préciser que de telles sociétés existent pour faire du profit en vendant des produits propriétaires.

Pour nous, cette situation ne fait qu'accentuer un manque évident : Flash légitimement installé sur l'iPhone ou l'iPad. Peut-être que la justice pourrait régler la situation et déterminer le vainqueur suprême du Web. D'accord, cette idée est nulle mais vous avez saisi : c'est une situation difficile et délicate avec aucun bénéfice en vue pour le consommateur.

Le balisage HTML5 simplifié et amélioré

Une avancée intéressante, en marche avec HTML5, consiste à simplifier et à normaliser la manière dont le balisage est exprimé. Ceci implique d'abandonner d'anciens ancêtres (lisez la section suivante qui explique tout) et de raccourcir et simplifier des expressions complexes (comme l'explique la section «Le codage des caractères simplifié»). Enfin, le balisage HTML5 va bénéficier de certaines nouveautés intéressantes, comme nous le décrivons dans une série de tableaux, dans les sections qui traitent de l'arrivée du nouveau balisage et des nouveaux types de saisie et de l'abandon des anciens éléments et attributs dépréciés.

Le doctype simplifié

La déclaration du type de document SGML ou `doctype` est généralement le premier élément de texte dans un document HTML. Il précède même la balise ouvrante `<html>`. Toutefois, une déclaration `doctype` n'est pas du HTML. C'est une instruction destinée au navigateur Web qui indique la version du langage de balisage utilisée pour écrire la page. En fait, l'instruction `doctype` date de l'époque du SGML et de ses définitions de type de document ou DTD. SGML est né chez IBM dans les années 1970, créé par Charles Goldfarb et son équipe. Aujourd'hui, SGML sert d'inspiration pour HTML et XML.

Dans ce livre, nous utilisons les déclarations `doctype` suivantes, respectivement pour les versions transitoires de HTML4 et XHTML (il existe d'autres déclarations pour le DTD frameset et strict, abordées dans le Chapitre 4) :

```
<!DOCTYPE HTML PUBLIC «-//W3C//DTD XHTML 4.01 Transitional//EN»
  «http://www.w3.org/TR/xhtml4/loose.dtd»>

<!DOCTYPE html PUBLIC «-//W3C//DTD XHTML 1.0 Transitional//EN»
  «http://www.w3.org/TR/xhtml1/DTD/xhtml1-transitional.dtd»>
```

La déclaration doctype pour HTML5 ressemble à ce qui suit :

```
<!DOCTYPE HTML>
```

Selon vous, quelle version est plus simple à retenir et à reproduire ? Certainement pas les références DTD de HTML4.01 et XHTML1.0 ! Sans son héritage SGML dans les pattes, HTML5 est plus léger et simple.

Le codage des caractères simplifié

Quand vous créez un document HTML, un navigateur (ou un autre logiciel) qui analyse le document pour l'afficher (ou l'insérer dans une base de données de recherche ou valider sa syntaxe et sa structure ou autre) doit être capable d'interpréter son contenu. Sans spécifier explicitement un codage de caractères pour un document HTML, vous prenez le risque que les caractères de votre contenu ne soient pas interprétés correctement.

Même si elles ne se produisent pas si souvent, les erreurs d'interprétation peuvent faire en sorte que le texte de votre page semble mutilé quand il s'affiche dans un navigateur (ou un autre logiciel). Avant de passer outre cette notion, sachez qu'il y a plus d'une douzaine de codages pour le jeu de caractères ISO-Latin-1, généralement utilisé pour les pages Web (notés `ISO-8859-1` à `ISO-8859-15`). Beaucoup d'autres codages sont autorisés, notamment UTF-8, UTF-16, etc. Que ce soit clair, UTF-8 est recommandé dans le projet de spécification HTML5 et est désigné comme le jeu de caractères par défaut que les outils de conception devraient automatiquement utiliser pour la création de nouveaux documents.

Dans les versions précédentes de HTML et XHTML, les instructions de codage de caractères apparaissent dans le `head` du document et ressemblent à ce qui suit (la valeur de l'attribut `charset` peut varier mais l'instruction reste la même) :

```
<meta http-equiv=»Content-Type» content=»text/html; charset=UTF-8» />
```

Dans les documents XML, le codage des caractères Figure dans l'élément `xml` et prend la forme suivante :

```
<?xml version="1.0" encoding="UTF-8" standalone="no"?>
```

En HTML5, cette déclaration utilise la chaîne suivante, qui s'approche de la simplicité de XML tout en conservant la terminologie HTML classique :

```
<meta charset=»UTF-8»>
```

Ici aussi, la valeur de l'attribut `charset` peut varier (rarement) mais sinon l'instruction reste la même.

En HTML5, vous pouvez définir le codage des caractères d'un document de trois manières. Nous préférons le balisage proposé dans l'extrait de HTML précédent pour sa concision et sa simplicité. Pour des raisons de rétrocompatibilité (gros problème pour HTML5), les anciennes méthodes pour HTML4 et XHTML fonctionnent toujours. Il est possible d'insérer une marque d'ordre des octets (BOM) au début d'un fichier pour identifier un codage. C'est ce que fait un outil d'édition ou de création de contenu à la place du créateur de contenu, à moins que ce créateur de contenu ne décide d'éditer un document avec un éditeur en bit. Cette méthode est très rare. Notre conseil : utilisez le balisage `meta` revisité, mentionné ci-dessus.

La spécification HTML5 exige que tous les éléments `meta` figurent dans les premiers 512 octets d'un document. Il est judicieux de placer les éléments de codage des caractères (et les autres `meta`) juste après la balise `<head>`, aussi près que possible du début du document.

Les nouveautés et améliorations en HTML5

Dès que HTML évolue vers une nouvelle version (pour l'instant, nous avons vu la spécification passer des versions 2 à 4 et nous voilà déjà à la 5), il y a toujours des nouveautés. Dans les sections qui suivent, nous vous présentons les nouveaux éléments et attributs de HTML5. La plupart d'entre eux devraient survivre dans la norme officielle mais pas tous.

Les nouveaux éléments en HTML5

HTML5 dispose de nouveaux éléments qui n'existaient pas dans les versions précédentes. Voici les nouveautés phares ; 25 éléments classés par ordre alphabétique et accompagnés d'une courte description :

- » `<article>` : un élément de contenu indépendant comme une entrée de blog ou un article de journal.
- » `<aside>` : un élément de contenu qui est peu lié au reste de la page.
- » `<audio>` : offre une méthode standard pour gérer l'information audio de contenu multimédia (lié aux nouvelles API fournies par HTML5, sachant que les navigateurs auront aussi leur propre interface audio par défaut).
- » `<canvas>` : utilisé pour afficher des images à la volée, pour les graphiques, les jeux ou d'autres éléments dynamiques (aussi lié aux nouvelles API fournies par HTML5).
- » `<command>` : une commande que l'utilisateur peut solliciter dans la page ou le document.
- » `<datalist>` : cet élément s'utilise avec un nouvel attribut `list` pour l'élément `input` afin de créer des listes d'éléments de menu déroulant dans des zones combinées.
- » `<details>` : informations ou contrôles complémentaires disponibles à la demande des utilisateurs.
- » `<embed>` : utilisé pour le contenu des modules d'extension, pour faire référence au code et aux options externes.
- » `<figcaption>` : fournit un titre pour un élément `Figure` en HTML5 (optionnel).
- » `<figure>` : élément autonome de contenu de flux, qui peut être une image statique ou un élément de contenu multimédia, inscrit comme une unité unique dans le flux principal du document.
- » `<header>` : une série d'aides d'introduction et de navigation au début de chaque page.
- » `<hgroup>` : un en-tête pour une section ou une série de pages.
- » `<keygen>` : un contrôle utilisateur pour générer des paires de clés publiques pour des raisons de sécurité et de cryptage.

- <mark> : un passage de texte dans un document, marqué ou mis en évidence pour sa pertinence ou sa présence dans un autre document.
- <meter> : un indicateur visuel de mesure.
- <nav> : une section de document qui fournit de l'aide et de l'information sur la navigation.
- <output> : un type de sortie, peut-être d'un calcul basé sur un script ou d'un appel de programme basé sur une API.
- <progress> : un mètre visuel pour la progression d'une tâche (téléchargement d'un fichier, réalisation de calculs ou d'opérations).
- <ruby>, <rt>, <rp> : balises conçues pour adapter les annotations créées dans le langage de programmation Web Ruby.
- <section> : une section générique de document ou d'application pouvant être utilisée avec des éléments `h1-h6` pour délimiter la structure du document.
- <summary> : un résumé, une légende ou un titre pour l'information `details`.
- <time> : une valeur pour représenter une date et/ou une heure.
- <video> : fournit une méthode standard pour gérer l'information vidéo de contenu multimédia (lié aux nouvelles API fournies par HTML5, sachant que les navigateurs auront aussi leur propre interface vidéo par défaut).
- <wbr> : indique un retour à la ligne possible ou potentiel dans le flux de texte.

Pour en savoir plus sur ces nouveaux éléments, visitez cette portion de la spécification HTML5 : http://dev.w3.org/ `HTML5/html4-differences/#new-elements`.

Les nouveaux attributs en HTML5

Une foule de nouveaux attributs font leur apparition avec HTML5, certains pour améliorer la cohérence avec d'autres éléments HTML existants, d'autres pour apporter de nouvelles fonctionnalités (ou améliorer des fonctionnalités existantes). Comme dans la section précédente, nous vous présentons ces attributs par ordre alphabétique dans les deux sections à venir.

Les nouveaux attributs associés aux éléments de HTML5

Dans la liste suivante, le nom de chaque attribut est suivi du nom entre parenthèses de l'élément (ou des éléments) HTML5 auquel il s'applique.

» `async (script)` : influence le chargement et l'exécution du script, permettant à ces activités d'être traitées de manière asynchrone (pas en cadence ni à une heure spécifique).

» `autocomplete (input)` : insère les valeurs `input` connues ou déchiffrées dans les champs de données.

» `autofocus (input, select, textarea, button)` : fournit une méthode déclarative pour focaliser un contrôle de formulaire pendant le chargement de la page (l'utilisateur peut l'activer ou le désactiver s'il le souhaite ; ne s'applique pas à `input` si l'attribut `hidden` est désactivé).

» `charset (meta)` : largement supporté hors de la spécification dans de nombreux outils pour HTML4, une meilleure méthode pour spécifier le codage des caractères pour HTML5.

» `disabled (fieldset)` : désactive tous les contrôles subordonnés dans un `fieldset` s'il est spécifié.

» `form (input, output, select, textarea, button, fieldset)` : permet aux contrôles d'être associés à un formulaire, de sorte que les éléments peuvent apparaître n'importe où sur une page, pas seulement dans un élément `form`.

» `formaction (input, button)` : identifie une gestion spécifique des formulaires (annule l'attribut `action` de l'élément `form`).

» `formenctype (input, button)` : identifie une gestion spécifique des formulaires (annule l'attribut `enctype` de l'élément `form`).

» `formmethod (input, button)` : identifie une gestion spécifique des formulaires (annule l'attribut `method` de l'élément `form`).

» `formnovalidate (input, button)` : identifie une gestion spécifique des formulaires (annule l'attribut `novalidate` de l'élément `form`).

» `formtarget (input, button)` : identifie une gestion spécifique des formulaires (annule l'attribut `target` de l'élément `form`).

» `hreflang (area)` : ajouté pour des raisons de cohérence, pour correspondre aux éléments `a` et `link`.

» `label (menu)` : permet à l'élément de se transformer en menu comme dans une interface utilisateur graphique classique et de fournir des menus contextuels travaillant avec l'attribut commun `contextmenu`.

» `manifest (html)` : fait référence à un manifeste de cache d'application à utiliser avec l'API pour des applications Web hors ligne.

» `max (input)` : spécifie une valeur maximale quand les valeurs `input` sont comprises dans une fourchette.

» `media (a, area)` : ajouté pour être cohérent avec l'élément `link`.

» `min (input)` : spécifie une valeur minimum quand les valeurs `input` sont comprises dans une fourchette.

» `multiple (input)` : indique que plusieurs saisies de valeurs `input` séparées par des virgules sont autorisées.

» `novalidate (input)` : utilisé pour désactiver la validation de formulaire par soumission.

» `pattern (input)` : spécifie un modèle spécifique pour les valeurs `input` (par exemple, *nn-nn-nn-nn-nn* précise le format des numéros de téléphone où *n* est un entier entre 0 et 9).

» `ping (a, area)` : spécifie une liste d'URL séparées par un espace, à atteindre quand un lien est suivi ; permet aux navigateurs (ou autres programmes) d'informer les utilisateurs de l'URL qui va être ciblée et offre aux utilisateurs un moyen de désactiver le ping.

» `placeholder (input, textarea)` : présente un conseil pour aider les utilisateurs à saisir des données.

» `rel (area)` : ajouté pour des raisons de cohérence, pour correspondre aux éléments `a` et `link`.

» `required (input, textarea)` : indique que les utilisateurs doivent fournir une valeur pour soumettre un formulaire (ne s'applique pas à `input` si `type` est `hidden`, `image` ou un type de bouton comme `submit`).

» `reversed (ol)` : utilisé pour indiquer que l'ordre de la liste est décroissant (de la valeur la plus élevée à la plus basse).

» `sandbox (iframe)` : travaille avec les attributs `seamless` et `srcdoc` pour empêcher le contenu de cadre en bac à sable d'interagir avec l'environnement d'exécution externe.

» `scoped (style)` : permet d'activer des feuilles de style étendues, de sorte que les règles de style contenues dans un élément `style` s'appliquent seulement à l'arborescence locale du document.

» `seamless (iframe)` : travaille avec les attributs `sandbox` et `srcdoc` pour empêcher le contenu de cadre en bac à sable d'interagir avec l'environnement d'exécution externe.

» `sizes (link)` : utilisé avec `icon` (défini en utilisant l'attribut `rel`) pour définir la taille d'une icône (supporte l'utilisation de différentes tailles).

» `srcdoc (iframe)` : travaille avec les attributs `sandbox` et `seamless` pour empêcher le contenu de cadre en bac à sable d'interagir avec l'environnement d'exécution externe.

» `start (ol)` : n'est plus déprécié (pas lié à la présentation).

» `step (input)` : spécifie un incrément minimal entre des paires de valeurs `input`.

» `target (base, a, area)` : ajouté à `base` et plus déprécié pour `a` et `area` (utile avec l'élément `iframe`).

» `type (menu)` : permet à l'élément de se transformer en menu comme dans une interface utilisateur graphique classique et de fournir des menus contextuels travaillant avec l'attribut commun `contextmenu`.

- `value (li)` : n'est plus déprécié (pas lié à la présentation).

Les attributs globaux HTML5

Tous ces attributs globaux ne sont pas nouveaux (dans la liste, les attributs nouveaux sont marqués d'un astérisque) mais nous vous les présentons quand même parce qu'il est important de les connaître et parce qu'ils ne sont pas si nombreux :

- `aria*` : attributs utiles pour instruire des technologies d'assistance aux lecteurs ayant des déficiences visuelles ou auditives.
- `class` : un identifiant pour les instances de l'élément dans l'ensemble d'un document HTML.
- `contenteditable*` : indique que le contenu de l'élément est modifiable, c'est-à-dire que les utilisateurs peuvent modifier le contenu de l'élément et le balisage subordonné qu'il inclut.
- `contextmenu*` : cible un menu contextuel fourni par le créateur de contenu.
- `data*` : une collection d'attributs définis par l'utilisateur où le préfixe permet aux utilisateurs de créer leurs propres attributs pour éviter les conflits avec les futures versions de HTML (de tels attributs ne devraient pas être utilisés pour développer les fonctionnalités du navigateur/agent de l'utilisateur car elles ne sont pas conformes à la norme).
- `dir` : détermine la direction du texte pour afficher le contenu de l'élément.
- `draggable*` : travaille avec la nouvelle API HTML5 de gestion du contenu de l'élément glisser-déposer.
- `hidden*` : indique qu'un élément ne correspond pas au contenu de la page courante.
- `id` : un identifiant pour une instance unique de l'élément quelque part dans un document HTML.
- `lang` : identifie la langue du contenu de l'élément.

- `role*` : attributs utiles pour instruire des technologies d'assistance aux lecteurs ayant des déficiences visuelles ou auditives.
- `spellcheck*` : permet aux développeurs de contenu d'indiquer si le contenu de l'élément doit ou non être soumis à une vérification orthographique.
- `style` : utilisé pour ajouter des règles de style en ligne dans le corps d'un document HTML.
- `tabindex` : indique l'ordre dans lequel les champs ou d'autres informations accessibles aux utilisateurs dans un document HTML peuvent être atteints en utilisant la touche de tabulation.
- `title` : fournit un titre à toute instance de l'élément HTML.

Les éléments dépréciés exclus de HTML5

Dans la liste suivante, nous indiquons si un élément était entièrement dédié à la présentation et a été remplacé par CSS, si l'utilisation de l'élément avait un impact négatif sur la convivialité ou l'accessibilité du contenu de la page pour les utilisateurs ou si l'élément a été abandonné parce qu'il était utilisé trop rarement.

Les éléments suivants ont été exclus de HTML5. Une fois de plus, nous les présentons par ordre alphabétique :

- `acronym` (rarement utilisé) : crée une confusion avec l'élément `abbr` (abréviation). Les concepteurs doivent désormais utiliser uniquement l'élément `abbr` pour aller de l'avant.
- `applet` (rarement utilisé) : obsolète. L'élément générique `object` remplace cette référence spécifique à JavaScript.
- `basefont` (présentation) : détermine la police de base du document. A remplacer par les règles CSS `font-family`.
- `big` (présentation) : définit une taille de police plus grande dans un document. À remplacer par les règles CSS `font-size`.

- » `center` (présentation) : centre le contenu dans un document. À remplacer par les règles CSS `text-align`.
- » `dir` (rarement utilisé) : crée des listes de dossiers. À remplacer par des listes non numérotées (`ul`).
- » `font` (présentation) : définit les polices du document. À remplacer par les règles CSS `font-family`.
- » `frame` (impact négatif) : divise la zone d'affichage du navigateur en plusieurs cadres. Plus utilisé (ni recommandé).
- » `frameset` (impact négatif) : gère la relation entre les URL et les zones `frame` pour l'affichage en cadres. Plus utilisé (ni recommandé).
- » `isindex` (rarement utilisé) : obsolète. Les mécanismes génériques de saisie de formulaire sont plus efficaces.
- » `noframes` (impact négatif) : fournit des instructions d'affichage aux navigateurs qui ne peuvent pas afficher de cadres. Plus utilisé (ni recommandé). De toute manière, cet élément ne fonctionne pas avec XML.
- » `s` (présentation) : représente le texte rayé. À remplacer par les règles CSS `text-decoration`.
- » `strike` (présentation) : représente le texte rayé. À remplacer par les règles CSS `text-decoration`.
- » `tt` (présentation) : représente le texte à espacement constant. À remplacer par les règles CSS `font-family` avec une police à espacement constant.
- » `u` (présentation) : représente le texte souligné. À remplacer par les règles CSS `text-decoration`.

Les attributs absents et exclus de HTML5

Les attributs décrits dans le Tableau 19.1 ont été exclus de HTML5 car ils n'étaient plus utilisés ou avaient un impact négatif sur l'expérience des utilisateurs.

TABLEAU 19.1 Les attributs HTML5 rejetés.

Attribut	Elément parent
rev, charset	link, a
shape, cords	a
longdesc	img, iframe
target	link
nohref	area
profile	head
version	html
name	img (à remplacer par id)
scheme	meta
archive, classid, codebase, codetype, declare, standby	object
valuetype, type	param
axis, abbr	td, th
scope	td

Les attributs décrits dans le Tableau 19.2 sont dépréciés et exclus de HTML5 parce qu'ils faisaient référence à des fonctions de présentation désormais remplacées par CSS.

TABLEAU 19.2 Les attributs HTML5 dépréciés.

Attribut	Elément HTML parent
align	caption, iframe, img, input, object, legend, table, hr, div, h1, h2, h3, h4, h5, h6, p, col, colgroup, tbody, td, tfoot, th, thead, tr
alink, link, text, vlink	body
background	body
bgcolor	table, tr, td, th, body

Attribut	Elément HTML parent
border	table, object
cellpadding, cellspacing	table
char, charoff	col, colgroup, tbody, td, tfoot, th, thead, tr
clear	br
compact	dl, menu, ol, ul
frame	table
frameborder	iframe
height	td, th
hspace, vspace	img, object
marginheight	iframe
noshade	hr
nowrap	td, th
rules	table
scrolling	iframe
size	hr
type	li, ol, ul
valign	col, colgroup, tbody, td, tfoot, th, thead, tr
width	hr, table, td, th, col, colgroup, pre

Vous trouverez une liste complète des attributs exclus de HTML5 dans la section «Absent Attributes» du document *HTML5 Differences from HTML4* sur `www.w3.org/TR/html5-diff/#absent-attributes`.

Les nouveaux types de saisie dans HTML5

La force de ces nouveaux types de saisie est de permettre aux *agents utilisateurs* (navigateurs Web pour la plupart d'entre nous, même si d'autres programmes peuvent interpréter et afficher ou analyser le balisage HTML) de solliciter la saisie et de fournir une interface utilisateur dans les pages Web. C'est ainsi que les concepteurs de contenu peuvent accéder facilement et réutiliser directement des options standard comme un sélecteur de date dans un calendrier ou l'intégration avec un carnet d'adresses pour obtenir le nom, l'adresse postale, l'adresse mail, le numéro de téléphone, etc. Ces interfaces de programmation (ou API) peuvent interagir avec des systèmes ou des services associés, accueillir des saisies et soumettre les données dans un format soigneusement défini à un serveur Web. Cette approche offre aux utilisateurs un plus grand confort car leurs saisies peuvent être vérifiées et validées avant d'être envoyées au serveur. Généralement, cela se traduit aussi par une gestion plus rapide parce que les saisies déjà vérifiées demandent moins de traitement côté serveur et moins de temps d'attente pour la réponse du serveur.

Ces nouveaux types de saisie diffèrent des nouveaux éléments HTML5 cités plus tôt dans ce chapitre car ils s'appliquent uniquement à l'élément `input` (ce sont des éléments de balisage indépendants). Ces types de saisie identifient des types spécifiques de données et jouent le même rôle pour les données de saisie HTML5 que les types de données jouent pour les variables dans les langages de programmation conventionnels (ils indiquent les types de données qu'ils peuvent représenter). Le Tableau 19.3 décrit ces nouvelles options.

TABLEAU 19.3 Les types de saisie HTML5.

Mot-clé	Statut	Contrôle	Description
`color`	Couleur	Une palette de couleurs	Une couleur sRGB avec des composants de 8 bits, rouge, vert et bleu
`date`	Date	Un contrôle de date	Une date (année, mois, jour) sans fuseau horaire

Mot-clé	Statut	Contrôle	Description
`datetime`	Date et heure	Un contrôle de date et d'heure	Une date et une heure (année, mois, jour, heure, minute, seconde, fraction de seconde) avec l'heure en temps universel coordonné (UTC)
`datetime-local`	Date et heure locales	Un contrôle de date et d'heure	Une date et une heure (année, mois, jour, heure, minute, seconde, fraction de seconde) sans fuseau horaire
`email`	E-mail	Une zone de texte	Une adresse e-mail ou une liste d'adresses e-mail
`month`	Mois	Un contrôle de mois	Une date précisant une année et un mois sans fuseau horaire
`number`	Nombre	Une zone de texte ou un bouton fléché	Une valeur numérique
`range`	Plage	Une barre de défilement ou similaire	Une valeur numérique avec la précision que la valeur exacte n'est pas importante
`search`	Recherche	Une zone de recherche	Texte sans saut de ligne
`tel`	Téléphone	Une zone de texte	Texte sans saut de ligne
`time`	Heure	Un contrôle d'heure	Une heure (heure, minute, seconde, fraction de seconde) sans fuseau horaire
`url`	URL	Une zone de texte	Un identifiant de ressource absolu
`week`	Semaine	Un contrôle de semaine	Une date consistant en le numéro de la semaine de l'année et l'année correspondante sans fuseau horaire

Les API Web de HTML5

Une API définit des règles pour la communication et l'interaction avec d'autres programmes au sein d'un programme spécifique. Nombreux sont ceux qui pensent que les API Web les plus intéressantes pour HTML5 sont celles qui sont appelées depuis l'intérieur des documents HTML pour solliciter des fonctionnalités spécifiques afin de lire des fichiers audio et vidéo et interagir avec d'autres applications et celles qui aident à ajouter des éléments dans l'interface utilisateur du navigateur Web (glisser et déposer des objets dans les pages Web, par exemple).

Voici une liste des API que HTML5 intègre dans le but de fournir une «aide à la création des applications Web» (cette citation est extraite de la section «API» du document «W3C HTML5 Differences from HTML4», cité deux sections plus tôt) :

- API de lecture audio et vidéo, à utiliser avec les nouveaux éléments `audio` et `video`.
- Accès aux applications Web hors ligne grâce à une API spéciale.
- Une API conçue pour que les applications Web s'enregistrent pour recevoir certains protocoles et types de médias.
- Une API permettant aux visiteurs des pages de modifier le contenu et le balisage conjointement au nouvel attribut global `contentedit`.
- Une API glisser-déposer utilisée avec l'attribut `draggable` pour permettre aux utilisateurs de glisser et de déposer des éléments dans les pages Web afin de réaliser une saisie.
- Une API qui expose les données de l'historique du navigateur et qui permet l'ajout de pages dans ces données sans cliquer sur le bouton Précédent.

Globalement, ces API se trouvent là où l'action est déterminante pour HTML5 (souvenez-vous de la controverse Adobe Flash, abordée précédemment dans ce chapitre) et là où le changement est quasi inévitable entre le projet de version et la forme finale que prendra HTML5. Les API sont les clés pour l'interaction des utilisateurs et le comportement dynamique des pages. Elles vont sans aucun doute faire partie du futur paysage (utilisations et applications) du Web et d'Internet.

Les limites de l'accès et de l'utilisation de HTML5

La plupart des navigateurs Web supportent les fonctionnalités de HTML5, avec différents niveaux de support et d'enthousiasme. Actuellement, Apple Safari et Google Chrome semblent être les plus performants, suivis de Mozilla Firefox puis Opera et enfin Microsoft Internet Explorer classé dans les 5 derniers. C'est tout à fait compréhensible puisque toutes ces sociétés ne peuvent sortir des produits au jour le jour.

Pour nous, ce qui est totalement fascinant, c'est que dans la liste précédente, les navigateurs les plus populaires (Mozilla Firefox et Internet Explorer) ne supportent pas autant de fonctionnalités HTML5 que leurs concurrents moins populaires et moins utilisés. Même si HTML5 est conçu pour continuer de fonctionner alors que des éléments et attributs de balisage sont manquants, c'est irritant pour les concepteurs et les développeurs Web de déterminer quelles propriétés fonctionnent dans quels navigateurs.

Aussi, c'est perturbant pour les visiteurs de site Web de se priver de fonctionnalités HTML5 intéressantes à cause du navigateur qu'ils utilisent. Par exemple, Internet Explorer 8 ne reconnaît pas l'élément `canvas`. Les observateurs Web pensent que cette situation est transitoire et qu'à la sortie d'Internet Explorer 9 le navigateur aura résolu ce problème ainsi que d'autres erreurs liées à HTML5. Nul doute que ce sera aussi le cas pour Firefox.

Nous vous recommandons de tester HTML5 Shiv, un script JavaScript que vous pouvez insérer dans vos pages Web HTML5 pour aider les navigateurs (comme Internet Explorer) à fonctionner correctement avec HTML5. Nous remercions Remy

Sharp d'avoir créé ce script et de le mettre à disposition du monde via le projet Google Code. Téléchargez HTML5 Shiv sur `http://HTML5shiv.googlecode.com/svn/trunk/html5.js` (l'adresse est sensible à la casse alors veillez à taper l'URL correctement ou vous aurez droit à un message d'erreur).

La page HTML5 Shiv se trouve sur `http://code.google.com/p/html5shiv`. Copiez-y le script de trois lignes et collez-le sur une page Web cible, comme suit :

```
<!--[if lt IE 9]
<script scr=http://html5shiv.googlecode.com/svn/trunk/html5.js>
          </script>
<![endif]-->
```

Pour développer notre discussion sur le support navigateur de HTML5, l'un des aspects les plus limitants et perturbants de HTML5 est la date supposée de la spécification finale (en termes W3C, c'est une «spécification recommandée»). Tout le monde veut savoir si HTML5 est prêt ou pas. Le monde industriel est en fort désaccord sur le sujet. L'existence des sites Web comme ceux représentés dans la Figure 19.1 illustre parfaitement le degré de folie et de désordre qui règne autour de l'aptitude et de la fiabilité de HTML5.

FIGURE 19.1 Deux aperçus différents (et diamétralement opposés) de HTML5.

Tous les éléments se déchaînent dès qu'il est question de dater la spécification de HTML5. D'un côté, les développeurs et concepteurs de logiciels Web estiment que toutes les fonctionnalités importantes de HTML5 seront supportées en 2012. De l'autre, le W3C (qui contrôle la norme HTML5) prévoit la date de sortie d'une recommandation HTML5, c'est-à-dire une spécification finalisée, terminée et officielle, en 2022. Tout cela semble complètement contradictoire mais ce n'est pas une blague !

Selon nos estimations, nous allons tous nous déplacer sur des skateboards volants durant la prochaine décennie. Nous pensons que la date de sortie de HTML5 se situe entre 2012, date prévue par les industriels, et 2022, date annoncée par le W3C. Cela signifie-t-il que nous devons tous attendre une spécification HTML5 recommandée du W3C pour commencer à utiliser HTML5 ? Certainement pas ! Nous allons tous commencer à utiliser HTML5 en 2012 ou même avant et, d'ici à 2022, l'industrie continuera à développer d'autres outils et technologies.

Les autres ressources HTML5

Si vous voulez en savoir plus sur HTML5, nous vous proposons quelques ressources très utiles. Si, après ça, vous n'êtes toujours pas rassasié, utilisez votre moteur de recherche favori et recherchez *référence HTML5*, *tutoriel HTML5* ou *introduction à HTML5*. Vous trouverez sans aucun doute matière à vous mettre sous la dent.

Nous vous recommandons les ressources suivantes pour tout savoir sur HTML5 :

- **A List Apart, A Preview of HTML5 :** `http://www.alistapart.com/articles/previewofhtml5`.
- **eWeek, 20 Essential Things to Know about the HTML5 Web Language :** `www.eweek.com/c/a/Application-Development/20-Essential-Things-to-Know-About-the-HTML5-Web-Language-329684`.
- **W3Schools HTML5 Tutorial (avec des guides de références pratiques et complets, tout sur les formulaires, etc.) :** `www.w3schools.com/HTML5`.

S'initier à HTML5

Nous avons également regroupé quelques pages Web sur le site des auteurs de ce livre ; jetez-y un coup d'œil et explorez ces pages. Vous pouvez même soumettre leur URL au service de validation du balisage du W3C pour vérifier qu'il reconnaît le HTML5 et que ces pages passent le test de validation (même si, pour la forme, vous recevez un avertissement stipulant que le vérificateur de conformité HTML5 est encore expérimental et «peut ne pas être fiable ou pas totalement à jour par rapport au développement récent de technologies à la pointe de l'innovation»).

La Figure 19.2 montre une page de mise en forme basique accessible à l'adresse `www.dummieshtml.com/examples/ch19`.

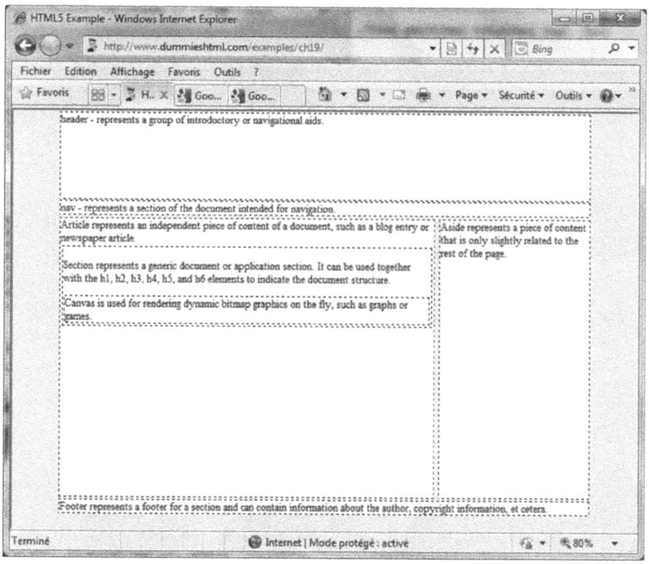

FIGURE 19.2 Un exemple simple de page HTML5 avec des tas de nouveaux éléments de balisage.

Si vous êtes en quête d'une démonstration plus sérieuse, visualisez la mise en œuvre de RGraph, la bibliothèque expérimentale de modèles de graphiques en HTML5, dans une page

HTML5 plus complexe (voir la Figure 19.3) disponible en ligne à l'adresse `www.dummieshtml.com/examples/ch19/complete.html`.

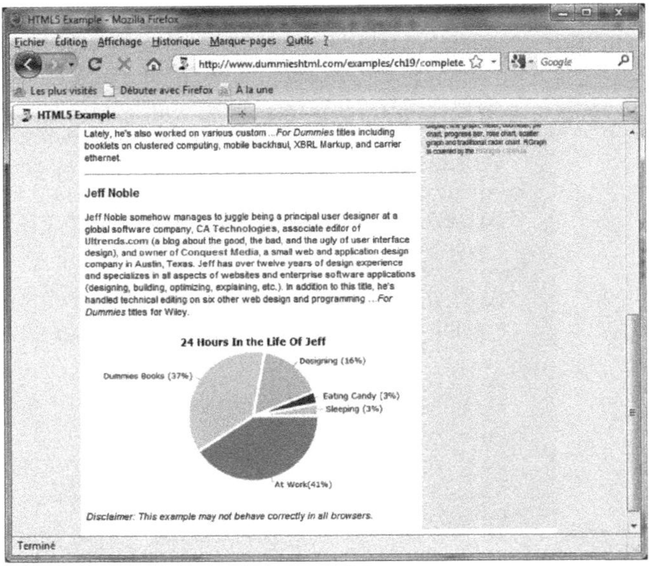

FIGURE 19.3 Une page HTML5 plus complexe utilisant l'élément `canvas` pour afficher un graphique circulaire.

De plus, sur `http://html5gallery.com`, vous trouverez des liens vers plus de 600 sites Web basés sur HTML5.

Pour vous initier à HTML5, vous trouverez sur `http://html5gallery.com` des liens vers plus de 600 sites Web basés sur HTML5. Il suffit de cliquer et d'observer. Amusez-vous bien !

Chapitre 20

CSS3

DANS CE CHAPITRE :

- **Comprendre l'intérêt de CSS3.**
- **Utiliser les nouvelles propriétés de CSS3 pour les polices, les transitions, les bordures et les ombres Web.**
- **Utiliser CSS3 pour les transitions et les animations.**
- **Découvrir les limites de CSS3.**

CSS3 supporte d'intéressantes nouvelles propriétés qui ridiculisent presque certaines techniques actuelles de mise en forme. Des polices et bordures aux transitions et animations, CSS3 présente une superbe collection d'outils pour rendre vos pages Web élégantes et stylées. Nous ne pouvons pas aborder toutes les nouveautés de CSS (du moins pas dans ce livre) mais nous pouvons et allons vous présenter les plus intéressantes.

À propos de la «norme» CSS3

Alors que CSS1 et CSS2 ont été proposés, débattus et finalement recommandés comme d'impressionnantes normes monolithiques pour les feuilles de style en cascade, CSS3 est une collection de modules. Si vous consultez la page en cours de publication de CSS niveau 3 (le nom officiel de ce que nous appelons simplement CSS3) sur le site Web du W3C (`www.w3.org/Style/CSS/current-work.html`), vous pouvez compter 45 modules plus ou moins terminés. Dans le Tableau 20.1, nous vous présentons ces modules avec une courte description et un code de deux lettres pour qualifier leur statut de normalisation. CR signifie *Candidate Recommendation* : le module est proche de la normalisation. LC signifie *Last Call* : proche du statut

CR. N/A signifie *None* : aucune date ni statut disponible. Enfin, WD signifie *Working Draft* : la norme et la documentation sont discutées et en cours de développement.

TABLEAU 20.1 **Modules CSS niveau 3, description et statut.**

Nom	Statut	Description
Templat Layout	WD	Décrit une nouvelle méthode pour positionner les éléments en utilisant les contraintes de leur alignement mutuel et flexibilité de mouvement, tandis qu'une grille de mise en page définit le modèle basique.
Aural Style Sheets	N/A	Un module audio qui inclut ces propriétés pour attacher des sons d'arrière-plan à des éléments, des effets sonores à des transitions d'état (`hover`, `onclick`), etc.
Backgrounds and Borders	CR	Décrit les couleurs et les images d'arrière-plan et les styles des bordures, y compris l'étirement-rétrécissement de l'image d'arrière-plan, les images des bordures, les coins arrondis et les ombres.
Basic User Interface	CR	Propriétés pour mettre en forme les aspects interactifs et dynamiques d'une page Web, notamment l'apparence des éléments de formulaire pour marquer leur état, les curseurs et les couleurs pour l'interface utilisateur.
Box Model	WD	Décrit le contenu de bloc en flux normal, où les éléments du document se présentent sous forme de blocs rectangulaires qui se suivent ou sont imbriqués et qui forment ensemble un flux horizontal ou vertical (pour le chinois et le japonais).
Extended Box Model	N/A	Offre un contrôle supplémentaire pour le positionnement des flottements et de la taille des blocs.
Marquee	CR	Contient des propriétés pour contrôler la vitesse et la direction d'une zone de sélection, un mécanisme de défilement qui déplace le texte dans un espace sans intervention de l'utilisateur. Utilisé surtout sur les appareils mobiles.

Nom	Statut	Description
Cascading and Inheritance	WD	Décrit comment les valeurs sont affectées aux propriétés, où la ***cascading*** décrit comment plusieurs feuilles de style sont combinées et ***inheritance*** implique l'attribution des valeurs parentes ou la définition initiale de valeurs.
Color	LC	Spécifie les contrôles CSS relatifs à la couleur, y compris la transparence et les notations pour le type de valeur `color`.
Fonts	WD	Propriétés visant à sélectionner et à configurer les polices, y compris les effets d'imprimé et de contour, le crénage, le lissage et l'anticrénelage.
Generated Content for Paged Media	WD	Propriétés d'impression avancées qui vont au-delà du module Paged Media et permettent la création de notes de bas de page, de renvois et la génération d'en-têtes courants à partir des titres de section.
Generated and Replaced Content	WD	Définit comment déposer du contenu dans une page avant, après ou à la place d'un élément, sachant que le contenu peut être du texte ou une image ou un autre objet externe.
Hyperlink Presentation	WD	Propriétés visant à contrôler la présentation des hyperliens, notamment des contrôles qui spécifient que les liens sont actifs et dont la cible s'affiche quand un utilisateur le survole, etc.
Introduction	WD	Un rappel de tous les modules CSS3 (il ne sera pas fini tant que tous les modules ne seront pas terminés).
Line Layout	WD	Décrit l'alignement du texte et d'autres blocs sur une ligne. Développe la propriété `vertical-align` de CSS1/2 pour supporter l'alignement de plusieurs types d'alphabets, notamment les alphabets et idéogrammes non latins.
Lists	WD	Propriétés de mise en forme des listes, notamment les types de puces, les systèmes de numérotation et l'utilisation d'images (pour les puces) dans des listes.
Math	N/A	Propriétés de mise en forme des formules mathématiques, basées sur les éléments "de présentation" de l'application MathML basée sur XML.

Nom	Statut	Description
Multi-column Layout	CR	Nouvelles propriétés pour disposer du contenu en colonnes flexibles.
Namespaces	N/A	Explique comment les sélecteurs CSS peuvent être développés pour sélectionner des éléments basés sur des espaces de noms dérivés de XML pouvant être distingués parmi plusieurs utilisations du même nom d'élément dans différentes feuilles de style.
Object Model	N/A	Le modèle DOM spécifie les fonctions utilisées dans les bibliothèques de programmation et les navigateurs Web pour gérer des documents HTML, XML et CSS. Ce module cible les fonctions pour ajouter et supprimer des règles et modifier des propriétés dans les feuilles de style CSS, pour les API appelées CSS Object Model ou CSSOM.
CSSOM View Module	WD	API permettant aux concepteurs d'inspecter et de manipuler des informations d'affichage de document, y compris le positionnement de données pour des blocs de mise en page d'élément, la largeur des fenêtres d'affichage de script et le défilement d'élément.
Paged Media	WD	Développe les propriétés de contrôle d'impression de CSS2 avec des contrôles pour les en-têtes courants, les pieds de page et les numéros de page.
Positioning	N/A	Couvre les propriétés pour le positionnement absolu, fixe et relatif des éléments, pour les sortir du flux de document standard et les placer ailleurs sur une page.
Presentation Levels	WD	Outils permettant d'avancer et de reculer dans plusieurs affichages d'un document, particulièrement utile dans des présentations de diapositives, etc.
Reader Media Type	WD	Exclu en mars 2008. Type de média utilisé dans les recherches de média pour l'écran, l'impression, la projection ou d'autres types d'appareils pour guider l'affichage et la gestion de la présentation.
Ruby	CR	Propriétés visant à manipuler les positions de Ruby, de petites annotations au-dessus ou près d'idéogrammes ou de termes en chinois et japonais (souvent utilisées pour indiquer la prononciation ou la signification d'idéogrammes difficiles).

Nom	Statut	Description
Scoping	N/A	Contrôles permettant de spécifier les sous-arbres dans l'arborescence d'un document où des jeux identifiables de règles de style s'appliquent.
Grid Positioning	WD	Des éléments avec des colonnes forment une grille implicite. Ces contrôles CSS affichent des lignes de grille explicites et définissent un système de coordonnées pour le positionnement des flottements et le placement relatif et absolu des blocs.
Speech	WD	Propriétés spécifiant comment le document doit être rendu par un synthétiseur vocal, y compris le volume, la voix, la vitesse, le ton, les pauses, etc. (reprend les éléments du module CSS2 Aural).
Style Attribute Syntax	LC	Règles pour exprimer le balisage CSS comme du HTML et d'autres attributs de langage de balisage (SVG).
Syntax	WD	Syntaxe générique postcompatible que tous les niveaux de CSS doivent suivre. Les restrictions de syntaxe des propriétés spécifiques sont ciblées dans d'autres modules.
Tables	N/A	Contrôles de mise en page des tableaux, y compris les lignes, les colonnes, les cellules, les titres, les bordures et l'alignement (identiques à ceux de CSS2 mais plus détaillés en CSS3).
Text	WD	Propriétés CSS2 relatives au texte avec de nouvelles propriétés pour gérer le texte en d'autres langues et alphabets avec une mise en évidence spéciale de la mise en page internationale. Les propriétés de texte sont aussi couvertes dans les modules Text Layout et Line Grid.
Text Layout	N/A	Propriétés visant à contrôler la direction du texte en lignes horizontales ou verticales ainsi que le balayage ou le flottement.
Line Grid	N/A	Décrit le texte où les symboles d'une ligne sont alignés dans une grille invisible. Ainsi, tous les symboles sont alignés verticalement (souvent utilisé pour du texte composé d'idéogrammes, par exemple en japonais).

Nom	Statut	Description
Values and Units	WD	Décrit les valeurs et unités communes associées aux propriétés CSS. Décrit aussi comment les valeurs spécifiées d'une feuille de style sont traitées dans des valeurs calculées ou des valeurs actuelles en temps d'exécution.
Web fonts	LC	Fusionné avec le module Fonts, il décrit comment télécharger des polices pour les utiliser dans un document (aussi utilisé dans le SVG, un format basé sur XML pour le rendu de graphiques vectoriels).
Behavioral Extensions	WD	Définit à CSS la propriété binding du langage de liaison basé sur XML, ou XBL, pour associer des éléments dans un document avec des scripts, des gestionnaires d'événement et CSS.
Flexible Box Layout	WD	Définit les mots-clés `box` et `inline-box` pour la propriété CSS `display` qui affiche un élément comme ligne ou colonne des éléments subordonnés, contrôlant l'ordre et la répartition de l'espace.
Image Values	WD	Définit comment les propriétés peuvent se référer à des images en utilisant des URL. Classique pour toutes les propriétés pouvant prendre des images comme valeur.
2D Transforms	WD	Définit les propriétés visant à appliquer des rotations, des translations ou d'autres transformations visuelles à un bloc d'élément (comme en SVG).
3D Transformations	WD	Etend les transformations 2D à des transformations en 3D (projet en collaboration avec le groupe de travail SVG).
Transitions	WD	Propriétés visant à animer des transitions dans les pseudo-classes, comme quand un élément est ou n'est plus survolé, avec des valeurs temporelles et des transitions de valeur entre les paires de valeurs (old/new, on/off, etc.).
Animations	WD	Spécifie les propriétés qui modifient leurs valeurs pendant une animation, quelle série de valeurs elles prennent et combien de temps elles conservent chaque valeur.

Si vous voulez en savoir plus sur le travail en cours sur CSS3 (ou d'autres efforts qui s'y rapportent), visitez la page Current Work du W3C sur `www.w3.org/Style/CSS/current-work`. Vous y trouverez une page multicolore de statut (illustrée dans la Figure 20.1) qui vous informe de l'état d'avancement des différents modules CSS. La colonne Current se réfère au CSS2/2.1 et la colonne Upcoming à CSS3.

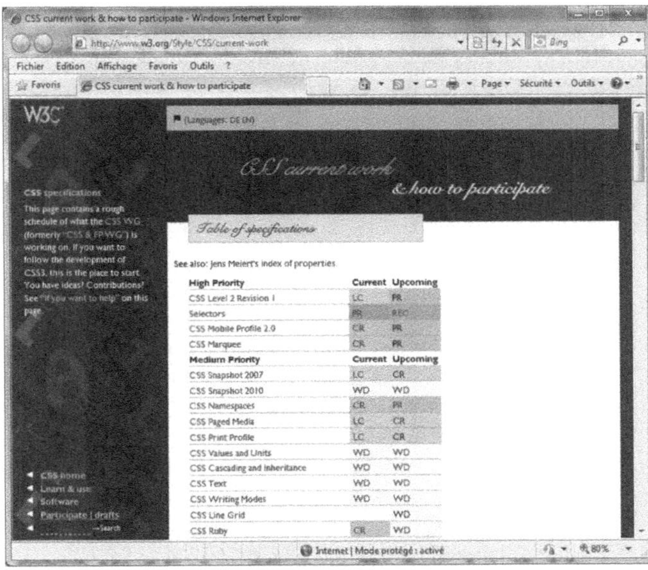

FIGURE 20.1 Pour la normalisation, le bleu est excellent et le vert est moyen !

Le meilleur de CSS3

Dans les sections suivantes, nous explorons les éléments du nouveau balisage CSS3 qui sont de plus en plus supportés dans les navigateurs Web. Contrairement à HTML5, il n'y a pas de controverse sur la date à laquelle ces modules seront recommandés ou atteindront le statut de norme. Cependant, beaucoup de modules CSS de priorité moyenne et faible ont le statut WD, c'est-à-dire qu'ils sont «en construction». C'est pourquoi nous pensons qu'il faut encore compter trois ou quatre ans avant que tous les candidats atteignent au moins le statut Candidate Recommendation. Néanmoins, nous espérons que vous allez trouver de quoi vous régaler dans ce chapitre et que vous allez commencer à vous familiariser avec ces règles de style et les possibilités qu'elles offrent.

Les polices

À l'époque du bon vieux Web, il fallait créer des graphiques personnalisés pour s'assurer que le texte d'une page Web s'affiche exactement comme nous le voulions. En utilisant CSS3, ce n'est plus le cas. Nous pensons que l'une des nouveautés les plus intéressantes de CSS3 vient de ses nouveaux contrôles de police, nettement améliorés. Le principal élément hautement intéressant est la pseudo-class `@font-face`.

La pseudo-classe `@font-face` (un type de règle de style qui peut être appelé pour une partie aléatoire d'un document, quels que soient les noms d'élément, les attributs ou le contenu qu'elle comporte) permet aux concepteurs de pages Web de cibler des polices pouvant être activées automatiquement en cas de besoin. Ceci permet aux concepteurs de passer outre les limites inhérentes aux *polices standards pour le Web* (celles qui présentent bien dans les fenêtres des navigateurs et qui sont généralement disponibles sur la plupart des systèmes) pour assurer un rendu cohérent et prévisible des pages, que les polices spécifiques soient ou non disponibles sur la machine (ou dans le navigateur).

`@font-face` vous permet de spécifier n'importe quelle famille de police, tant que vous pouvez indiquer une source légitime (avec licence) de fichier de police TrueType (`.ttf`) ou OpenType (`.otf`) utilisable. Le balisage pour appeler une police externe va télécharger cette police sur la machine de l'utilisateur si elle n'est pas disponible. La syntaxe CSS pour cette pseudo-classe ressemble à celui qui suit :

```
@font-face {
  font-family: CABNDWebBold;
  src: url(http://site/fonts/ CABNDWebBold.otf);}
h1,h2,h3,h4,h5,h6 {font-family: CABNDWebBold, sans-serif;}
```

Dans la plupart des cas, vous téléchargez les polices dans un répertoire de votre choix plutôt que d'y faire référence dans un autre site pour que les propriétaires soient sûrs que les utilisateurs adhèrent aux contrats de licence et à leurs exigences (voir la Figure 20.2 obtenue à partir de l'adresse `www.dummieshtml.com/examples/ch20/font-face`).

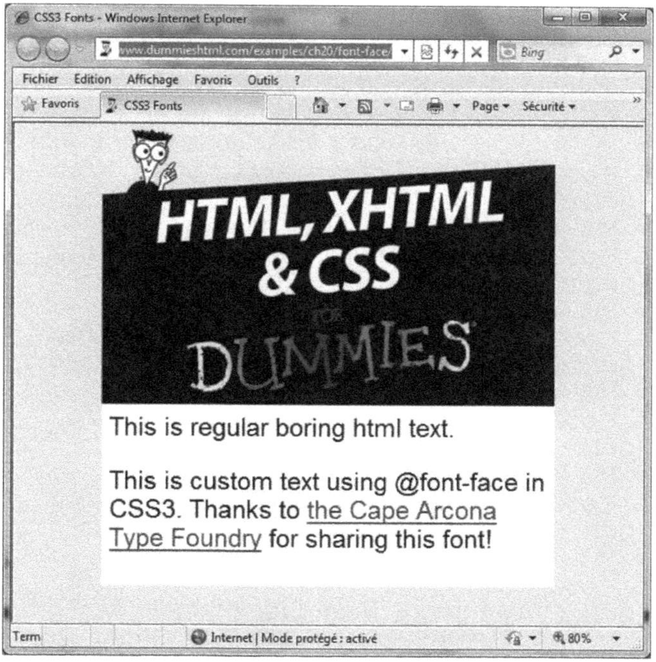

FIGURE 20.2 `@font-face` au travail.

Techniquement, la propriété `@font-face` faisait partie de CSS2 mais seul Internet Explorer reconnaissait cette règle de style (jusqu'à récemment, aucun autre navigateur ne la supportait car Microsoft l'implémentait en utilisant un format de police propriétaire que personne d'autre n'utilisait). Désormais, grâce à l'introduction des fichiers de police OpenType (`.otf`) qui remplacent les fichiers de police TrueType de Microsoft (`.ttf`), la propriété `@font-face` revit et est intégrée dans CSS3. Aussi, elle est supportée par presque toutes les versions les plus récentes des navigateurs : Opera, Chrome, Safari, Firefox et même Internet Explorer.

Pour avoir un bel aperçu et des informations de compatibilité sur `@font-face` (toutes les infos ne sont pas mises à jour), rendez-vous sur `http://reference.sitepoint.com/css/at-fontface`.

Les bordures

CSS3 apporte une belle note d'enthousiasme dans le dessin de bordures autour des blocs, grâce à de nouvelles propriétés. Nous pensons que la plus grande avancée dans ce domaine vient des coins arrondis qui jusqu'ici devaient être réalisés à la main en utilisant des images qui s'emboîtent comme un puzzle (et avec presque autant de pièces et d'éléments que les casse-têtes de notre enfance). Heureusement, les coins arrondis ont désormais leurs outils CSS3, ce qui devrait nous permettre d'économiser du temps et des efforts.

Vous pouvez faire beaucoup de choses intéressantes avec les bordures en CSS3 mais la principale propriété relative aux coins arrondis est `border-radius`. Soit le balisage suivant :

```
.newRoundCorners {
  -moz-border-radius:15px;
  border-radius: 15px;
  text-align:center;
  }
```

Ce balisage n'inclut pas seulement la propriété CSS `border-radius` mais elle se réfère aussi à une propriété spécifique à Mozilla Firefox, nommée `-moz-border-radius`. Quand vous approchez de l'avant-garde du balisage et de la technologie Web, vous vous retrouvez souvent à apprendre comment appeler du balisage non normalisé. Pour les équipements et API expérimentaux, liés à HTML5 et CSS3, un nom précédé d'un tiret permet d'appeler un élément non normalisé dans le balisage. C'est le cas ici pour s'assurer que l'apparence sera identique dans Firefox, Opera, Chrome, Safari et Internet Explorer.

La Figure 20.3 (obtenue à partir de l'adresse `www.dummieshtml.com/examples/ch20/borders`) illustre un exemple de coins arrondis.

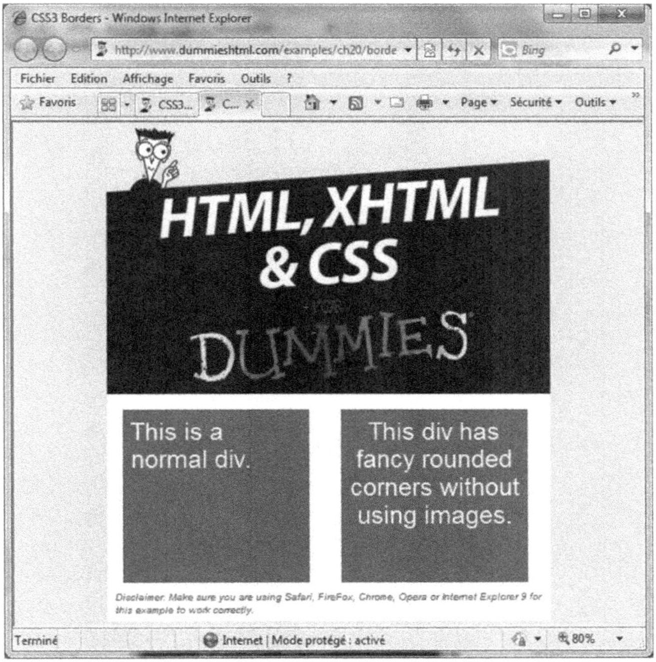

FIGURE 20.3 Les coins arrondis sont faciles à spécifier pour les éléments d'arrière-plan.

Sachez cependant qu'il existe d'autres propriétés de bordures dont `border-image` qui mérite d'être étudiée de plus près !

Consulter l'adresse `www.css3.info/preview/rounded-border` pour profiter d'un tutoriel, riche en exemples, sur le travail avec les différentes options de `border-radius` (y compris des illustrations qui montrent comment gérer l'incurvation des coins).

Les arrière-plans

Il peut être difficile d'aligner plusieurs éléments pour que leur arrière-plan soit parfaitement aligné et, de la même manière, de mélanger et de combiner plusieurs arrière-plans. Plusieurs lignes de balisage sont nécessaires pour obtenir ce résultat, surtout si vous travaillez avec CSS1 ou CSS2. En revanche, avec CSS3, vous pouvez facilement appliquer plusieurs arrière-plans à un seul élément puis l'utiliser comme arrière-plan d'un élément ou d'un groupe d'éléments subordonnés. Par exemple, imaginons que nous voulions combiner trois images d'arrière-plan et les appliquer à un div.

Le balisage CSS3 correspondant est le suivant :

```
.customBackground {
  margin: 0px auto;
  width: 400px;
  height: 200px;
  border-radius: 10px;
  background:
  url(images/top.gif) top left repeat-x,
  url(images/bottom.gif) bottom left repeat-x,
  url(images/middle.gif) center repeat;
  }
```

L'astuce de ce balisage réside dans la spécification background où nous nous référons aux URL des images pour les trois arrière-plans respectivement nommés top.gif, bottom.gif et middle.gif. Nous utilisons l'attribut repeat-x pour répéter le haut et le bas horizontalement. L'utilisation de repeat signifie que middle.gif est répété horizontalement et verticalement. top.gif applique un ombrage foncé à bleu moyen au haut de l'image, bottom.gif en fait de même en bas et middle.gif ajoute des points (voir la Figure 20.4 obtenue à partir de l'adresse www.dummieshtml.com/examples/ch20/backgrounds/index.html).

Une fois de plus, CSS3.info vaut le détour pour son excellent sujet sur les arrière-plans multiples et la propriété background ainsi que pour toutes ses informations sur CSS3. Rendez-vous sur www.css3.info/preview/multiple-backgrounds.

Les ombres

Les ombres ont fait leur apparition dans CSS2 mais elles bénéficiaient d'un support limité des navigateurs et exigeaient quelques bidouillages pour fonctionner correctement. CSS3 permet aux concepteurs d'appliquer et de gérer les ombres des bordures, des images et du texte plus ou moins de la même manière. Notez qu'ici aussi certaines extensions sont nécessaires pour l'ombre du bloc (autour de l'élément div) et l'ombre d'image pour être sûr que les choses fonctionnent et aient la même apparence dans les différents navigateurs. Dans cet

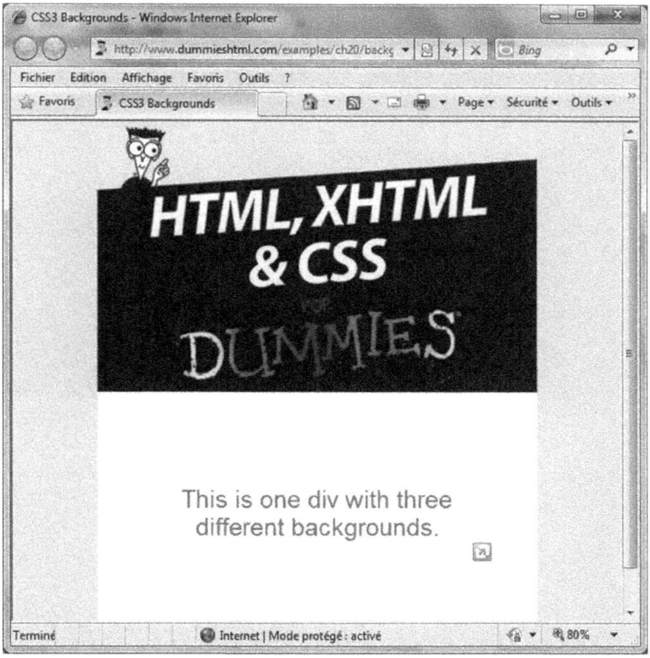

FIGURE 20.4: Trois arrière-plans sont répétés pour mélanger des points et des ombres.

exemple, le nom `-webkit` fait référence au kit de compatibilité pour le navigateur Web Safari. Le code source est le suivant :

```
.boxShadow{
  height: 25px;
  background-color:#f25e1e;
  border: 5px solid #feb089;
  -moz-box-shadow: 3px 3px 5px #888;
  -webkit-box-shadow: 3px 3px 5px #888;
}
.textShadow{
  text-shadow: 2px 2px 7px #111;
}
.imageShadow{
  -moz-box-shadow: 3px 3px 5px #888;
  -webkit-box-shadow: 3px 3px 5px #888;
}
```

L'attribut `box-shadow` fonctionne avec des blocs d'élément (la zone rectangulaire qui entoure toute sorte d'élément HTML) et avec les bords qui délimitent une image. L'attribut `text-shadow` crée une ombre autour de caractères à l'intérieur de tout élément de bloc (un paragraphe dans l'exemple suivant, illustré dans la Figure 20.5 obtenue à partir de l'adresse `www.dummieshtml.com/examples/ch20/shadows`).

FIGURE 20.5 Des ombres sont appliquées autour du bloc de texte, du texte nu et d'une image.

Les deux propriétés d'ombre prennent trois valeurs de longueur et une couleur comme attributs, comme le montre `text-shadow: 2px 2px 7px #111`, issu de l'extrait de code précédent. Les trois longueurs signifient ce qui suit (et la couleur définit la couleur de l'ombre) :

» **Décalage horizontal de l'ombre :** une valeur positive décale vers la droite et une valeur négative vers la gauche.

» **Décalage vertical de l'ombre :** une valeur positive décale vers le bas et une valeur négative vers le haut.

» **Degré de flou :** si la valeur est zéro (0), l'ombre est nette. Plus la valeur est élevée, plus l'ombre est floue.

Là encore, CSS3.info propose d'intéressants tutoriels sur les propriétés et attributs `box-shadow` et `text-shadow` sur `www.css3.info/preview/box-shadow` et `www.css3.info/preview/text-shadow`.

Les transitions et animations CSS3

Les transitions et animations offrent de beaux effets visuels pour illustrer des changements d'état ou de comportement d'une part et animer des images d'autre part. Le travail avec ces deux possibilités est nettement plus simple avec CSS3 qu'avec les versions précédentes. Alors que CSS1 ou CSS2 exigeait des heures de travail manuel pour définir et exécuter des transitions ou des animations, CSS3 facilite et rationalise nettement le travail.

Les transitions

Les transitions offrent un moyen simple d'ajouter un plus à un site Web en indiquant à CSS de modifier des valeurs en douceur d'une valeur initiale en une valeur finale en un temps défini. Par exemple, pour le survol d'un élément tel qu'un bouton ou un lien, les versions précédentes de CSS permettaient seulement de changer de couleur et le changement était toujours instantané. Avec CSS3, il est possible de passer d'une couleur à une autre en affichant toute la palette de couleurs qui se trouve entre les deux. Notre exemple représente une transition qui passe du bleu au rose en une seconde (pour l'heure, cet exemple fonctionne seulement dans Chrome et Safari. Internet Explorer, Opera et Firefox affichent une transition instantanée et des coins carrés).

Observez la Figure 20.6 (obtenue à partir de l'adresse `www.dummieshtml.com/examples/ch20/transitions/index.html`) et le balisage CSS3 correspondant à l'exemple :

```
a.coolTransition{
  color:#FFF;
  background:#016ab0;
```

```
    padding:8px;
    -webkit-border-radius: 5px;
    -webkit-transition-property: color, background;
    -webkit-transition-duration: 1s, 1s;
    -webkit-transition-timing-function: linear, ease-in;
    }
  a.coolTransition:hover{ color:#000;
    background: #f80e6a;}
```

FIGURE 20.6: Quand ça fonctionne correctement, vous devez voir un changement du bleu au rose quand vous survolez avec le curseur de la souris.

Nous vous recommandons vivement l'excellent tutoriel sur les transitions et les animations (sujet traité dans la section suivante), de l'article Web «Going Nuts with CSS Transitions», signé Natalie Downe. Elle explique et illustre les deux sujets avec beaucoup de discussions, d'explications et d'exemples sur `http://24ways.org/2009/going-nuts-with-css-transitions`.

Les animations

Les animations en CSS3 offrent un nouveau moyen d'interagir avec les éléments d'une page, chose que les versions précédentes de CSS ne supportaient pas. Avant CSS3, les concepteurs

Web pouvaient imiter ce type de mouvement en utilisant un gif animé ou Adobe Flash mais ça s'arrêtait là. Un exemple simple d'animation CSS3 implique le mouvement ou la rotation d'une division (`div`) de document quand le curseur de la souris survole sa zone d'affichage. Dans notre exemple de page Web, la couverture du livre tourne dans le sens des aiguilles d'une montre tant que le curseur la survole (voir la Figure 20.7 obtenue à partir de l'adresse `www.dummieshtml.com/examples/ch20/animations/index.html`).

FIGURE 20.7 Survolez la couverture et observez la rotation !

Replongez dans l'article «Going Nuts with CSS Transitions» de Natalie Downe et jetez un œil à l'animation «Throwing Polaroids at a Table» qui est particulièrement intéressante (n'oubliez pas de survoler autant

de photos que vous pouvez). Rendez-vous directement sur `http://media.24ways.org/2009/14/3/index.html`.

Transformer du contenu

Les transformations permettent aux éléments que CSS affiche de bouger sur une page, dans un espace en 2 ou 3 dimensions. Les versions antérieures de CSS ne pouvaient pas supporter ce genre d'interaction. C'est pourquoi les transformations représentent une nouvelle fonctionnalité distrayante et intéressante de CSS3. Dans l'exemple suivant (voir la Figure 20.8 obtenue à partir de l'adresse `www.dummieshtml.com/examples/ch20/transforms/index.html`), nous transformons un livre à l'abandon dans une bibliothèque de sorte qu'il retourne sur son étagère (si seulement ça pouvait se passer comme ça avec les vrais livres !).

FIGURE 20.8 Survolez la couverture du livre pour qu'il retourne sur l'étagère.

Visitez l'intéressant tutoriel de Rich Bradshaw, parfaitement illustré, «Using CSS3 Transitions, Transforms and Animations» pour avoir un autre aperçu des nouvelles possibilités et du côté dynamique de CSS3 (il analyse même votre navigateur quand vous allez sur le site et vous indique les propriétés qui vont (et celles qui ne vont pas) fonctionner dans la fenêtre).

Observez bien tous les exemples sur `http://css3.bradshawenterprises.com`.

Les limites de CSS3

La plupart des nouvelles fonctionnalités de CSS3 sont géniales et ont mis un certain temps à être développées. Cependant, comme avec toutes les nouvelles technologies peu testées et malgré toutes ses nouvelles possibilités plus formidables les unes que les autres, nous vous recommandons d'avoir une approche prudente en termes de déploiement et d'utilisation. Certes, CSS3 ne va pas ruiner une mise en page complète mais tous les navigateurs ne supportent pas les nouvelles fonctionnalités de CSS3, notamment les plus intéressantes comme les transformations, les animations et les transitions.

Pour les navigateurs qui supportent certaines de ces élégantes fonctionnalités CSS3, trop souvent, il n'y a pas de méthode ou de technique de balisage unique qui s'applique à tous les navigateurs. Ceci pousse les développeurs consciencieux à créer plusieurs déclarations juste pour qu'une ombre, une transition ou un autre effet s'affiche correctement dans chaque navigateur. Cela implique d'ajouter des lignes de code supplémentaires avec au moins deux effets négatifs : plus de travail pour le développeur afin de se plier aux spécificités des navigateurs et plus d'attente pour l'utilisateur car il télécharge des fichiers plus volumineux pour pouvoir visualiser les pages.

En ce qui concerne la pseudo-classe `@font-face`, la spécification d'une famille de police pour l'affichage de votre page est convenable. Néanmoins, sachez qu'il peut y avoir des interrogations sur la légalité d'inclure dans vos pages des polices qui appartiennent à d'autres. Dans un premier temps, vérifiez les termes et conditions de la licence quand vous téléchargez un fichier `.ttf` ou `.otf` que vous voulez utiliser. Ensuite, testez plusieurs sources d'autorisation pour éviter la propagation involontaire et illégale de polices volées ou craquées. D'un côté, les polices OpenType sont une étape vers la bonne direction à prendre et ne devraient pas être soumises à des actions légales ou rencontrer des difficultés. D'un autre côté, la menace d'abus quant aux polices TrueType est vraiment réelle : même s'il est amusant et facile de prendre et d'insérer des polices comme bon nous semble, leurs créateurs devraient être reconnus et justement récompensés. Ne volez pas de polices, ni consciemment, ni par accident !

Pour conclure, ce n'est pas parce que vous pouvez ajouter une ombre, une bordure et un angle de bordure (pour les coins arrondis), puis choisir une police sympa et placer plusieurs arrière-plans derrière le contenu d'une section ou division de document et transformer l'ensemble de l'élément pour qu'il danse sur l'écran que vous devez le faire. Comme Photoshop, Flash ou d'autres outils Web, CSS3 peut être mal utilisé, trop utilisé et même surutilisé si vous ne considérez pas la communication comme votre objectif premier, avec toute cette matière comme simple support.

En savoir plus sur CSS3

Beaucoup de bonnes ressources sur CSS3 sont disponibles en ligne, à commencer par la feuille de route CSS3 du W3C sur `www.w3.org/TR/css3-roadmap`.

N'oubliez pas les spécifications CSS et tout le bagage disponible sur le site du W3C (nous y faisons référence dans ce chapitre mais vous pouvez trouver tout ce dont vous avez besoin via le lien précédent vers la feuille de route).

Deux de nos autres sites CSS3 préférés sont CSS3.info (`www.css3.info`) et CSS3.com (`www.css3.com`) qui proposent des tutoriels, des ouvrages de référence, une foule d'exemples et plein d'informations susceptibles de vous aider à en savoir plus sur les détails nécessaires pour utiliser CSS3 sur votre site Web. Quand vous maîtriserez CSS3, vous n'aurez qu'une idée en tête : exploiter toutes ses possibilités.

Index

D

E

J

K

L

X

Y

Z